外資企業如何應對
中國勞動人事問題

富蘭德林事業群◎著

導讀

　　本書延續之前工具書編排方式的傳統，讀者可以先將要查詢的勞動人事法律問題定義並分類後，確認該問題所屬的篇名，再從該篇下屬的專欄主題中進行細部查詢，亦或是透過富蘭德林官網www.mychinabusiness.com，以關鍵字進行全文檢索，也能從中很快找到與關鍵字有關的專欄及相關內容所對應的章節片段。

　　根據統計，勞動人事是所有中國外商投資企業最常遇到的法律問題，一來由於外商投資企業早年多將中國定義為製造基地，必須聘用大量中國籍從業人員，龐大數量的員工自然增加了發生勞動人事問題的機率，同時也因為近期中國本身經濟實力的轉變，從世界工廠轉型為世界市場的過程中，單一外商投資企業所須聘用從事生產、銷售、研發等工種遠較過去複雜，也進一步增加外商在中國勞動人事管理的難度，眾多原因都促使外商不得不重視中國勞動人事問題。

　　本書撰稿主軸是設想外商在中國投資必須先具備的勞動人事管理概念，再依招聘員工作為開始，依序探討錄用的程序，何謂轉正？該如何轉正？接著以重量級篇幅分析制定勞動合同的各種細節，外商在勞動合同中容易疏忽或犯錯的重點，並分析與企業內部勞動合同重要性不相上下的管理規章制度要如何制定與修改，比較標準、不定時、綜合三種工時工作制的差異，同時在工時、薪資待遇及員工福利三項主題間進行交叉分析。

　　除此之外，從事高科技或知識經濟，或員工有機會接觸到企業機密情況下，要如何確保企業安全，在第六篇的商業秘密競業限制內容中有詳細闡述；而如何準確計算社會保險、工傷與住房公積金對勞動人事成本的影響，也直接關係到外商在中國投資的效益。本書最後以勞動仲裁與訴訟、外籍員工有關勞動人事問題，再輔以六大勞動人事案例作為結尾，相信能提供外商日後應對中國勞動人事問題時，給予直接且有效的建議。

富蘭德林事業群總經理

（附件）

讀者服務　www.myChinabusiness.com

本書的讀者，可以在富蘭德林官網www.mychinabusiness.com進行關鍵字檢索，很快就能判斷出所要尋找主題位於哪些章節段落。另外也可登錄您的Email，即可收到最新法規條文更新後的內容解析。

一、網站首頁

進入富蘭德林官網後，請點選右上方「讀者服務」選項。

二、讀者服務頁面

進入「讀者服務」頁面後，即可使用：
- 關鍵字查詢
- 查詢本書內容更新
- 訂閱最新法規條文更新內容

《外資企業如何應對中國勞動人事問題》
- 關鍵字查詢：[　　　　　　　　] 搜尋
- 查詢本書內容更新
- 訂閱最新法規條文更新內容

三、關鍵字與內容更新查詢

1. 輸入關鍵字之後，即可搜尋出所要尋找主題位於哪些章節段落與頁碼。
2. 點選「查詢本書內容更新」，即出現更新內容列表。

序號	篇名	頁碼
1	中國大陸勞動法體系介紹（上）	2
2	中國大陸、越南、台灣勞動人事法律差異	21
3	投資大陸前應瞭解的用工成本 (更新內容)	26
4	員工的學歷和資格證書介紹	37

四、訂閱最新法規條文更新內容

點選「訂閱最新法規條文更新內容」，登錄您的Email，即可收到最新法規條文更新後的內容解析。

請輸入您的Email：[　　　　　　　　] 訂閱

目次

第一篇

概述

【1】中國大陸勞動法體系介紹（上）

　　勞動法體系是指勞動法各項法律制度的結構體系。中國大陸的勞動法體系由促進就業法律制度、勞動合同和集體合同制度、勞動標準制度、職業培訓制度、社會保險和福利制度、勞動爭議處理制度、工會和職工民主管理制度、勞動法的監督檢查制度等勞動法律制度構成。

　　狹義的勞動法僅指勞動法律部門的核心法律，即《中華人民共和國勞動法》這一規範文件；廣義的勞動法則是指調整勞動關係以及與勞動關係密切聯繫的其他一些社會關係的法律規範的總和，其表現形式包括：

　　1、憲法。憲法中關於勞動問題的規定屬原則性規定，指導和規範勞動法的制定、修改和廢止。

　　2、法律。全國人民代表大會及其常務委員會依據憲法制定的調整勞動關係的規範屬於勞動法律，其法律效力僅低於憲法。如《中華人民共和國工會法》、《中華人民共和國勞動法》、《中華人民共和國勞動合同法》等。

　　3、行政法規。國務院有權根據憲法和勞動法律制定調整勞動關係和各項勞動標準的規範性文件，這些規範性文件統稱為勞動行政法規。其效力低於憲法和法律，在全國具有普遍的法律效力。如《勞動保障監察條例》、《職工帶薪年休假條例》等。

　　4、部門規章。國務院組成部門依據勞動法律和勞動行政法規，有權在本部門範圍內制定和發布規範性文件，其中關於調整勞動關係的規章，也是勞動法的重要組成部分。如《企業職工帶薪年休假實施辦法》、《勞動合同法實施條例》等。

　　5、地方性法規。在中國大陸，依據法律規定，省、自治區、直轄市人民代表大會及其常委會等，為管理本行政區域內的勞動事務，

在不與憲法、法律和勞動行政法規相抵觸的前提下，可以制定和發布地方性勞動法規，報全國人民代表大會常委會、國務院備案。如《江蘇省勞動合同條例》等。較大的市的人民代表大會及其常務委員會根據本市的具體情況和實際需要，在不與憲法、法律、行政法規和本省、自治區的地方性法規相抵觸的前提下，可以制定地方性法規，報省、自治區的人民代表大會常務委員會批准後施行。

6、地方性政府規章。地方政府規章可就兩方面事項做出規定：一是為執行法律、行政法規、地方性法規的規定需要制定規章的事項；二是屬於本行政區域的具體行政管理事項。如《上海市企業工資支付辦法》等。地方政府規章與部門規章之間具有同等效力，在各自的權限範圍內實行。地方政府規章與部門規章之間對同一事項的規定不一致時，由國務院裁決。

7、相關國際公約。有關國際組織按照法定程序制定或通過的國際公約、決議涉及勞動關係或勞動標準，屬於國際勞動立法的範疇，其中經過中國大陸立法機關批准的公約在大陸具有法律效力。

8、正式解釋：對已經生效的勞動法律、行政法規等規範性文件，任何人都可以根據自己的理解進行解釋，但具有法律效力的解釋主要由最高人民法院就相關法律做出的解釋，其可以作為法院判案的法律依據，而地方各高級人民法院以及勞動和社會保障部門，對相關法律法規具體運用所做的解釋，並不能直接作為判案依據，但卻常常是司法部門處理勞動爭議時借鑒的依據。

【2】中國大陸勞動法體系介紹（下）

　　中國大陸的《勞動法》是1995年開始正式實施的，目前已形成了以《勞動法》為核心，附帶多個配套法律、法規和規章的較為完整的勞動法律體系，其中建立了包括最低工資、工作時間、休息休假、安全衛生等內容的勞動基準法；合同制用工已經在企事業單位逐漸普及；社會保險制度也得到不斷的發展，養老、失業、醫療、生育、工傷五大保險，日益成為勞動者基本的社會保障；解決勞動爭議的機構和程序，也逐漸為勞動者和用人單位所熟知。

　　大陸的勞動法相較於國外的勞動法，有很多自己的特點。2008年《勞動合同法》實施後，大陸對勞動者的保護進一步提高，企業要解雇員工或對員工調崗、調薪相對比較困難，另外，勞動爭議糾紛受理費用低廉（仲裁階段不收費、法院階段只收取人民幣10元），導致勞動仲裁和訴訟案件的增長，而處理勞動爭議的仲裁庭和法院較為偏向保護勞動者，且傾向以調解處理案件等等，均是大陸勞動法特色之處。

　　大陸的勞動法還有以下幾大特點：

　　1、主要由個人與企業簽訂勞動合同。在西方國家，集體勞動合同扮演非常重要的角色，也是勞動關係中最重要的組成部分。而在大陸，儘管有集體勞動合同方面的立法，但實務中很少有企業這樣操作。即便是最近頒布的《勞動爭議調解仲裁法》，也主要是調整個體勞動關係，集體勞動關係缺乏可訴性，實務中類似司法案例也很少。

　　2、工會地位和作用較為薄弱。大陸《工會法》並未要求企業一定要成立工會，所以實踐中很多企業特別是歐美企業很少設立工會，且工會的獨立性相對較弱，有人甚至認為工會是企業的一個部門，平常主要負責發放福利、組織旅遊等等。雖然法律沒有要求企業一定要成立工會，但因目前大陸工會系統仍多少帶有官方色彩，而當地政府

可能會要求企業設立工會，此時，很多企業在堅持以法律為依據的同時，也會積極配合和支持政府的特別安排。

　　3、勞動制度比較單一。大陸主要實行標準工時制度，對於非全日制用工、勞務派遣、不定時工作制、綜合計算工時制，法律雖進行了規定，但仍有待進一步完善。以勞務派遣為例，連續訂立二次固定期限勞動合同的派遣員工，是否有權要求與派遣公司訂立無固定期限勞動合同？如若用工單位遭遇客觀情況發生變化，能否將派遣員工退回至派遣公司？等等，很多類似問題尚沒有明確規定。另外，對於服務外包、家庭辦公等新的勞動方式也還處於模糊地帶。

　　4、各地很多具體規定及操作實務存在差距。勞動法律及其相關規範是大陸較為龐雜的法律體系之一，由於大陸各地經濟發展差異巨大，為適應本地區的發展和需要，各地在各自管轄地域發布各自的解釋口徑和實施意見，致使不同地方的勞動法規政策差異性較大，而在實務操作中，更是差異多多，這對於來大陸投資且異地機構較多的企業，尤其要注意。

【3】上海、江蘇、浙江、廣東等地
實施勞動合同法差異分析（上）

No.	比較項目	法律規定及最高院司法解釋	上海	江蘇	浙江	廣東
1	受理	因確認勞動關係發生的爭議。	律師事務所、會計師事務所、基金會等組織中從事行政職務以及領取固定工資的員工屬勞動合同法調整，其他屬普通民事關係。住房公積金產生的爭議，不做勞動爭議處理。	勞動者請求單位增加社會保險險種、補足繳費基數、變更參保地的，不予受理。	勞動者與單位因住房公積金產生的爭議，不屬於勞動爭議。	住房公積金產生的爭議，不做勞動爭議處理。
		因訂立、履行、變更、解除和終止勞動合同發生的爭議。			退休員工返聘按雇傭關係處理。	
		因除名、辭退和辭職、離職發生的爭議。		勞動者以其應休而未休年休假，請求單位按三倍工資支付年休假工資報酬的，不予受理。	外國企業中國代表處未通過勞務派遣方式錄用員工的，按雇傭關係處理。	

No.	比較項目	法律規定及最高院司法解釋	上海	江蘇	浙江	廣東
1	受理	因工作時間、休息休假、社會保險、福利、培訓以及勞動保護發生的爭議。				勞動者與用人單位因養老保險繳費年限發生的爭議，屬勞動爭議。
		因勞動報酬、工傷醫療費、經濟補償或者賠償金等發生的爭議。勞動者以用人單位未為其辦理社會保險手續，且社會保險經辦機構不能補辦導致其無法享受社會保險待遇為由，要求用人單位賠償損失而發生的爭議。				招用已達法定退休年齡但未享受養老保險待遇或退休金的人員，雙方形成的用工關係可按勞動關係處理。
						招用已享受養老保險待遇或退休金的人員，雙方形成的用工關係應按雇傭關係處理。

No.	比較項目	法律規定及最高院司法解釋	上海	江蘇	浙江	廣東
2	約定服務期限	用人單位為勞動者提供專項培訓費用，對其進行專業技術培訓的，可約定服務期。勞動者違反服務期約定，應當按照約定向用人單位支付違約金。違約金的數額不得超過用人單位提供的培訓費用。用人單位要求勞動者支付的違約金不得超過服務期尚未履行部分所應分攤的培訓費用。	勞動合同期滿而約定的服務期未到期的處理：勞動合同期滿，用人單位放棄對剩餘服務期要求的，勞動合同可以終止；用人單位繼續提供工作崗位並要求勞動者履行服務期約定的，雙方當事人應當繼續履行。	用人單位對勞動者進行的上崗前培訓和日常業務培訓，不應認定為專業技術培訓。勞動者接受專項培訓期間的基本工資，不應認定為專項培訓費用。	與法律規定一致。	無特殊規定。
3	一裁終局	追索勞動報酬、工傷醫療費、經濟補償或者賠償金，每項不超過當地月最低工資標準十二個月金額的爭議，為終局裁決，同一仲裁裁決同時包含終局裁決事項和非終局裁決事項，按非終局裁滿處理。				

【4】上海、江蘇、浙江、廣東等地
實施勞動合同法差異分析（中）

No.	比較項目	法律規定及最高院司法解釋	上海	江蘇	浙江	廣東
4	一裁終局案件，勞動者提起訴訟、用人單位申請撤銷	勞動者對一裁終局裁決可以在十五日內向法院提起訴訟；用人單位可以在三十日內向勞動爭議仲裁委員會所在地的中級法院申請撤銷裁決。	勞動者可以在十五日內向法院起訴，在此之前，中級法院對用人單位提起撤銷裁決的申請不予受理。	勞動者提起訴訟，用人單位申請撤銷的，撤銷申請不予受理；已經受理的，裁定終結。	勞動者提起訴訟的，在此之前用人單位已經向中級法院申請撤銷的，中級法院應當裁定終結訴訟。	與浙江一致
			勞動者起訴後撤訴的，應徵詢用人單位意見，用人單位要求繼續審理的，法院不准撤訴，繼續審理。用人單位認為不需要審理的，准予撤訴，裁決生效。	勞動者申請執行，單位申請撤銷的，裁定中止執行；裁定撤銷裁決的，裁定終結執行；撤銷裁決被駁回的，裁定恢復執行。	用人單位在勞動者起訴後申請撤銷裁決的，中級法院裁定不予受理，已經受理的，裁定終結。但基層法院應當對用人單位申請撤銷裁決的抗辯一併審理。	
					勞動者起訴後又撤訴或因超過起訴期間被駁回起訴的，用人單位自收到裁定書之日起三十日內，可以向中級人民法院申請撤銷仲裁裁決。	

No.	比較項目	法律規定及最高院司法解釋	上海	江蘇	浙江	廣東
5	規章制度	用人單位根據《勞動法》第四條之規定,通過民主程序制定的規章制度,不違反國家法律、行政法規及政策規定,並已向勞動者公示的,可以作為人民法院審理勞動爭議案件的依據。	勞動合同的履行應當遵循依法、誠實信用的原則。在規章制度無效的情況下,勞動者違反必須遵守的合同義務,用人單位可以要求其承擔責任。勞動者以用人單位規章制度沒有規定為由提出抗辯的,不予支持。	2008年1月1日前制定的規章制度,雖未經過民主程序,但其內容不違反法律、行政法規及政策規定,且不存在明顯不合理的情形,並已向勞動者公示或者告知的,可以作為處理勞動爭議的依據。	勞動者起訴後又撤訴或因超過起訴期間被駁回起訴的,用人單位自收到裁定書之日起三十日內,可以向中級人民法院申請撤銷仲裁裁決。	2008年1月1日前制定的規章制度,雖未經過民主程序,但內容未違反法律、行政法規及政策規定,並已向勞動者公示或告知的,可以作為用人單位用工管理的依據。
				有獨立法人資格的子公司執行母公司的規章制度,如子公司履行了《勞動合同法》第四條規定的民主程序,或母公司履行了《勞動合同法》第四條規定的民主程序且在子公司內向勞動者公示或告知的,母公司的規章制度可以作為處理子公司勞動爭議的依據。	無正當理由未辦理請假手續,擅自離崗十五天的,單位有規章的按規章處理;單位無規章的,可按嚴重違紀處理,解除勞動合同。	

No.	比較項目	法律規定及最高院司法解釋	上海	江蘇	浙江	廣東
5	規章制度			2008年1月1日後制定、修改規章制度，經法定民主程序與工會或職工代表協商，但未達成一致意見，若該規章制度的內容不違反法律、行政法規的規定、不存在明顯不合理的情形，且已向勞動者公示或者告知的，可以作為處理勞動爭議的依據。	2008年1月1日以後制定、修改的公司規章，未經民主程序，一般不能作為審理勞動爭議的依據。但沒有違法和明顯不合理情形的，且已經公告，職工沒有異議的，可以作為審判的依據。	2008年1月1日後，制定、修改的規章制度，未經過民主程序的，原則上不能作為用人單位用工管理的依據。但規章制度或者重大事項的內容未違反法律、行政法規及政策規定，不存在明顯不合理的情形，並已向勞動者公示或告知，勞動者沒有異議的，可以作為勞動仲裁和人民法院裁判的依據。

No.	比較項目	法律規定及最高院司法解釋	上海	江蘇	浙江	廣東
6	無固定期限勞動合同	有下列情形之一，勞動者提出或者同意續訂、訂立勞動合同的，除勞動者提出訂立固定期限勞動合同外，應當訂立無固定期限勞動合同： （1）勞動者在該用人單位連續工作滿十年的；	勞動者提出訂立無固定期限勞動合同的請求符合法律規定，用人單位未依法與其訂立的，可以「視為雙方之間存在無固定期限勞動合同關係，並以原勞動合同確定雙方的權利義務關係」。 因法定順延事由，使得勞動者在同一單位工作時間超過十年的，不作為簽訂無固定期限勞動合同的理由。	勞動合同期限屆滿後，因下列情形而續延，致使勞動者在同一用人單位連續工作滿十年，勞動者提出訂立無固定期限勞動合同的，應予支持： （1）從事接觸職業病危害作業的勞動者未進行離崗前職業健康檢查，或者疑似職業病病人在診斷或者醫學觀察期間的；	用人單位為規避《勞動合同法》第十四條而採取下列行為的，應認定無效，勞動者的工作年限和訂立固定期限勞動合同的次數應連續計算： （1）採取迫使勞動者辭職後重新簽訂勞動合同的方式，將勞動者工齡「清零」的；	用人單位惡意規避《勞動合同法》第十四條的下列行為，應認定為無效行為，勞動者的工作年限和訂立固定期限勞動合同的次數仍應連續計算： （1）為使勞動者「工齡歸零」，迫使勞動者辭職後重新與其簽訂勞動合同的；

No.	比較項目	法律規定及最高院司法解釋	上海	江蘇	浙江	廣東
6	無固定期限勞動合同	（2）用人單位初次實行勞動合同制度或者國有企業改制重新訂立勞動合同時，勞動者在該用人單位連續工作滿十年且距法定退休年齡不足十年的； （3）連續訂立二次固定期限勞動合同，且勞動者沒有本法第39條和第40條第1項、第2項規定的情形，續訂勞動合同的。	《勞動合同法》第14條第2款第（3）項的規定，應當是指勞動者已經與用人單位連續訂立二次固定期限勞動合同後，與勞動者第三次續訂合同時，勞動者提出簽訂無固定期限勞動合同的情形。	（2）患病或者非因工負傷，在規定的醫療期內的； （3）女職工在孕期、產期、哺乳期的。 被派遣勞動者請求與勞務派遣單位訂立無固定期限勞動合同的，不予支援，但勞務派遣單位同意的除外。	（2）採取登出原單位、設立新單位的方式，將勞動者重新招用到新單位，且工作地點、工作內容沒有實質性變化的 （3）通過設立關聯企業，在與勞動者簽訂合同時交替變換用人單位名稱的； （4）通過非法勞務派遣的； （5）其他明顯違反誠信和公平原則的規避行為。	（2）通過設立關聯企業，在與勞動者簽訂合同時交替變換用人單位名稱的； （3）通過非法勞務派遣的； （4）其他明顯違反誠信和公平原則的規避行為。

【5】上海、江蘇、浙江、廣東等地
實施勞動合同法差異分析（下）

No.	比較項目	法律規定及最高院司法解釋	上海	江蘇	浙江	廣東
7	變更勞動合同（調崗調薪）	變更勞動合同，應當雙方協商一致，並採取書面形式	這裡的書面形式要求，包括發給勞動者的工資單、崗位變化通知等。如隨著勞動者工作時間的增加，其休假、獎金標準發生的自然變化等等，都屬於勞動合同的變更。因此，對於依法變更勞動合同的，只要能夠通過文字記載或者其他形式證明的，可以視為「書面變更」。 用人單位對變更勞動合同（調崗調薪）的充分合理性負舉證責任。	用人單位因生產經營困難、資金周轉等原因而採取降薪保職、降薪休假等變更勞動合同措施，且與勞動者以相關文字記載或實際履行行為達成變更合意後，勞動者又以用人單位變更勞動合同未採用書面形式為由請求確認勞動合同變更無效的，不予支持。	用人單位調整勞動者工作崗位，一般應經勞動者同意。如沒有變更勞動合同主要內容，或雖有變更但確屬用人單位生產經營所必需，且對勞動者的報酬及其他勞動條件未作不利變更的，勞動者有服從安排的義務。	無特殊規定

No.	比較項目	法律規定及最高院司法解釋	上海	江蘇	浙江	廣東
8	競業限制	無特殊規定	勞動合同僅約定勞動者應當履行競業限制義務，但未約定是否向勞動者支付補償金，或者雖約定向勞動者支付補償金但未明確約定具體支付標準的，基於當事人就競業限制有一致的意思表示，可以認為競業限制條款對雙方仍有約束力。	用人單位與勞動者約定了競業限制條款但未約定經濟補償，或者約定了經濟補償但未按約定支付的，該競業限制條款對勞動者不具有法律約束力。 用人單位在競業限制期限屆滿前已通知勞動者解除競業限制條款，勞動者請求用人單位繼續履行競業限制條款並支付經濟補償的，不予支持。	用人單位與勞動者約定競業限制但未同時約定經濟補償，或者約定經濟補償的數額明顯過低、不足以維持勞動者在當地的最低生活標準的，屬於「用人單位免除自己的法定責任、排除勞動者權利的」情形，該競業限制條款無效。	用人單位與勞動者約定競業限制的，應當在競業限制期限內依法給予勞動者經濟補償，用人單位未按約定支付經濟補償的，勞動者可要求用人單位履行競業限制協議。至工作交接完成時，用人單位尚未承諾給予勞動者經濟補償的，競業限制條款對勞動者不具有約束力。

No.	比較項目	法律規定及最高院司法解釋	上海	江蘇	浙江	廣東
8	競業限制		補償金數額不明的，雙方可以繼續就補償金的標準進行協商；協商不能達成一致的，用人單位應當按照勞動者此前正常工資的20%至50%支付。協商不能達成一致的，限制期最長不得超過兩年。	勞動者依約遵守了競業限制條款，但用人單位未按約支付經濟補償，勞動者請求用人單位支付經濟補償的，應予支持。雙方沒有約定補償標準或約定的補償標準低於《江蘇省勞動合同條例》第十七條規定的標準，勞動者請求按照《江蘇省勞動合同條例》第十七條規定的標準（年經濟補償額不得低於該勞動者離開用人單位前十二個月從該用人單位獲得的報酬總額的三分之一）補足的，應予支持。	具有以下情形之一的，競業限制條款對勞動者不再具有約束力：（1）勞動者依《勞動合同法》第三十八條第二款規定，被迫解除勞動合同的；（2）用人單位裁減人員的；（3）用人單位破產、關閉、停業、轉行或解散的；（4）用人單位未按約定支付經濟補償的。	用人單位在競業限制條款中約定的違約金過分高於實際損失的，人民法院、勞動爭議仲裁委員會可以依據勞動者的請求對違約金數額予以適當調整。

No.	比較項目	法律規定及最高院司法解釋	上海	江蘇	浙江	廣東
9	工資爭議（加班工資）	無特殊規定	無特殊規定	勞動者與用人單位就工資、加班工資等勞動報酬的計算、支付達成結算協議，不違反法律、行政法規的強制性規定的，應認定有效。	勞動者與用人單位之間因加班工資發生爭議的，其申請仲裁的時效期間為二年，從當事人知道或者應當知道其權利被侵害之日起計算；但勞動關係終止的，其申請仲裁的時效期間為一年，從勞動關係終止之日起計算。	用人單位有證據證明已支付的工資包含正常工作時間工資和加班工資的，可以認定支付的工資包含加班工資。但折算後的正常工作時間工資低於當地最低工資標準的除外。
				勞動者提供電子考勤記錄主張加班工資，但用人單位有證據證明勞動者未加班的，對勞動者的主張不予支持。用人單位有明確的加班審批制度，勞動者僅以電子考勤記錄主張存在加班事實的，不予支持。	勞動者與用人單位之間因加班工資發生爭議的，其申請仲裁的時效期間為二年，從當事人知道或者應當知道其權利被侵害之日起計算；但勞動關係終止的，其申請仲裁的時效期間為一年，從勞動關係終止之日起計算。	

No.	比較項目	法律規定及最高院司法解釋	上海	江蘇	浙江	廣東
9	工資爭議（加班工資）	無特殊規定	無特殊規定	用人單位實際支付勞動者的工資未明確區分正常工作時間工資和加班工資，但用人單位有證據證明已支付的工資包含正常工作時間工資和加班工資的，可以認定用人單位已支付的工資包含加班工資。但折算後的正常工作時間工資低於當地最低工資標準或者計件工資中的勞動定額明顯不合理的除外。	用人單位已支付的工資具有以下情形的，人民法院可認定其中不包含加班工資： （1）折算後的正常工作時間工資低於當地最低工資標準的； （2）計件工資有勞動定額且定額明顯不合理的。	用人單位與勞動者約定獎金、津貼、補貼等項目不屬於正常工作時間工資的，從其約定。但約定的正常工作時間工資低於當地最低工資標準的除外。

No.	比較項目	法律規定及最高院司法解釋	上海	江蘇	浙江	廣東
9	工資爭議（加班工資）	無特殊規定	無特殊規定	勞動者的工作崗位具有不定時工作制或綜合計算工時工作制的特點、依據標準工時計算加班工資明顯不合理，或者工作時間無法根據標準工時進行計算，或者其上級單位、行業主管部門已辦理了相應崗位、工種的不定時工作制或綜合計算工時工作制審批手續的，可以根據實際情況酌情計算勞動者加班工資。		勞動者追索兩年前的加班工資，原則上由勞動者負舉證責任，如超過二年部分的加班工資數額確實無法查證的，對超過二年部分的加班工資一般不予保護。

No.	比較項目	法律規定及最高院司法解釋	上海	江蘇	浙江	廣東
9	工資爭議（加班工資）	無特殊規定	無特殊規定	對於勞動者工作時間長，但勞動強度與工作時間明顯不一致的；或者長期處於等待狀態且等待期間有休息場所可以休息、完全認定為工作時間明顯不合理的，在認定時可以根據用人單位規章制度或者勞動合同的約定，對工作時間進行合理的折算。		勞動者加班工資計算基數為正常工作時間工資。用人單位與勞動者約定獎金、津貼、補貼等項目不屬於正常工作時間工資的，從其約定。但約定的正常工作時間工資低於當地最低工資標準的除外。

【6】中國大陸、越南、台灣勞動人事法律差異

　　越南和中國大陸的江蘇省，不管在土地面積或人口總量上都非常接近，越南與大陸兩地的工時制度也都以每天八小時來計算，每週也要求至少休息一天，節假日的加班費計算和大陸也都一樣，平常是一‧五倍；週六、日二倍；法定節假日為三倍。

　　雖然有這麼多相似之處，大陸與越南在勞動人事方面仍存在差異，特別是兩國法律對「罷工」的處理態度明顯不同。

　　大陸法律未明確規定罷工權，從過去實例來看，各級政府不但不支持罷工，而且一旦發生罷工，地方政府或公安部門還會出面制止。相反的，越南法律明文確認罷工的合法地位，除非罷工導致公共安全危機，或對社會經濟造成嚴重損害，也只有總理有權延後罷工的時間，或要求停止罷工。可以說，罷工是台商在越南投資的一大風險。此外，台商還可從以下幾個層面來比較大陸、越南和台灣的勞動人事差異：

一、加班時數

　　大陸要求加班每天不得超過三小時，每月不得超過三十六小時；越南為每天加班不得超過四小時，兩班間隔不得少於十二小時，每年加班不得超過二百小時。如果經與工會協商，則不得超過三百小時。而台灣規定，雇主延長勞工工作時間連同正常工作時間，一日不得超過十二小時。延長工作時間，一個月不得超過四十六小時。

二、聘用未成年人

　　在大陸不得聘用十六歲以下人員，聘用十六歲至十八歲之間人員須定期進行體檢；越南不得聘用十五歲以下人員，十五歲至十八歲之間人員每天工作時間為七小時，加班不可超過三小時。而台灣規

定，雇主一般不得雇用未滿十五歲的人員，十五歲以上未滿十六歲受
雇人員為童工，童工不得從事繁重及危險性工作，且工作時間有限
制，另外，雇主應置備其法定代理人同意書及其年齡證明文件。

三、勞動糾紛處理

大陸、越南、台灣處理勞動糾紛的程序大致相同，包括調解、
仲裁和訴訟，但越南法院的訴訟期限比大陸長，須耗費一年至三年；
在大陸只需要約三到六個月，而在台灣案件審理時間視案情及法官而
有不同，三、五個月，甚至一年、數年都有。

四、社會保險

以上海城鎮保險為例，員工社保的繳納標準是雇主按照不低於
員工薪資的37％繳納，員工按照不低於薪資的11％繳納；越南在社會
保險方面的負擔比大陸低，台商在越南只要按照員工薪資的15％繳納
社保即可，員工本身是按薪資的5％繳納。而台灣全民健保之保險費
率為4.55％，雇主負擔60％，勞工保險普通事故保險費率為7.5％至
13％，目前每月最低投保薪資為新台幣17,280元。

五、懷孕員工待遇

懷孕員工在大陸如果有嚴重違反公司紀律的行為，公司一樣可
以辭退；但在越南，女性員工只要處於懷孕、產假或生產後十二個月
內的期間，都可以被豁免接受勞動紀律處分，公司也不能單方終止勞
動合同。在台灣，女性受雇者分娩前後，應給予產假五十六天，且工
資照給，但若其服務年資未滿六個月時，工資可折半發給，另外還規
定有流產假、陪產假。

六、帶薪年休假

　　大陸員工累計工作在一年到十年間者，可以休五天年休假；滿十年但不滿二十年者，可以休十天年休假；滿二十年者可以有年休假十五天。但越南員工只要工作滿一年，就可以有年休假十二天，每滿五年員工還可以向公司要求增加年休假，且員工有權在休年假前，就向雇主要求提前預支休假期間的薪資。而台灣規定，勞工在同一雇主或事業單位，繼續工作滿一年以上三年未滿，應給特別休假七日；三年以上五年未滿，特別休假十日；五年以上十年未滿，特別休假十四日；十年以上每一年加給特別休假一日至三十日為止。

【7】企業勞動人事管理三大重點

　　2008年1月起施行的《勞動合同法》對企業勞動關係管理提出了更高的要求，企業從維護自身正當權益出發，同時也是為了實現《勞動合同法》「構建和發展和諧穩定的勞動關係」之宗旨，應通過「制度化、合法化、證據化」加強勞動關係管理，其重點體現在以下三個方面：

一、規章制度

　　按照《勞動合同法》規定「用人單位應當依法建立和完善勞動規章制度」。規章制度是企業規範化、制度化管理的基礎和重要手段，規章制度的制定實際上是一種企業內部的「立法行為」，同時規章制度也是預防和解決勞動爭議的重要依據。實踐中由於規章制度本身的錯誤和不足，導致企業在勞動爭議仲裁和訴訟中敗訴的情形很多。依照《勞動合同法》規定，企業在制定、修改規章制度時，必須經過民主討論、協商。企業通過民主程序制定的規章制度，只要不違反國家法律、行政法規及政策規定，並已向勞動者公示的，可以作為勞動爭議仲裁委員會、人民法院審理勞動爭議案件的依據。也就是說，企業規章制度發生法律效力的條件是制度條款內容合法合理、並經過了民主程序和公示程序，而一旦發生勞動爭議，企業須拿出證據證明規章制度已經過民主程序和公示程序，這也就體現了前述「制度化、合法化、證據化」在規章制度制定過程中的重要性。

二、勞動合同

　　勞動合同是勞動者與用人單位依據《勞動法》和《勞動合同法》建立勞動關係的書面法律憑證，也是解決勞動爭議的主要依據之一。簽訂一份明確完整、合法合理的勞動合同對於勞動者和用人單位

來說都很重要。在過去的企業用工中，經常存在不簽訂書面勞動合同的情況。《勞動合同法》實施後，企業用工不簽訂書面勞動合同，將承擔非常不利的後果，如須承擔支付雙倍工資或視為無固定期限勞動合同等法律後果。故，企業聘用員工期限在一個月以上者，都必須簽訂書面勞動合同，且應在合同中對工作內容、工作地點、勞動報酬等做出明確的約定，避免不必要的糾紛，這也即前述「合法化」的體現。同時，企業還應注意「證據化」，建立和完善勞動合同管理制度，將勞動合同妥善歸檔，並保管好有關員工簽收勞動合同的證明或書面確認文件等，防止因企業不能提供已經簽訂書面勞動合同，或勞動合同未簽是因為員工拒絕簽署的有關證據材料，而導致在勞動爭議仲裁、訴訟中承擔不利法律後果，依法維護企業的正當權益。

三、爭議解決

　　因辭退、辭職、加班費、休息休假、社會保險待遇、經濟補償金等問題發生勞動爭議，是每個企業都可能面臨的難題，勞動爭議的增加勢必給企業帶來不利影響，因此如何減少和解決勞動爭議應引起企業的重視。為減少勞動爭議的發生，企業應盡量規範勞動合同內容，完善企業規章制度，提高管理人員素質，使員工能依法規範自身的行為。同時，企業對員工的管理應有理有據，並注意收集、保存相關證據，以防在仲裁、訴訟時舉不出相應證據而承擔不利法律後果的情形。而勞動爭議一旦發生，企業則應積極通過內部調解、勞動爭議調解委員會、人民調解委員會、勞動爭議仲裁委員會和人民法院等管道，妥善解決糾紛。

【8】投資大陸前應瞭解的用工成本

幾乎所有在大陸設廠的台商都承認，大陸已喪失勞力成本低廉的優勢，尤其在《勞動合同法》、《勞動爭議調解仲裁法》、《勞動合同法實施條例》及《企業職工帶薪年休假實施辦法》紛紛進入實際執行階段後，重新計算大陸勞動成本並重新評估大陸投資環境是否適合自己，已是每個台商都必須面對的問題。在考量大陸的用工成本時，最主要的有以下三部分：

一、薪資

薪資包括員工提供正常勞動情況下的薪資，及國定節假日、婚假、產假、工傷假、病事假等休息休假期間的薪資，和延長勞動時間時的加班薪資等。通常情況下，後兩者的計薪基數即為前者，例如法定休息日加班，每小時薪資即為正常小時薪資的兩倍，故，提供正常勞動情況下的薪資若增長，休息休假薪資和加班薪資也將提高，反之亦然，但也有個別地方，允許企業和員工另外約定休息休假薪資和加班薪資的計薪基數。

員工提供正常勞動情況下的薪資，通俗的講就是員工不請病、事假，不遲到、早退情況下，一個月可以從企業獲得的收入，包括基本薪、各類津貼、獎金。《勞動法》明確規定，國家實行最低工資保障制度，最低工資的具體標準由省、自治區、直轄市人民政府規定，報國務院備案。也即，無論員工所任職企業的薪酬制度如何，也無論企業給予員工的是固定薪資還是浮動薪資，前述提供正常勞動情況下的薪資，均不得低於當地的最低工資標準。例如，上海2012年2月27日公布，自4月1日起最低工資標準調整為1,450元／月，增加170元／月，小時最低工資標準從11元調整為12.5元，而加班費和員工承擔的社保繳費均不計算在最低工資標準以內。

二、社會保險

　　大陸官方過去已在社會保險領域頒布了大量行政法規，但一直沒有統一的法律來作為基礎，各地制度不一，例如上海的社會保險分為城鎮職工社會保險、小城鎮社會保險、外來從業人員綜合保險三種；而在蘇州，工業園區內的企業與園區外的企業，應為員工繳納的社會保險也是不同的。很多外地員工，企業為其繳了社會保險，其一旦離職回原籍，將無法接續社保和享受社保待遇。

　　2011年7月1日起《社會保險法》正式實施，隨著新法的頒布施行，社會保險制度的統一化、規範化將成為必然趨勢。以上海為例，上海市人力資源和社會保障局在2011年6月就針對小城鎮職工社會保險與外來從業人員綜合保險，要如何向城鎮職工社會保險的過渡，及過渡期內的待遇等問題做出規定。

三、經濟補償、賠償金

　　依據現行《勞動合同法》規定，企業與無過錯的員工提前解除、終止勞動合同，員工可主張金額相當於經濟補償兩倍的賠償金；而員工在企業有過錯情況下提出離職，企業也須支付經濟補償。此外，勞動合同到期終止，除非是員工在企業維持或提高待遇的條件下自己不同意續簽，否則企業仍需要按其實際工作年限計算、支付經濟補償。

　　另外，還有一些須給予補助的情形，例如，依法解除或終止工傷員工的勞動合同，企業須支付一次性傷殘就業補助金，對於員工醫療期滿不能勝任工作，企業依法提前解除勞動合同的情形，企業須支付不低於六個月薪資的一次性醫療補助費等。

第二篇

招聘、錄用及轉正

【9】企業如何設定招聘錄用條件

　　錄用條件，是指企業在招用員工時，依據崗位要求所提出的錄用員工的具體標準。企業與員工訂立書面勞動合同，並依據勞動合同期限長短約定不同的試用期，主要是為了考察所招用的員工是否符合企業所提出的要求和標準。《勞動合同法》規定，企業在試用期內提前解除與員工的勞動合同，不符合錄用條件是企業最重要的合同解除依據，但《勞動合同法》同時規定，企業須有證據證明，試用期內的員工不符合錄用條件，否則就須承擔無故解除勞動合同的法律責任。因此，企業在設定錄用條件時應注意以下幾個方面：

　　首先，錄用條件應該合法。大陸《就業促進法》規定：「勞動者依法享有平等就業和自主擇業的權利。用人單位在招用人員時，除國家規定的不適合婦女從事的工種或者崗位外，不得以性別為由，拒絕錄用婦女或者提高對婦女的錄用標準。用人單位招用人員，不得歧視殘疾人士。用人單位招用人員，不得以是傳染病病原攜帶者為由拒絕錄用。違反本法規定，實施就業歧視的，勞動者可以向人民法院提起訴訟。違反本法規定，侵害勞動者合法權益，造成財產損失或者其他損害的，依法承擔民事責任；構成犯罪的，依法追究刑事責任。」因此，除非是特殊崗位，否則錄用條件應該避免使用「無任何疾病」、「男性」、「未婚」、「能喝酒」等，可能被理解為歧視性條件的字句。

　　其次，應區別招聘條件和錄用條件，招聘條件是面對所有應聘者的基本條件，符合招聘條件可以進入面試甚至通過面試進入試用期，但只有符合錄用條件才可以通過試用期，試用期被證明不符合錄用條件可以被解僱，如果企業沒有另外規定錄用條件的，招聘條件將成為員工試用期考察的標準，因此企業應在招聘條件之外，另外製作錄用條件。錄用條件應明確具體的技術等級、學歷水準、證書評級、

資格資質、語言水準等，還應根據不同的崗位設定不同的錄用條件，且切忌模糊性條件，如「具有團隊合作精神」、「工作熱情」等抽象的表述，以保證錄用條件的可操作性。

再者，錄用條件應由員工簽收，因企業對員工是否符合錄用條件負有舉證義務，如果企業規定了具體可行的錄用條件，但未經應聘員工簽收，則企業將很難證明規定的錄用條件對該員工適用。如果企業無法證明，將要承擔無故解除勞動合同的不利法律後果。因此，企業應從幾方面做好證據保存工作：將招聘廣告進行存檔備案，並保留刊登的原件；將所有員工通用或者相近、相同崗位通用的錄用條件寫入規章制度；對於每個崗位具體的職責，可以製作一份詳細的崗位說明書，在員工簽字確認後予以存檔，或者在勞動合同中明確錄用條件或者不符合錄用條件的情形，或者製作單獨的試用期考核標準並將其作為勞動合同的附件。

最後，企業以不符合錄用條件解除試用期員工，應證明其確實不符合錄用條件，因此企業還應對試用期的員工進行考核，建立配套的試用期考核體系，考核範圍包括工作表現、考勤、業績、紀律，明確考核方式、考核部門、考核程序等內容，同時收集考核結果資訊，包括業績報表、工作日誌、述職報告、客戶的回饋意見、相關部門的評價等，並盡可能將考核結果告知員工本人並經其簽收，在證據上做到萬無一失。

【10】企業招聘廣告及錄用通知書 法律效力分析

招聘廣告的法律效力主要從兩方面進行分析，一方面是企業在招聘廣告中做出的承諾是否具備法律效力，另一方面是企業在招聘廣告中設置的招聘條件是否可以作為錄用條件舉證。前者，招聘廣告中的承諾是否具備法律效力，關鍵在於認定招聘廣告是屬於「要約邀請」還是「要約」。要約一經承諾便可發生使合同成立的效力，而要約邀請則對發出人不產生法律約束力，發出人沒有義務履行要約邀請的內容。簡而言之，如果招聘廣告是要約，應聘者被錄用後，企業就有義務履行招聘廣告上做出的承諾；如果招聘廣告是要約邀請，企業對招聘廣告中開出的極具吸引力的優惠條件則沒有兌現的義務。

所謂「要約」是指向特定人發出的建立合同的意思表示，只要被要約人承諾了，合同就成立了。「要約」有兩個條件，一是內容具體明確；二是表明經受要約人承諾，要約人即受該意思表示約束。因招聘廣告通常不具備前述條件，故從性質上說招聘廣告不是要約，而是要約邀請。雖然如此，企業在招聘廣告中做出承諾時仍應謹慎，避免因承諾後無法兌現而產生爭議及員工負面情緒。

招聘條件是否可以作為錄用條件舉證，關鍵在於企業依據勞動者試用期不符合錄用條件為由解除勞動合同時，須由企業證明已經將錄用條件明確告知了勞動者，而招聘廣告就是「明確告知」的有效證據，故一旦發生試用期內是否符合錄用條件的爭議，招聘廣告可以作為證據，如果招聘廣告能與企業的規章制度、崗位職責相符合，形成證據鏈，將起到更為有效的證明作用。

企業通過報紙網路等媒體發布招聘廣告或委託人才仲介機構進行招聘，經過面試應聘者，可能會對其中符合錄用條件的人員發出錄

用通知書，要求其在指定的期限前到企業報到上班。接到錄用通知書
的應聘者如果按照企業規定的時間到公司報到，也即《勞動合同法》
規定的用工之日，此時雙方即使未簽訂書面勞動合同，也已經建立了
勞動關係，企業依法應在一個月內與員工簽訂書面勞動合同。企業發
出錄用通知書後，在應聘者尚未報到之前，此時雖尚未建立勞動關
係，但錄用通知書同樣具備法律效力。

　　如前所述，錄用通知書具備了要約的特徵，即：錄用通知書是
向特定人員發出的；錄用通知發出的目的就在於和該人員建立勞動關
係；錄用通知書是在企業和該人員多次面談後發出的，雙方已經明確
了工作崗位、薪資等勞動合同關鍵內容；錄用通知書表明一經該人員
承諾（到公司報到），雙方即建立勞動關係。

　　所以錄用通知書應視為一項要約，應聘者接到錄用通知書後，
即使未到報到時間，但已經就此辭去原來的工作，或者為了今後履行
與企業的勞動合同做出了履約準備，比如從外地來到企業所在地或者
就近租房等，應聘者實際上已經以自己的行為表示接受企業的要約，
也即做出了承諾，雙方之間實際上已經建立了合同關係，即企業同意
錄用應聘者，應聘者也同意到企業工作，如果企業撤銷錄用通知書，
應聘者有權按照合同法追究企業的違約責任，即應聘者可以要求企業
繼續履行合同或者賠償損失。

【11】企業錄用員工前後有哪些告知義務

　　《勞動法》、《勞動合同法》等勞動基本法律都明確規定了企業對員工的告知義務，如果企業沒有履行法定告知義務，將承擔相應的法律後果，而企業的告知義務貫穿於勞動合同簽訂、履行和解除、終止階段，具體包括：

一、告知錄用條件

　　《勞動合同法》規定企業在試用期內對不符合錄用條件的員工可以直接解除勞動合同，也即企業應當在錄用前或錄用的同時告知員工錄用條件，否則，企業在以不符合錄用條件為由提出解除勞動合同時，極易發生爭議。

二、告知與員工的工作密切相關的基本情況

　　《勞動合同法》第八條規定，用人單位招用勞動者時，應當如實告知勞動者工作內容、工作條件、工作地點、職業危害、安全生產狀況、勞動報酬以及勞動者要求瞭解的其他情況。《職業病防治法》第三十四條規定，用人單位與勞動者訂立勞動合同時，應當將工作過程中可能產生的職業病危害及其後果、職業病防護措施和待遇等如實告知勞動者，並在勞動合同中寫明，不得隱瞞或者欺騙。企業的這些告知內容是法定且無條件的，無論員工是否提出知悉要求，企業都應當主動將上述情況如實向員工說明。除此以外，對於員工要求瞭解的其他情況，如企業的福利、企業內已經簽訂的集體合同等，企業都應當進行詳細的說明。

三、告知企業規章制度

　　規章制度是企業規範員工行為和處罰違規員工的基本依據，如

果企業未將規章制度告知員工，就難以依據員工嚴重違反規章制度解除勞動合同。

四、勞務派遣相關告知義務

《勞動合同法》第六十條規定，勞務派遣單位應當將勞務派遣協議的內容告知被派遣勞動者。第九十二條規定，勞務派遣單位違反本法規定的，由勞動行政部門和其他有關主管部門責令改正；情節嚴重的，以每人1000元以上5000元以下的標準處以罰款，並由工商行政管理部門吊銷營業執照；對被派遣勞動者造成損害的，勞務派遣單位與用工單位承擔連帶賠償責任。由此可見，勞務派遣單位違反告知義務，實際用工的企業也應承擔責任。

五、解除和終止勞動合同時的告知義務

《勞動合同法》第四十一條規定，進行經濟性裁減，企業應提前三十日向工會或者全體職工說明情況，聽取工會或者職工的意見後，裁減人員方案經向勞動行政部門報告，方可以裁減人員。另外，企業因為員工不勝任工作等原因解除勞動合同，須提前三十日以書面形式通知員工本人或者額外支付員工一個月工資。最高人民法院《關於審理勞動爭議案件適用法律若干問題的解釋（二）》第一條第（一）、（二）款則規定，在勞動關係存續期間產生的支付工資爭議，用人單位能夠證明已經書面通知勞動者拒付工資的，書面通知送達之日為勞動爭議發生之日。用人單位不能證明的，勞動者主張權利之日為勞動爭議發生之日；因解除或者終止勞動關係產生的爭議，用人單位不能證明勞動者收到解除或者終止勞動關係書面通知時間的，勞動者主張權利之日為勞動爭議發生之日。可見如果企業未履行相應的告知義務，將給員工更多的時間準備仲裁或訴訟，且甚至可能面臨需要繼續支付工資至其提起仲裁、起訴之日。

　　企業在履行上述告知義務時，一定要留存證據，最好的方式是以書面的方式由員工本人簽字確認，表明其已經知悉告知內容。對於解除勞動合同通知書等員工拒絕簽收的情況，應寄送至員工本人書面留下的聯絡地址，並在寄送單據上寫明寄送的文件內容。

【12】員工的學歷和資格證書介紹

企業在招聘員工時，通常會對擬招聘的員工有學位、學歷等要求，但其實學位不等同於學歷，實踐中經常出現將學位與學歷相混淆的現象。

一、學歷

大陸目前的高等教育學歷分專科、本科、碩士研究生和博士研究生四個層次；學歷證書分為畢業證書、結業證書、肄業證書三種。畢業證書是學校對完成規定的學業任務並達到合格標準的學生頒發的一種學歷憑證。它表明該學生在學校系統地學習了相應的學歷教育課程，並達到規定的合格標準。結業證書是學校對學完規定的學業課程而部分課程尚未達到合格標準的學生頒發的一種學歷憑證。肄業證書是學校為了參加一定階段的學歷教育課程學習而中途終止學習的學生即肄業生而發的一種學歷憑證。

取得高等教育學歷的途徑比較多，但主要是以下三種：

1、普通高校招生考試：參加全國普通高等學校招生統一入學考試，經省一級招生部門統一組織，由學生所報考的普通高校錄取後正式取得學籍，進行全日制脫產學習。

2、參加成人高考：參加全國成人高等學校招生統一入學考試，經省一級招生部門統一組織，由學員所報考的成人高校或普通高校成人教育學院錄取後正式取得學籍。主要學習方式：一是進入高校全日制脫產學習；二是進入高校以業餘面授方式學習；三是進入普通高校設立的函授站以函授形式業餘學習。

3、自學考試：通過參加社會力量助學單位組織的輔導，定期參加自學考試管理部門統一組織的課程考試。

普通高校招生考試也即一般的高中生升大學考試，而成人高考

和自學考試主要是社會人員繼續教育的一個途徑,成人高考和自考其畢業證書都是國家承認的學歷,但很多人認為,依據考試的難易度,三者的含金量從高到低依次為普通高校招生考試、自學考試、成人高考。但其實也不能一概而論,試想,如果成人高考考上的是北大、清華、人大等名校,其證書的含金量不一定低於一般的普通高考。

二、學位

學位是標誌被授予者的受教育程度和學術水準達到規定標準的學術稱號。學位包括學士學位、碩士學位和博士學位三種。博士是學位的最高一級。在大陸「博士後」是指獲准進入博士後科研流動站從事科學研究工作的博士學位獲得者,不是學位。

取得大學本科、碩士研究生或博士研究生畢業證書的,不一定能夠取得相應的學位證書;取得學士學位證書的,必須首先獲得大學本科畢業證書,而取得碩士學位或博士學位證書的,卻不一定能夠獲得碩士研究生或博士研究生畢業證書,例如,有的人學歷為本科畢業,以後通過在職人員學位申請取得了博士學位,這時,學歷仍為本科,而不能稱之為取得了「博士學歷」。

三、資格證書

職業資格證書是表明勞動者具有從事某一職業所必備的學識和技能的證明,它是按照國家制度的職業技能標準或任職資格條件,通過政府認定的考核鑒定機構,對勞動者的技能水準或職業資格進行評價和鑒定,對合格者授予相應的國家職業資格證書,是勞動就業制度的一項重要內容,也是國家考試制度之一。

職業資格包括從業資格和執業資格。絕大部分的職業資格證書證明的是從業資格,並不做准入控制;在特定的領域、在一定範圍內實行強制性就業准入控制的,是執業資格,國際通行的是註冊會計

師、執業醫師、律師等有限的幾個行業。另外，根據《勞動法》和
《職業教育法》的有關規定，對從事技術複雜、通用性廣、涉及到國
家財產、人民生命安全和消費者利益的職業（工種）的勞動者，必須
經過培訓，並取得職業資格證書後，方可就業上崗。實行就業准入的
職業範圍由人力資源和社會保障部確定並向社會發布。對國家規定實
行就業准入的職業，企業應要求求職者出示職業資格證書並進行查
驗，憑證聘用。

【13】企業招聘員工應注意事項

常見的招聘管道分為企業內部招聘和外部招聘，其中，企業內部招聘主要是人力資源部門將空缺的職位資訊公布出來，企業內部員工可以自我推薦，也可以互相推薦，人力資源部門搜集到相關人員的資訊後，通過考核來選拔該崗位的人才。企業外部招聘的管道主要有：網路、報紙、雜誌等媒體刊登招聘廣告，校園招聘，通過企業的員工、客戶、合作夥伴等熟人推薦，人才交流中心、招聘洽談會、獵人頭等仲介機構。而企業在招聘員工時應注意以下事項：

一、避免歧視

如果招聘廣告中所確定的應聘條件涉及身高、戶籍或性別的直接歧視，極有可能引發訴訟，此時主要由企業承擔證明其招聘條件具有正當性和合理性的責任。是否構成就業歧視，很大程度上依賴於法官的自由裁量。為了盡可能避免涉及就業歧視而捲入訴訟，企業在設定招聘條件時，應根據崗位特點、就業需求確定招聘條件，並選擇柔和的語言、恰當的方式表述，盡量不要採用剛性的條件，如多使用「優先」、「擇優」等字眼，企業對招聘廣告中的部分內容，如果無法確定是否可能涉及就業歧視時，應該慎重表述或者不表述。

二、入職審查

面試時，為核實應聘者情況和背景，可以要求其提供相關資料，這些資料可以包括：履歷書（本人填寫、附照片）、健康證明書、最終畢業院校的畢業文憑、最終畢業學校的成績證明書、最後工作單位的工作評定書、資格證明書複印件（教育、培訓、技能、職稱等證明文件和證明有其他特殊技能的證明文件）、戶口名簿（複印件）及身分證（複印件）等。對於企業通過面試決定錄用的人員，還

應要求其提供退工單、社保基金轉移單、檔案保存卡、家庭狀況表、撫養家屬情況表、體檢表等。以上資料中，由員工自己提交的，必須要求員工在上面簽字。在實務中發生過這樣的案例，有企業因員工提交虛假學歷證明而將其解聘，員工提起勞動仲裁時，企業無法舉證學位證書和簡歷是由員工本人提供給企業的，從而導致企業敗訴。另外，企業在要求員工填寫入職登記表時，可以加上一條：員工保證向單位提供的資訊均為本人真實資訊，在上述資訊發生變化時，即時與人力資源部門聯繫變更，否則，因此而引發的一切後果由本人承擔。從而避免因資訊登記不全或變化給企業帶來的風險。最後，企業還應注意取得員工與原單位解除勞動關係的證明，同時要求員工承諾未承擔競業禁止義務，以此化解企業錄用與其他用人單位有勞動合同關係的人員，若給其他用人單位造成損失應承擔連帶賠償責任之風險。

三、告知義務

在與被聘用人員建立用工關係之前（也即員工報到前），企業應向其如實告知企業基本情況及其所從事崗位的情況，並且要做好證據保存工作，例如，在入職登記表中聲明：「公司已經告知本人：工作內容、工作條件、工作地點、職業危害、安全生產狀況、勞動報酬及其他情況」，由員工簽名確認。

四、簽署勞動合同及規章制度

按照大陸《勞動合同法》的規定，用人單位與勞動者建立勞動關係，必須在用工之日起一個月內簽訂書面勞動合同。此外，企業還應注意讓員工充分瞭解企業的規章制度和各項操作流程，並讓其在相關的文件資料上簽章，以表示其已經充分瞭解了這些制度。經過員工簽章這樣的程序，可以使經過合法程序訂立的規章制度對該員工發生法律的約束力。

五、辦理手續

　　無論是大陸的《勞動法》還是大陸各省市的招退工管理規定，都明確了企業在決定錄用員工後，應該依法向人力資源和社會保障部門辦理錄用手續，但大陸各省市規定的辦理期限各不相同，通常的辦理期限為三十日，即企業應該在錄用員工之日起的三十日內辦理錄用登記備案手續，不過必須注意的是有些省市規定辦理期限僅為七日。

【14】招聘財務人員注意事項

　　目前在大陸從事財務工作，可以稱得上是「財務人員」的人有很多，但台商要找到自己滿意的財務人員還是不容易。很多台商都有錯誤觀念，以為財務一定要在當地招聘，才不容易發生操守問題。這個錯誤觀念不但擠壓台商自己的人力資源空間，也造成財務人才來源匱乏。正確的觀念應該是，有機會經手現金的財務人員，像是出納一類的財務人員，有必要在本地聘用。其他像是成本核算、往來應收應付帳款對帳、關務等財務人員，可在外地招聘。特別像是有些在國營企業待了很長時間的財務人員，或是在大陸東北、西北等地的企業財務人員，不但財務專業概念強，也願意踏實地從事財務工作。在可預見的未來，台商的大陸財務人才來源競爭只會越來越激烈，一味地在當地招聘不見得是最好的做法。

　　另外，很多台商迷信聘用註冊會計師來從事企業內部的財務管理，但實務中發現，台商在大陸的財務人員中，最後發揮最大功效的，卻是那些肯幹實幹、腳踏實地的財務人員。註冊會計師應該負責的是宏觀面的法規政策研究、租稅規劃。一些實際操作或是規律性質的財務工作，像是盤點、成本核算、審單等財務基礎工作，只需要有盡職的工作態度即可，反而不需要聘用到註冊會計師一類的人才。台商在招聘財務人員前，要先釐清到底是哪些工作崗位需要怎樣性質的財務人才，並不是每個財務人員都非得要註冊會計師或大學本科畢業不可。尤其是在大陸，財務工作最需要的是盡心盡力的工作態度，不是學歷證照。

　　最後，招聘財務人員還應特別注意以下兩點：

一、證書的區別

　　與大陸財務人員相關的證書分為三類，第一類是從事會計工作

崗位所必備的入門證，即會計證；第二是代表專業技能的職稱證書，分初級職稱、中級職稱和高級職稱；第三是註冊會計師執業資格。

根據大陸《會計基礎工作規範》（以下簡稱規範）的要求，企業應配備數量適當的會計人員，配備的會計人員應當具備兩個方面的條件：一是應當配備持有會計證的會計人員，未取得會計證的人員，不得從事會計工作；二是應當配備有必要的專業知識和專業技能，熟悉國家有關法律、法規和財務會計制度，遵守職業道德的會計人員。可見，會計證是從事會計工作崗位的基本要求，好比開車須有駕照一樣。

會計專業技術職稱，則代表從事會計工作的專業技能，分為初級職稱、中級職稱和高級職稱，初級和中級職稱須通過考試取得，高級職稱通過考核取得。

而註冊會計師與前述職稱分屬不同的體系，註冊會計師不是從事企業會計做帳所必需的，它是在會計師事務所執業所需資格，其側重點在於查帳，其考試難度遠遠高於前面所說證書的考取難度，但它並不能代替會計證，即使是註冊會計師，如須從事企業會計工作，仍須取得會計證。

二、要查證過去的經歷及個人背景

大陸招聘財務人員應該是經歷重於學歷，人品重於能力。台商在錄取財務人員後，應該在財務人員進公司報到前，想辦法核實此人過去的工作經歷，最好是可以取得過去同事或主管的工作評價。另外查證此人的個人身分證件、學歷證件或是其他專業證照的真實性，也很重要。

外地非本市戶口的財務人員，更必須做好家庭背景等相關資料的瞭解，因為大陸過去充斥著各種假證照，做好財務人員進公司前的人事篩選工作，可以降低日後財務運作風險。

【15】聘用女性員工注意事項

「婦女能撐半邊天」是大陸形容女性社會地位最好的形容詞。女性員工的勞動人事管理，也是台商在大陸進行人力資源規劃或處理勞動人事糾紛過程中，讓台商難以理解、也是法律法規中最傾向勞方的部分。

台灣老闆常拿大陸女性員工勞動人事規定與台灣對照，發現大陸女性員工的法定福利大大超越台灣，例如台灣女性產假是五十六天，在大陸一般產假是九十八天，符合晚育的，產假則可能再增加三十天（晚婚晚育隨各地政策不同，相應的規定也不同，年滿二十四週歲已婚婦女初次生育屬晚育，增加產假三十天是較多的做法）。這種對女性的特殊社會保障還有很多，以致台商聘用女性員工，特別是聘用適婚年齡或結婚但還沒有生育的女性員工時，常常多加考慮。

分析大陸有關女性員工勞動法律法規，有幾點台商要特別留意，也是人事管理最容易疏忽的重點。

一、計畫生育範圍內才受保障

夫妻雙方婚後均係生育第一個子女的，不需要經過批准，即可享受計畫內生育各項勞動保護；符合條件可生育第二個子女的夫妻，必須取得再生育許可後，方可生育，其生育享受各項勞動保護；反之，未經批准生育第二個子女，不享受各項生育保護。如果公司規章制度明確規定，違反計畫生育屬於嚴重違反公司規章制度之行為，公司可給予開除處分的，公司可以依照公司規章制度規定給予開除處分，但必須履行通知工會等手續，不過這點在實務中尚有爭議。

二、繳納生育保險金

很多企業逃避繳納生育保險金，其實非常不划算，因為以上海

為例，上海生育保險金繳費比率不過0.8％，蘇州1％（與養老保險金繳費基數相同）。如果企業未繳納，可能導致女性員工的產前檢查費用、產假期間工資、生育費用（因生育的檢查、接生、住院、藥費等）最終都轉嫁由企業承擔。

三、懷孕期間的「四不得」

企業中的女性員工一旦進入懷孕期，則對該女性員工，企業有四項不得進行的勞動人事安排，分別是不得解除或終止勞動合同（除非嚴重違反公司制度、營私舞弊、有刑事責任等屬企業可行使法定解除權的情形及員工主動辭職），不得降低基本工資，懷孕七個月以上不得延長勞動時間或者安排夜班工作（指晚上二十二時到凌晨六時），並應當在勞動期間內安排一定的休息時間。

四、產假期間的計算

生育產假九十八天，其中產前可以休假十五天；難產的，增加產假十五天；生育多胞胎時，每多生育一個嬰兒，增加產假十五天。如果符合晚育政策，還可以另外享受晚育假。對於晚育的認定和假期，各地規定不一，以上海為例，已婚婦女生育第一個子女時，年滿二十四週歲的，為晚育，在國家規定的產假基礎上，增加晚育假三十天，因此，在上海，若某位女員工晚育且破腹產，可享的產假時間為一百四十三天。女性員工懷孕未滿四個月流產的，享受十五天產假；懷孕滿四個月流產的，享受四十二天產假。

五、哺乳期內可提早下班

生產後一年內時間稱為哺乳期，哺乳期內除了繼續執行上述第三點「四不得」要求外，女性員工還可以享受每天一小時哺乳時間，但實務上大部分女性員工都以提早一小時下班回家，享受這項社會保

障政策。

六、男性員工可以請陪產假（護理假）

　　如果女性符合晚育條件生產，根據各地不同規定，男性配偶也可以申請陪產假，例如上海三天、江蘇十天，陪產假期間視同公假，由企業支付全薪。

【16】應屆大學生就業協議與勞動合同的關係分析

就業協議是由教育部高校學生司統一制定的，由應屆大學畢業生向學校領取，與企業簽署後送交學校相關部門蓋章的協議文件。應屆大學畢業生的就業協議是轉遞畢業生檔案和戶口關係，辦理報到落戶手續的依據。學校憑畢業生已簽訂的就業協議傳遞畢業生的檔案、戶口等關係，就業協議同時也是學校編制畢業生就業方案、統計畢業生就業落實情況的主要依據。如果不簽訂就業協議，畢業生畢業後的人事檔案、戶口等關係，可能會被派回到畢業生考取大學前的所在地。畢業生就業協議與勞動合同既有區別又有聯繫，其區別主要在：

一、簽訂時間不同

社會人員就業，企業須在用工之日起一個月內與其簽訂書面勞動合同，而招聘應屆大學生，一般在畢業生到企業報到之前簽訂就業協議，在報到後則需要按照《勞動合同法》規定，在一個月內簽訂書面勞動合同。

二、內容不同

就業協議的內容主要體現應屆大學畢業生的情況和就業意見、企業的情況和接收畢業生的意見以及學校意見，一般不涉及勞動報酬、勞動保護、工作內容、勞動紀律等方面的內容；而勞動合同則必須具備勞動合同期限、工作內容和工作地點、工作時間和休息休假、勞動報酬、社會保險、勞動保護、勞動條件和職業危害防護等內容。

三、法律依據不同

因就業協議而產生的糾紛主要適用《民法通則》、《合同法》以及參照有關的就業政策；而因勞動合同產生的糾紛主要適用《勞動

法》、《勞動合同法》及其他勞動法律、法規。

四、違約金約定不同

就業協議中的違約金條款是畢業生或企業在對方違約情形下追究責任的合約依據，就業協議中的違約金由當事人自行約定。2005年，國家有關部門規定，畢業生與企業簽訂就業協議書後，如畢業生出現違約情況，違約金被限定不超過畢業生一個月的工資。該部門規定並無法律依據，但畢業生與企業約定違約金金額明顯過高或者過低，當事人可以請求人民法院或者仲裁機構予以增加或者適當減少；而勞動合同只能就員工違反培訓服務期及競業限制約定之情形約定違約金，且企業因員工違反服務期約定，要求支付的違約金數額，不得超過服務期尚未履行部分所應分攤的培訓費用。

五、合同解除和終止條件不同

就業協議一經簽訂，就對當事人具有約束力，一方不得隨意解除，否則應承擔違約責任。但畢業生可與企業在就業協議中就解除或終止條件做出約定。若約定條件一旦成立，畢業生可依約定解除或者終止協議，而無須承擔違約責任；而勞動合同的解除或終止必須符合《勞動合同法》規定，企業違反《勞動合同法》與員工另行約定的解除或終止條件無效，企業因此違法解除或終止勞動合同的，員工有權要求企業恢復履行勞動合同或者支付賠償金。

就業協議與勞動合同的聯繫則主要體現在，畢業生與企業簽訂勞動合同前須先簽訂就業協議，如果就業協議未出現違約情形，畢業生報到後一個月內將簽訂勞動合同。隨著畢業生就業的進一步市場化，大學畢業生與社會一般人員就業性質日趨同化，就業協議將逐漸為勞動合同所替代。今後畢業生就業可能就無需先簽訂就業協議，而是直接與企業簽訂勞動合同。

【17】試用期規定

　　根據大陸《勞動法》的規定，勞動合同可以規定試用期。在勞動合同中規定試用期，一方面可以給企業一定期限考察勞動者是否與錄用要求相一致，另一方面也可以使被錄用的員工有時間考察瞭解用人單位的工作內容、勞動條件等，並評估自己是否適合該崗位工作。

一、試用期期限

　　試用期的長短由企業根據實際情況確定，但最長不得超過《勞動合同法》規定的期限。《勞動合同法》規定，勞動合同期限三個月以上不滿一年的，試用期不得超過一個月；勞動合同期限一年以上三年以下的，試用期不得超過二個月；三年以上固定期限和無固定期限的勞動合同試用期不得超過六個月。

　　同一企業與同一員工只能約定一次試用期。以完成一定工作任務為期限的勞動合同或者勞動合同期限不滿三個月的，不得約定試用期。勞動合同如果僅約定試用期或者勞動合同期限與試用期相同的，試用期不成立，該期限為勞動合同期限。

二、試用期員工的勞動權利

　　試用期員工享有全部勞動權利。試用期內的員工不因試用期的身分而在勞動權利方面受到限制。這些權利包括取得勞動報酬的權利、休息休假的權利、獲得勞動安全衛生的權利、接受職業技能培訓的權利、享受社會保險和福利的權利以及法律規定的其他勞動權利，也包括依照法律規定，通過職工大會、職工代表大會或者其他形式，參與民主管理或者就保護勞動者合法權益與企業進行平等協商的權利。尤其要強調的是，企業同樣要給試用期內的員工繳納社會保險費，如在試用期滿後才給員工繳納社會保險費，員工要求補繳的將得

到法律支持。

三、試用期工資

　　《勞動合同法》規定，勞動者在試用期的工資不得低於本單位同崗位最低檔工資或者勞動合同約定工資的80％，並不得低於用人單位所在地的最低工資標準。員工在試用期間工資待遇的法定最低標準可以理解為：員工和企業在勞動合同裡約定了試用期工資，而約定的試用期工資高於法定最低標準的，按約定執行；約定試用期工資應當體現同工同酬的原則；員工在試用期的工資，法律規定了兩個最低標準，即不得低於本單位同崗位最低檔工資，或者不低於勞動合同約定本人工資的80％，二者應取其一；員工在試用期的工資不得低於企業所在地的最低工資標準。

四、試用期解除勞動合同

　　在試用期內，員工如因自身原因須解除勞動合同，須遵循解除預先通知期，即提前三天通知企業後才可以解除勞動合同；而企業在試用期間因員工不符合錄用條件解除勞動合同的，應具備以下要件：（1）企業對錄用崗位制訂了明確的錄用條件（如勞動者年齡、文化程度、身體狀況、思想品德、技術業務水準、戶籍關係等），並已經在錄用前告知員工；（2）擬於試用期內辭退的員工不符合企業規定的上述錄用條件；（3）企業有證據證明該員工不符合錄用條件，企業有在試用期內對員工進行考核、評價的書面記錄；（4）企業做出解除勞動合同決定的時間在員工試用期內。以上四個要件缺一不可。

【18】見習期、學徒期、實習期與試用期的
　　　區別與應用

　　與試用期不同，見習期、學徒期不是一種法律概念，《勞動合同法》上也無相應規定。企業往往混淆了上述概念，在勞動合同中約定不清，產生不必要的用工風險。

　　1、試用期是指用人單位和勞動者在建立勞動關係後，為相互瞭解、選擇而約定的考察期，當然勞動合同中既可約定試用期，也可不約定。如約定試用期期限，法律有明確規定，針對勞動合同期限不同，試用期最長不超過六個月。同時，同一用人單位只能與同一勞動者約定一次試用期，僅約定試用期沒約定合同期的，視為無試用期。依據《勞動合同法》的規定，在試用期內用人單位也不能隨意解除勞動合同，只有在被證明不符合錄用條件或其他符合解除勞動合同條件的情況下，用人單位才能解除勞動合同。

　　2、見習期、學徒期是勞動法律法規推行前，勞動用工領域對員工進行一定期限試用期間的一種通稱。見習制度多是指全日制普通高校畢業生到用人單位工作後，對其進行考察、試用、培訓的制度，見習期滿後，相關人事主管部門為畢業生辦理轉正及相應的工資及職稱評定手續。而學徒期主要在某些特定崗位的新招工人中執行。《勞動法》推行後即對試用期做了規定，而《勞動合同法》更是對此予以明確。

　　人力資源和社會保障部等七部委《關於印發三年百萬高校畢業生就業見習計畫的通知》（人社部發[2009]38號）規定：高校畢業生在同一單位見習時間一般為三至十二個月。見習期間或期滿後被見習單位正式錄用的，單位應即時與高校畢業生簽訂勞動合同，繳納社會保險；見習時間可作為工齡計算；見習期間所在見習單位為畢業生辦

理人身意外傷害保險。因此，企業在與員工簽訂勞動合同時，應嚴格區分試用期和見習期、學徒期。除了前述離校未就業畢業生特殊的就業扶持措施以外，如果勞動合同約定了見習期或學徒期，而沒有約定試用期，視為無試用期，不能適用試用期的規定。但對於企業在內部考評中使用見習期和學徒期概念，則不影響《勞動合同法》已經約定的試用期。

　　3、實習期是針對未畢業的在校學生而言，是指學生在校期間，到單位的具體崗位上參與實踐工作的過程，其目的是培養學生理論聯繫實際和更好地學習理解科學文化知識。由於學生不具備勞動者主體資格，因此，在實習期間，不能和用人單位形成勞動關係，也不受《勞動法》調整。學生和用人單位簽署的實習協議屬於民事合同，受《合同法》調整。

【19】試用期考核及轉正

　　試用期考核須在試用期滿前進行，例如企業可以規定，試用期不滿六個月的新進員工，在試用期滿前一個月進行考核；試用期為六個月的新進員工，在試用期內進行三次考核，分別在入職二個月時、入職四個月時、入職五個半月時。通常，考核合格轉為正式員工，考核不合格則以試用期不符合錄用條件予以辭退，故，試用期考核應建立在錄用條件基礎上，將錄用條件細化為具體的考核指標，且範圍應包括工作表現、考勤、業績、紀律等。

　　試用期考核一般由企業的人事部門負責組織，考核程序一般是由人事部門先要求試用期員工就試用期內的工作進行自我評價和總結，此步驟主要是給員工本人一個自我陳述的機會。企業應要求員工實事求是，結合實際工作中的具體事件進行自我評價、總結，言之有物。一些員工的自我批評和檢討不足，可能就是試用期不符合錄用條件的有力證明之一。試用期考核應主要由用人部門進行，故，試用期員工本人完成自我評價和總結後，應交給用人部門各級主管作為轉正考評的參考。企業人事部門應結合各崗位的錄用條件事先設計好考評表，由用人部門各級主管按照考評表逐項簽署意見。一般的做法是進行評分，總分達到多少才被視為通過試用期。而用人部門在考評時，應注意收集被考核員工平時工作中的業績報表、工作日誌、述職報告、客戶的回饋意見、相關部門的評價等，作為簽署意見和評分的依據，用人部門完成考評打分後，一般由總經理最終審批員工轉正事宜。

　　即使未經過考核程序，對於試用期內被發現不符合錄用條件的員工，企業也可以隨時解除與其的勞動關係。例如，在試用期內發現員工謊報或偽造過去工作經歷、學歷、專業證照或個人其他情況者（如曾經被原單位開除或未經批准擅自離職）；與其他單位約定有競

業禁止且在競業禁止期限內；與其他單位存續勞動關係；未滿十六週歲；在試用期內嚴重違反考勤規定等等，但前提是企業已經事先將前述情況作為不符合錄用條件之情形告知員工。而對於企業將「工作能力不足」等作為不符合錄用條件之情形，則一般須細化為更具體的考核內容，並結合該員工工作中的業績情況、客戶回饋等得出結論，以期在發生爭議時，有確鑿證據支持企業的評價和結論。

考核結果出來以後，企業應將其告知員工本人並經其簽收。對於本人不願意簽收的，可以採取掛號方式郵寄至本人聯絡地址的方式進行告知，並務必在寄送單據上注明郵寄的文件主旨。總經理批准轉正後，企業人事部門應與轉正員工進行試用期滿面談，發放試用期滿通知單通知其正式轉正，告知其轉正後的薪資和福利。而對於試用期間考核不合格者的員工，企業人事部門應書面通知其考核不合格的結果，並發給解除勞動合同書面通知書，請其簽收或如前所述寄給本人，並為其辦理離職手續。

另外，企業一般會規定員工入職須向企業提交例如學歷證書、身分證明、之前最後工作單位退工單或退工證明等文件，而對於國家規定要有相應資質方可上崗的職位，上崗證明也屬於必須向企業提交的資料之一。企業可以將其列入勞動合同或作為錄用條件，要求員工在入職後多少時間內備齊列明的資料，反之，將被視為不符合錄用條件，企業將與其解除勞動關係。

第三篇

勞動合同的簽訂、變更、解除、終止

【20】勞動合同種類

《勞動合同法》主要按照合同期限的不同，將勞動合同劃分為三類，同時也規定了其他一些特殊種類的勞動合同形式。

1、勞動合同按期限不同可分為固定期限勞動合同、無固定期限勞動合同和以完成一定工作任務為期限的勞動合同：

（1）固定期限勞動合同，是指用人單位與勞動者明確約定合同終止時間的勞動合同。比如一年、兩年、三年。合同期限屆滿雙方未續簽的，合同即告終止。《勞動合同法》並未約定固定期限的最短時間限制。

（2）無固定期限勞動合同，是指用人單位與勞動者約定無確定終止時間的勞動合同。《勞動合同法》設立無固定期限勞動合同制度，並擴大簽訂範圍，目的是為了維護勞動關係的持續穩定。這裡需要說明的是，「無固定期限勞動合同」並不是「鐵飯碗」、「終身制」。有些用人單位不願簽訂無固定期限勞動合同，認為一旦簽了，就要對勞動者長期、終身負責，如果勞動者偷懶，用人單位毫無辦法；有的勞動者也認為簽訂無固定期限勞動合同，就意味著終身捆綁在企業中，喪失了選擇的機會，這實際上是一種誤解。《勞動合同法》雖然規定了較為嚴格的合同解除條件，但只要出現《勞動合同法》規定的法定解除勞動合同的情形，不論用人單位還是勞動者，都有權依法解除無固定期限勞動合同。

（3）以完成一定工作任務為期限的勞動合同，是指用人單位與勞動者約定以某項工作的完成為合同期限的勞動合同。工作任務達成，合同即行終止。合同終止，用人單位仍須按《勞動合同法》規定支付勞動者經濟補償金。

2、其他形式的勞動合同：

（1）集體勞動合同，是相對於個別勞動合同而言的，是指工會

或職工代表代表企業職工一方與用人單位通過平等協商，就勞動報酬、工作時間、休息休假、勞動安全衛生、保險福利等事項訂立的合同。集體勞動合同草案應當提交職工代表大會或者全體職工討論通過，集體合同訂立後，應當報送勞動行政部門，依法訂立的集體合同對用人單位和勞動者具有約束力。

（2）勞務派遣合同，是勞務派遣單位（用人單位）與勞動者訂立的派遣勞動者到用工單位工作，由勞務派遣單位支付勞動者報酬的勞動合同。勞務派遣一般在臨時性、輔助性或者替代性的工作崗位上實施。最短不得少於兩年。

（3）非全日制用工合同（小時工）：是指用人單位與勞動者簽訂的以小時計酬為主，勞動者在同一用人單位一般平均每日工作時間不超過四小時，每週工作時間累計不超過二十四小時的勞動合同。非全日制用工雙方當事人不得約定試用期，雙方當事人可以不訂立書面勞動合同，任何一方都可以隨時通知對方終止用工。終止用工，用人單位不需要向勞動者支付經濟補償。

【21】勞動關係與勞務關係的區別

　　勞動關係與勞務關係雖一字之差，但分屬兩種不同的法律關係，前者為勞動法律關係，後者為民事法律關係，不能混淆。如果誤將勞動關係視為勞務關係，而沒有簽訂合同，企業要承擔未簽訂書面勞動合同的法律責任，即要支付勞動者未簽合同期間雙倍工資，並承擔其他《勞動合同法》規定的責任。同樣，誤把勞務關係視作勞動關係，企業也會增加不必要的成本，並產生不必要的糾紛。因此企業應當瞭解二者的區別，以正確適用。

一、勞動關係與勞務關係的主要區別

　　1、兩者產生的依據不同。勞動關係是基於用人單位與勞動者之間生產要素的結合而產生的關係，是緊密型關係。而勞務關係產生的依據是雙方的約定，是鬆散型關係，企業要求交付的可能是工作成果，也可能是勞動過程。

　　2、兩者的主體地位不同。勞動關係是一種不平等的關係，用人單位和勞動者之間是管理和被管理，支配和被支配的關係；而勞務關係是平等主體之間的契約關係，不存在管理與被管理的情況，提供勞務方只要按照約定完成工作任務即可，另一方無權單方做出額外要求。

　　3、實施工作的名義以及由誰承擔責任不同。勞動關係中勞動者以用人單位的名義進行工作，對外由用人單位承擔法律責任，勞動者本人不承擔對外責任；而勞務關係中，提供勞務的一方通常以本人的名義從事勞務活動，獨立承擔法律責任。

　　4、兩者的穩定性不同。勞動關係當事人之間關係較為穩定、長久，反映的是一種持續的生產資料、勞動者、勞動對象之間結合的關係；而勞務關係當事人之間體現的是一種即時清結的關係。

　　5、受法律干預的程度不同。勞務合同更多的體現是當事人的意思自治，是當事人平等協商一致的結果，法律對此干預的程度較小；而勞動合同除了體現當事人意思自治外，有相當部分的內容須受到國家法律法規的限制和干預，如《勞動法》對勞動合同的訂立程序、用人單位的義務、工作條件、勞動保護、最低工資、合同的解除等，體現了國家對勞動者的特別保護。

二、建立勞務關係應注意的事項

　　從上述比較分析來看，勞動關係和勞務關係還是有較大區別的，但是在實務中，很多情況下二者很難明確區分，更要謹慎對待。企業尤其應特別注意以下幾個事項：

　　1、應當按上述區別比較分析，看適用勞務關係是否可以合理解釋，如不能合理解釋的，就應當按照勞動關係來處理，以避免不必要的法律風險。

　　2、應當簽訂書面協議明確權利和義務，以免因認識分歧導致承擔未簽訂書面勞動合同而支付雙倍工資的法律責任。

　　3、對欲建立勞務關係的合同的內容應當盡量向勞務合同的特點靠攏，比如應約定提供勞務的成果，而盡量不約定管理的內容。盡量避免提及須遵守公司規章制度等勞動合同必備條款的內容。

【22】特殊勞動關係的認定

特殊勞動關係並非法律用語，而是上海市和蘇州市對部分特殊人員與用人單位之間關係的一種稱謂。特殊勞動關係是指現行勞動法律調整的標準勞動關係和民事法律調整的民事勞務關係以外的一種用工關係，其勞動者一方在用人單位從事有償勞動、接受管理，但與另一用人單位存有勞動合同關係或不符合勞動法律規定的主體條件。在蘇州，用人單位雇傭下列人員的，二者之間就構成特殊勞動關係：（1）協議保留社會保險關係人員；（2）企業內部退養人員；（3）停薪留職人員；（4）未經批准使用的境外從業人員。而在上海，對於上述第（4）項勞動關係並不視為特殊勞動關係。

按上述兩地的政府特殊規定，特殊勞動關係的特殊性在於，首先，這類特殊勞動關係中的員工仍屬勞動者性質，其本身在提供勞動過程中要接受用人單位的管理，與用人單位具有一定的從屬性，所以其不同於一般的民事勞務關係。因此特殊勞動關係中的員工的勞動權利，在工作時間、勞動保護和最低工資保障三個方面仍受現行勞動法律保障。

上述保障體現為：第一，特殊勞動關係勞動者的工作時間和其他勞動者一致，超過法定標準工時的，勞動者有權要求用人單位支付加班費；在上海，如果用人單位剋扣或者無故拖欠特殊勞動關係人員工資報酬的，以及拒不支付上述人員延長工作時間工資報酬的，除應全額支付工資報酬外，還應加付相當於工資報酬25％的經濟補償金。第二，特殊勞動關係勞動者享受與其他勞動者同等的勞動保護。第三，特殊勞動關係勞動者的勞動報酬也受到最低工資標準的限制。

同時，由於特殊勞動關係中的員工並不完全具備勞動法律規定的標準勞動關係中的勞動者的主體資格，或者又與另一用人單位存有勞動合同關係，所以根據兩地規定，特殊勞動關係並不完全適用勞動

法律。用人單位如解除與這類勞動者的勞動合同，不用按照現行《勞動合同法》的規定，向勞動者支付經濟補償或賠償。

特殊勞動關係中的用人單位和勞動者可以通過書面協議方式，對聘用期內的工作內容、報酬、醫療、勞保待遇等權利和義務進行約定。

由於特殊勞動關係仍未脫離勞動關係，基於特殊勞動關係而產生的因工事故亦會被認定為工傷。依據《工傷保險條例》的規定，特殊勞動關係中的用人單位仍須為員工的工傷支付工傷保險待遇。此外，在蘇州市的企業還需要為特殊勞動關係勞動者繳納失業險和生育社會保險。

但是對於上海、蘇州兩地之外的用人單位，在實踐中可能難以為特殊勞動關係員工繳納工傷保險，或者說沒有管道為其繳納。此時，企業可以考慮通過投保雇主責任險來規避風險。

用人單位招聘特殊勞動關係員工時，應特別要求應聘人員提供內部退養協議、停薪留職協議等，以便確認其身分。

【23】未訂立書面勞動合同的法律責任

　　根據《勞動合同法》及其實施條例的規定，企業與員工建立勞動關係，應當自用工之日起一個月內訂立書面勞動合同，否則將會承擔非常不利的法律責任：

　　1、用人單位自用工之日起超過一個月不滿一年未與勞動者訂立書面勞動合同的，應當依照《勞動合同法》第八十二條的規定，向勞動者每月支付兩倍的工資，並與勞動者補訂書面勞動合同；勞動者不與用人單位訂立書面勞動合同的，用人單位應當書面通知勞動者終止勞動關係，並依照《勞動合同法》第四十七條的規定支付經濟補償。其中，用人單位向勞動者每月支付兩倍工資的起算時間為用工之日起滿一個月的次日，截止時間為補訂書面勞動合同的前一日。

　　2、用人單位自用工之日起滿一年未與勞動者訂立書面勞動合同的，自用工之日起滿一個月的次日至滿一年的前一日，應當依照《勞動合同法》第八十二條的規定，向勞動者支付兩倍的工資，並視為自用工之日起滿一年的當日已經與勞動者訂立無固定期限勞動合同，應當立即與勞動者補訂書面勞動合同。

　　以上就是所謂的「雙倍工資」問題，其實質主要是為了防止一些用人單位藉不簽訂書面勞動合同來逃避企業義務。但實務中也會發生這樣的情形，即雖然用人單位並沒有前述所謂故意不簽訂書面合同的主觀目的，但往往因為人事部門的工作疏漏而在勞動者合同到期後忘記續簽，此類情況也應適用「雙倍工資」的處理規定。因此企業對於勞動合同到期的員工，應當特別注意，最好能做到定期檢查，防止遺漏。

　　當然，適用「雙倍工資」罰責，也有一些例外情形，包括：

　　1、自用工之日起一個月內，經用人單位書面通知後，勞動者不與用人單位訂立書面勞動合同的，用人單位可以書面通知勞動者終止

勞動關係，無需向勞動者支付經濟補償金，但是應當依法向勞動者支付其實際工作時間的勞動報酬。

2、根據上海市高級人民法院《關於適用「勞動合同法」若干問題的意見》（滬高法[2009]73號）規定，支付雙倍工資問題，應當考慮用人單位是否履行誠實磋商的義務以及是否存在勞動者拒絕簽訂等情況。如用人單位已盡到誠信義務，因不可抗力、意外情況或者勞動者拒絕簽訂等用人單位以外的原因，造成勞動合同未簽訂的，可以不支付雙倍工資。勞動合同期滿後，勞動者繼續為用人單位提供勞動，用人單位未表示異議，但當事人未續訂書面勞動合同的，當事人應及時補訂書面勞動合同。如果用人單位已盡到誠實信用義務，而勞動者不與用人單位訂立書面勞動合同的，用人單位可以書面通知勞動者終止勞動關係，並無需支付雙倍工資。

3、雙倍工資支付的最長週期只限於未簽訂書面勞動合同的第二個月起算至第十二個月，即最長十一個月，未簽書面勞動合同超過一年的，視為已經簽署無固定期限合同，企業無需再支付雙倍工資。

4、雙倍工資的性質在審判實踐中，一般認定為對企業違反法律規定的處罰，不屬於勞動報酬，故申請勞動仲裁的時效為一年，即在勞動者知道或者應當知道其權利被侵害之日起計算一年，不適用勞動關係終止後才起算一年時效的特殊規定。

2011年11月8日，江蘇省高級人民法院和江蘇省勞動人事爭議仲裁委員會頒布了《關於審理勞動人事爭議案件的指導意見（二）》（以下簡稱《意見二》），根據《意見二》的規定，首先可以明確，「二倍工資」不屬於「勞動報酬」，應按照第二十七條第一款規定確定時效。其次，時效應從用人單位不簽訂書面勞動合同的違法行為結束之次日開始計算一年；若勞動者在用人單位工作已經滿一年的，時效從一年屆滿之次日起計算一年，也就是說，如果員工作滿二年後才主張「二倍工資」，將得不到支持。

　　此外，《意見二》還明確了原一倍工資以外應再支付的一倍工資，含加班費、獎金、津貼和補貼等該員工當月的所有貨幣性收入，甚至規定員工當月工資若包含季度獎、半年獎、年終獎，還包括分攤後該月實際應得獎金數。另外，對於勞動合同期滿繼續工作的員工，若未及時續簽勞動合同，也應適用「二倍工資」罰則及上述時效規定，只有在勞動合同期滿因醫療期、孕期、產期、哺乳期等法定事由順延，但順延期間未簽書面勞動合同的情況下才例外。

【24】無固定期限合同的簽訂

無固定期限勞動合同，是指公司與員工約定無確定終止時間的勞動合同。無固定期限勞動合同在員工具備相應條件後，只要員工提出要求簽訂，公司就必須簽訂，否則根據《勞動合同法》第八十二條第二款：「用人單位違反本法規定不與勞動者訂立無固定期限勞動合同的，自應當訂立無固定期限勞動合同之日起向勞動者每月支付二倍的工資」的規定，公司應當從員工符合簽訂無固定期限勞動合同條件之日起的次日，向員工每月支付雙倍工資。

根據《勞動合同法》第十四條規定，在以下情形下，公司必須和員工簽訂無固定期限勞動合同。

1、員工在公司連續工作滿十年的。

2、用人單位初次實行勞動合同制度或者國有企業改制重新訂立勞動合同時，勞動者在該用人單位連續工作滿十年且距法定退休年齡不足十年的。

3、連續訂立二次固定期限勞動合同，且勞動者沒有本法第三十九條和第四十條第一項、第二項規定的情形，續訂勞動合同的。

此外，根據《最高人民法院關於審理勞動爭議案件適用法律若干問題的解釋》以及《勞動合同法》的其他規定，以下情形下，視為公司與員工已經簽訂了無固定期限勞動合同：

1、公司應當與員工簽訂無固定期限勞動合同而未簽訂的，人民法院可以視為雙方之間存在無固定期限勞動合同關係。

2、公司自用工之日起滿一年不與員工訂立書面勞動合同的，視為公司與員工已訂立無固定期限勞動合同。

對於「連續工作滿十年」的認定，根據勞動部辦公廳對《關於如何理解「同一用人單位連續工作時間」和「本單位工作年限」的請示》的覆函規定，「同一用人單位連續工作時間」是指員工與同一用

人單位保持勞動關係的時間。按照《勞動法》及有關配套規章的規定，勞動者患病或非因工負傷，依法享有醫療期，因此在計算「同一用人單位連續工作時間」時，不應扣除勞動者依法享有的醫療期時間。可知，「連續工作滿十年」是指員工在同一公司連續地、不間斷工作滿十年。倘若員工在勞動合同履行過程中與公司解除勞動合同，一段時間後又重新入職，此時，該員工的工作年限已經發生中斷，不再是「連續」了，因此，該員工之前的工作年限將不再計入連續工作年限中。

實務中最常見的是，員工符合簽訂無固定期限勞動合同條件後，而公司與員工實際上簽署了有固定期限的勞動合同，此時，該份有固定期限勞動合同是否有效，各地在認定上存在落差。例如在上海，根據上海市高級法院《關於適用「勞動合同法」若干問題的意見》（滬高法[2009]73號）規定，勞動者符合簽訂無固定期限勞動合同的條件，但與用人單位簽訂固定期限勞動合同的，根據《勞動合同法》第十四條及實施條例第十一條的規定，該固定期限勞動合同對雙方當事人具有約束力。合同期滿時，該合同自然終止。即在上海該有固定期限勞動合同還是受到法律保護的，實務中蘇州地區亦如此。

【25】勞動合同應包括的基本條款及分析（上）

　　根據大陸《勞動合同法》的相關規定，企業與員工建立勞動關係，應在用工之日起一個月內與員工簽訂書面的勞動合同，否則，自第二個月開始，員工有權要求企業支付雙倍工資。而另一方面，勞動合同作為企業與員工直接簽署的契約，其法律效力高於企業的規章制度及集體合同，是對勞資雙方合法權益最直接有效的保護。因此，企業應該重視並研究勞動合同的具體內容，做到既使勞動合同符合法律的規定，又可以切實保護自身的合法權益。

　　《勞動合同法》第十七條明確規定了企業的勞動合同應具備哪些必要條款，現逐條分析如下：

一、明確合同的簽約主體

　　《勞動合同法》第十七條第（一）、（二）款規定，勞動合同中必須明確用人單位的名稱、住所和法定代表人或者主要負責人以及勞動者的姓名、住址和居民身分證或者其他有效身分證件號碼，由此來確定勞動合同的雙方主體。在這裡，企業尤其應該注意的是，應該讓員工寫明詳細的住址，必要時還須寫明緊急聯絡地址及聯絡電話，這樣做的好處有兩個：

　　1、雙方在簽署勞動合同後，如果員工發生意外或其他緊急事件聯繫不到本人的話，企業可以根據勞動合同中預留的緊急聯絡地址聯繫到員工的家人，盡量在第一時間排除風險。

　　2、在勞動合同履行期間，如果企業與員工發生爭議或其他事項，按法律規定，很多情況下企業都應該盡到告知義務（如按《勞動合同法》第四十條的約定提前解除勞動合同）。如果員工不配合，不願對企業發出的正式書面通知進行簽收的，企業為保留已盡告知義務

的證據，可按照勞動合同中明確的員工的聯繫地址將材料寄送至員工家中，並保留相關郵寄的單據。

二、勞動合同的期限

根據《勞動合同法》的規定，從期限上區分，勞動合同分為固定期限勞動合同、無固定期限勞動合同和以完成一定工作任務為期限的勞動合同三種。一般情況下，企業的勞動合同範本中都會列明固定期限勞動合同與無固定期限勞動合同兩種，並在與員工簽署勞動合同時選擇適用哪一種。

需要特別說明的是，按目前的規定，員工在企業工作滿十年或連續兩次續簽固定期限勞動合同後，只要不存在《勞動合同法》第三十九條、第四十條第（一）、（二）項規定情形的，員工有權要求與企業簽署無固定期限的勞動合同，企業不得拒絕。員工在已經滿足簽署無固定期限勞動合同的情況下，與企業簽署了固定期限的勞動合同，此類情況下，在上海、蘇州視為員工願意跟企業簽署固定期限勞動合同，勞動合同中約定的勞動合同期限有效。

三、試用期條款

《勞動合同法》規定，同一用人單位與同一勞動者只能約定一次試用期。試用期條款並非法律規定的勞動合同的必備條款，新進員工約定有試用期的，應該對其在試用期內應達到的要求及考核方式等進行明確，以保護自身的合法權益。

在試用期條款中，企業可注明員工不符合錄用條件、企業有權單方解除勞動合同的情形，如：謊報或偽造過去工作經歷、學歷、專業證照或個人其他情況者；尚處於承擔刑事責任期間者等等。並且，試用期條款中還可將崗位要求明列作為錄用條件，企業如果認定員工不符合崗位要求，也可以不符合錄用條件單方解除勞動合同。

　　值得提醒的是，企業試用期內解除員工勞動合同的，必須要證明員工不符合錄用條件，這就要求企業在試用期內須對試用期員工進行考核，並保留書面的考核材料，同時，在勞動合同中最好亦明確，員工同意尊重考核結果並自願承擔考核不合格的全部後果。

【26】勞動合同應包括的基本條款及分析（下）

現對依《勞動合同法》的規定，企業勞動合同應包含的基本條款繼續分析如下：

一、工作內容及工作地點

《勞動合同法》第十七條明確約定，勞動合同中必須明確告知員工的工作內容及工作地點。一般情況下，在日後勞動合同履行的過程中，企業應按照勞動合同的約定安排員工的工作內容（即工作崗位）、工作地點，如調換員工的工作崗位、工作地點的，視為雙方勞動合同的變更，須事先取得員工的同意。

從企業的角度來說，如果完全不能根據實際經營的情況對員工崗位進行調整的話，是非常不利於管理的，因此，在實務中，企業可在勞動合同簽署前，對員工的工作範圍進行限定，對於企業在不同城市均有分公司或其他分支機構的，將幾個地區都作為工作地點進行約定，表明企業可以在勞動合同約定的範圍內，根據工作需要，適當調換員工的工作崗位及工作地點，並明確員工同意上述安排，而無須再簽署合同變更的協議。

二、勞動條件、勞動保護、職業危害防護

勞動條件、勞動保護及職業危害防護係勞動合同的必備條款。在勞動合同簽署前，企業依法有義務詳細告知員工的工作條件及職業病風險等情況，並在勞動合同中約定如何防護。同時，企業在勞動合同中還可以與員工約定，員工必須嚴格執行國家及企業制定的工作規範、操作規程、勞動安全衛生制度、自覺預防事故和職業病的發生。同時，企業還應根據工作的需求，對員工進行必要的業務、技能、技術培訓和職業道德、勞動安全衛生等各項規章制度的教育。

三、工作時間及休息休假

　　企業執行標準工時制外，如特定行業或針對特定崗位的員工，可向勞動保障部門申請實行綜合計算工時工作制及不定時工作制，並在合同中明確員工所執行的工時制度。另外，對員工加班的，勞動合同中還應約定，企業關於員工加班的申請、申報等制度，避免不必要的加班費爭議。

四、勞動報酬

　　員工的勞動報酬不僅包括基本薪資，還可能包括績效獎金、津貼、加班費等浮動部分。因此勞動合同中的勞動報酬條款如果只約定員工的基本工資，可能與員工實際的勞動所得不一致。企業向員工實際發放的工資不能低於勞動合同的約定，司法實踐中，通常會以員工的實際工資收入為標準確定經濟補償、加班工資基數等。另外，勞動合同中允許約定員工加班工資及假期工資的計算基數，以合理降低自身的用人成本，但也有些地區並不認可合同約定的加班工資基數。

五、社會保險

　　企業在勞動合同中應明確，企業按有關規定為員工投保，對於員工個人依法應該承擔的部分，由企業依法在員工工資中進行扣繳。

六、勞動紀律、獎懲辦法及勞動合同解除的條件

　　勞動紀律、獎懲辦法及勞動合同解除的條件並非勞動合同的必備條款，但從企業的角度來說，由於企業的規章制度還存在討論生效及公示等問題，如不具備法律效力則對員工不具約束力，由此，將最基本及最重要的勞動紀律、對員工的職業道德要求（如不得營私舞弊、打架鬥毆、侮辱同事、連續曠工等）寫入勞動合同中，會更有利於對企業合法權益的保護。

【27】工時制度的選擇

　　合理安排員工的工作時間，不僅能有效降低人力成本，提高生產效率，充分調動員工積極性，同時也能大大減少企業和員工之間的摩擦。大陸現階段工時制度主要包括三種類型：標準工時制、綜合計算工時制以及不定時工時制。不同的工時制度適用於不同的企業、不同的崗位，企業應當有針對性的進行合理安排，同時，三種工時制度也可在同一個企業裡並存。

一、標準工時制

　　標準工時制適合於工作量持續穩定、工作強度較為均衡的絕大多數企業和行業，是最常見的一種工時制度。根據現行法律規定，實行標準工時制的企業，在安排員工工作時，應當保證員工每日工作不超過八小時，每週不超過四十小時，並且每週至少休息一天。延時加班、雙休加班、節假日加班的，應當按照不同情形適用一‧五倍、二倍或三倍的標準來計算加班費。

　　在標準工時制度下，企業應當根據自身需要合理確定員工每天的工作時間和休息時間。如果出現暫時沒有工作任務的情況時，可以優先考慮安排員工享受年休假。

二、綜合計算工時制

　　綜合計算工時制是以標準工作時間為基礎，以一定的期限為週期，綜合計算工作時間的工時制度。其工作時間週期可以按照週、月、季、年四種方式計算。週期內工作時間應與該週期內法定標準工作時間相同，超過法定標準工作時間加班的，統一按照標準小時工資的一‧五倍計算加班費，但法定節假日的加班仍須按照三倍計算。一般情況下，適用綜合工時制的範圍主要有三類：一是因工作性質特

殊，須連續作業的職工，例如交通、鐵路、郵電、水運、航空、漁業等行業；二是受季節和自然條件限制的行業的部分職工，例如地質及資源勘探、建築、製鹽、製糖、旅遊等行業；三是其他適合實行綜合計算工時工作制的職工。

綜合計算工時制需要經過審批後方能實行，並應當告知員工。實行以週、月、季為週期的綜合計算工時工作制，企業應當向其所在地區縣勞動部門提出申請；實行以年為週期的綜合計算工時工作制，企業應當向其所在地市級勞動部門提出申請。

企業應當按照實際申請的週期綜合計算工時，同時設計相應的工資制度來匹配，為了方便計算，可以按照小時工資計薪；在工作淡季或業務量較低的情況下，可以將工時適當後延，安排員工休息，待業務高峰時期集中安排工作。

三、不定時工時制

不定時工時制是指因工作性質和工作職責的限制，勞動者的工作時間不受固定時數限制的工時制度。因工作時間不特定，為有效監督，企業應建立符合不定時制度特點的考勤考績制度。不定時工時制下，一般不需要支付平時及雙休日加班費（從上海審判實踐看，不定時工時制下，延長工作時間三小時不算加班，超三小時還是算加班，雙休日也是如此），對於法定節假日的加班費，有部分地區規定可以不支付，而上海規定應按三倍的標準計發加班費。

不定時工時制是較為靈活的一種工時制度，不受最高時數的限制，因此可以有效降低企業的加班成本，但其適用範圍同樣也受到嚴格限制，只有在符合法定條件並且經過勞動部門審批後方能實行，主要包括：

（1）因工作無法按標準工作時間衡量的職工，如企業中的高級管理人員、外勤人員、推銷人員、部分值班人員；

（2）因工作性質特殊，須機動作業的職工，如企業中的長途運輸人員、出租汽車司機和鐵路、港口、倉庫的部分裝卸人員；

（3）其他因生產特點、工作特殊需要或職責範圍的關係，適合實行不定時工作制的職工。

可見，用人單位必須辦理完成有關審批手續後，才能實行不定時工作制。然而，實務中一些用人單位疏於辦理有關審批手續，高管藉以向公司主張高額加班費。從高管的工作性質、工作崗位來看，大都符合不定時工作制的特點，如果僅僅因為公司的疏忽，就否定其不定時工作制的本質，不盡合理。出於公平考慮，2011年11月8日，江蘇省高級人民法院和江蘇省勞動人事爭議仲裁委員會頒布了《關於審理勞動人事爭議案件的指導意見（二）》，其中明確規定，在前述情況下，可以認定高級管理人員實行的是不定時工作制，對其請求支付加班工資的主張不予支持。

【28】無效的勞動合同及其法律責任

　　用人單位與勞動者簽訂勞動合同，如果有以下情形之一的，其勞動合同無效或者部分無效：（1）以欺詐、脅迫的手段或者趁人之危，使對方在違背真實意思的情況下訂立或者變更勞動合同的；（2）用人單位免除自己的法定責任、排除勞動者的權利的；（3）違反法律、行政法規強制性規定的。勞動合同部分無效，不影響其他部分效力的，其他部分仍然有效。勞動合同的無效或者部分無效，必須由勞動爭議仲裁機構或者人民法院確認。被確認為無效的勞動合同沒有法律約束力。符合上述任一種情形導致合同無效的，用人單位和勞動者均可以行使勞動合同解除權。

　　勞動合同根據《勞動合同法》的規定被確認無效的法律後果，體現在以下幾個方面：

　　1、勞動合同被確認無效，勞動者已付出勞動的，用人單位應當向勞動者支付勞動報酬。勞動報酬的數額，參考用人單位同類崗位勞動者的勞動報酬確定；用人單位無同類崗位的，按照本單位上年度職工平均工資確定。

　　2、無效勞動合同是由勞動合同當事人一方或者雙方的過錯造成的。過錯可能是一方的，也可能是雙方的。它是由當事人的主觀原因造成的後果，因此，對於無效的勞動合同，在確認其無效的同時，如給對方造成損害的，有過錯的一方應當承擔賠償責任。

　　（1）用人單位有過錯的。勞動部於1995年5月制定了《違反「勞動法」有關勞動合同規定的賠償辦法》，該辦法規定：由於用人單位的原因訂立無效的勞動合同，或訂立部分無效勞動合同，對勞動者造成損害的，應按下列規定賠償勞動者損失：①造成勞動者工資收入損失的，按勞動者本人應得工資收入支付給勞動者，並加付應得工資收入25％的賠償費用；②造成勞動者勞動保護待遇損失的，應按國

家規定補足勞動者的保護津貼和用品；③造成勞動者工傷、醫療保險待遇損失的，除按國家規定為勞動者提供工傷、醫療待遇外，還應支付勞動者相當於醫療費用25％的賠償費用；④造成女職工和未成年工身體健康損害的，除按國家規定提供治療期間的醫療待遇外，還應支付相當於其醫療費用25％的賠償費用；⑤勞動合同約定的其他賠償費用。但在上海，法院審判實務中已經不適用前述勞動部的辦法，而是適用《勞動合同法》的規定。

（2）勞動者有過錯的。對於因勞動者的過錯而導致勞動合同無效，給用人單位造成損失的，勞動者應根據其過錯而對用人單位的生產、經營和工作造成的直接經濟損失，承擔相應賠償責任。

【29】如何合法地調薪、調崗，調整工作地點、工作內容

　　由於工作地點、工作內容、勞動報酬等是勞動合同的必備條款，所以用人單位調整勞動者的工作崗位號薪資、變更其工作地點，就構成對勞動合同的變更。法律上將其區分為協商一致和法定變更兩種情形。

一、協商一致變更

　　依據現行《勞動合同法》第三十五條的規定，用人單位與勞動者協商一致，並採取書面方式可以變更勞動合同約定的內容。所以，如果勞動合同雙方當事人通過平等、自願協商的方式，就變更勞動合同條款達成一致協議，應立刻簽訂書面的勞動合同變更協議，協議應當指明變更原勞動合同的哪些條款，並應明確勞動合同變更協議生效日期。書面協議經用人單位和勞動者雙方當事人簽字蓋章後生效。

二、法定變更

　　勞動合同訂立時所依據的客觀情況發生重大變化，是勞動合同變更的一個法定事由。所謂客觀情況的重大變化，從企業角度講，包括企業因合併、調整產品結構等，而發生轉產、調整生產經營項目的情況。在這些情況下，有些生產崗位就可能因此而撤銷，或者為其他新的崗位所替代，原勞動合同就可能因簽訂條件的改變而發生變更。從員工角度上講，如員工身體狀況、工作表現、業績、知識技能等，與本崗位工作要求不相符合，可以培訓、調整崗位或另行安排工作。但無論從哪個角度看，此種法定變更的舉證責任都在用人單位。用人單位必須證明自己調崗、調薪等具有充分合理性，才能被仲裁機構和法院採信。實踐中，仲裁機構和法院一般都承認和保護企業的用工自

主權。但在承認和保護的同時，為防止此權利被用人單位濫用，會要求用人單位對其調崗調薪行為的合理性承擔舉證責任。如果舉證不能則須承擔不利後果。為此，建議用人單位從以下幾個方面做好準備：

1、首先在勞動合同中約定變更勞動合同的條款：如約定調崗、調薪的條款：「企業可以依據生產經營需要，隨時調整勞動者的工作崗位和工作內容。」對於工作地點，不宜約定過細，例如位於上海市徐匯區華山路八十八號的企業，工作地點應約定為上海市。對於在數個城市都有工作場所的用人單位，其勞動合同上應將未來幾個可能用工的城市都約定在合同條款中；對於勞動報酬，建議僅約定基本薪資，而不包括崗位薪資，以便未來調崗後，可以實施新的崗位工資待遇。

2、制定完備的崗位職責和崗位考核標準。

3、在規章制度中對調崗調薪做出細化規定，包括調崗、調薪的程序都要明確規定。有了相應的規章制度，企業按合理的程序進行調崗調薪，在應對員工提起仲裁或訴訟時，就可以舉證證明其調崗調薪的充分合理性了。

4、在日常工作中對績效考核結果、勞動者簽收記錄等材料做好存證工作。

司法實務中，法院一般在處理因此造成的具體權益侵害或解除糾紛時，會綜合考慮勞動合同中對崗位的約定、《員工手冊》中對調崗的規定以及調崗後薪資支付是否合理，與同工齡人員的工資水準是否一致等因素。此外，調整後的工資也不得低於合同中約定的工資。

【30】全日制與非全日制勞動合同的差異分析

　　非全日制勞動合同用工是一類特殊的用工形式，《勞動合同法》從法律層面上對非全日制用工做出了規範。所謂非全日制用工，是指以小時計酬為主，勞動者在同一用人單位一般平均每日工作時間不超過四小時，每週工作時間累計不超過二十四小時的用工形式。非全日制用工形式比較靈活，與全日制用工的差異主要體現在以下幾個方面：

　　1、非全日制用工，雙方可以訂立口頭協議，而全日制用工依據法律規定必須訂立書面勞動合同，否則將承擔支付雙倍工資等不利後果。

　　2、從事非全日制用工的勞動者可以同時與一個或者一個以上用人單位建立勞動關係並簽訂勞動合同；但是，後訂立的勞動合同不得影響先訂立勞動合同的履行。而全日制用工的勞動者一般只能與一個用人單位訂立勞動合同。

　　3、非全日制用工雙方當事人不得約定試用期。而全日制用工的，除以完成一定工作任務為期限的勞動合同和三個月以下固定期限勞動合同外，其他勞動合同可以依法約定試用期。

　　4、非全日制用工，雙方當事人任何一方都可以隨時通知對方終止用工；且用人單位無需向勞動者支付賠償金或經濟補償。而全日制用工的，雙方當事人應當依法解除或者終止勞動合同。除因員工辭職或違法、違紀等法定情形外，用人單位解除或者終止勞動合同，應當依法支付賠償金或經濟補償。

　　非全日制用工勞動者的小時薪酬不得低於用人單位所在地人民政府規定的最低小時工資標準。而全日制用工勞動者執行的是月最低工資標準。

　　5、非全日制用工勞動報酬結算週期最長不得超過十五日。而全

日制用工的，工資應當至少每月支付一次。

6、非全日制用工的雙方並非勞務關係，而是屬於勞動關係中特殊的一種，因此除特殊規定之外，都適用《勞動合同法》的規定，非全日制用工的單位及個人也應當依法繳納社會保險。其繳納方法與全日制用工有一定的區別：基本養老保險，原則上參照個體工商戶的參保辦法執行；勞動者可以以個人身分參加基本醫療保險，並按照待遇水準與繳費水準相掛鈎的原則，享受相應的基本醫療保險待遇。用人單位應當按照國家有關規定，為建立勞動關係的非全日制勞動者繳納工傷保險費。從事非全日制工作的勞動者發生工傷，由實際用人單位承擔工傷保險責任。

非全日制用工形式，靈活性較大，但用人單位在建立非全日制用工時，還是應當盡量簽訂書面合同，並明確為非全日制用工，合同內容也不得違反非全日制用工的法律規定，以免產生爭議。

【31】用人單位單方面
解除勞動合同的情形及後果

　　非勞動者過失，用人單位主動提出與員工解除勞動合同的情形，除客觀情況發生重大變化、協商變更不成以外，不包括因員工身體及精神狀況不適於繼續工作，因其工作能力或工作態度等出現偏差，而用人單位不願再與員工繼續履行勞動合同。而用人單位不同情形下的主動解約，其承擔的法律責任亦不相同。

　　根據《勞動合同法》及其實施條例的規定，如用人單位處於破產重整期間、生產經營發生嚴重困難、轉產、重大技術革新、經營方式調整，以及訂立合同時客觀經濟情況發生重大變化等情形時，如裁減人員在二十人以上或雖不足二十人但佔用人單位職工總數10％以上的，在提前三十日向工會或全體職工說明情況聽取意見，並向勞動行政部門報告裁減人員方案以後，方可進行經濟性裁員。這種經濟性裁員由於非勞動者本人過錯，因此用人單位須按員工在本單位的工作年限每滿一年支付一個月，不滿六個月支付半個月的方式進行經濟補償。

　　如用人單位認為係勞動者本身的原因而與其解除勞動合同，則須分清以下幾種可能：

　　1、勞動者存在重大過錯行為而被辭退，比如嚴重違反規章制度、嚴重失職給公司造成重大損害、被依法追究刑事責任、因兼職而對完成本單位的工作造成嚴重影響且雖經勸告仍不改正的。上述情形中，除了被依法追究刑事責任有法定標準以外，勞動者其他行為過錯的程度嚴重與否，並無法律明確規定，往往由仲裁機構或法院裁量決定，實務中雖然勞動者的確有違規行為或造成損害，但是否一定以解除勞動合同作為處理結果，用人單位的判斷上一定要具備合理性，例

如，用人單位常以嚴重違反規章制度解除合同，在勞動爭議案件中，仲裁機構或法院往往要審視規章制度內容的合理性，以及用人單位做出的解除合同的決定是否符合規章制度的規定。如最終確認屬實，那麼這種勞動者重大過錯下的合同解除，用人單位無需進行任何經濟補償。因此，企業會在規章制度中對何種情形屬於嚴重違紀或針對不同情形制定相應處理處罰規定，這樣既便於企業行使管理權，也便於爭議發生後的處理。但企業在制定此類規定時應當慎重，措辭條款應當嚴謹完備。

2、用人單位認為勞動者存在過錯而不願意繼續任用，比如，認為員工雖然沒有嚴重違反規章制度的行為，但工作態度不佳，敷衍了事；或工作能力不強不能勝任工作。該兩種情形下的合同解除，用人單位要謹慎行事：前者如貿然解除，沒有被認定為勞動者「嚴重違反規章制度」的話，那麼用人單位就很可能會被認為係「違法解除勞動合同」，而被要求按經濟補償金的二倍支付給勞動者賠償金。而對於不勝任工作被解除合同的勞動者，《勞動合同法》也規定了解除的前提必須是「經過培訓或調整工作崗位後仍不能勝任工作」，否則用人單位仍會被認定為「違法解除勞動合同」，而要求支付雙倍經濟補償金。反之，如企業在履行了上述培訓或調崗的程序後仍不能勝任者，用人單位在解除合約時，只須支付經濟補償金即可，並只要提前三十日書面通知勞動者或額外支付一個月的代通知金（按照上個月的正常工資標準確定）。

3、試用期內的勞動者被用人單位認定為不符合錄用條件而解除勞動合同時，用人單位不需支付任何經濟補償金。但這裡必須注意，勞動者在正式工作以前是否已被告知何謂「錄用條件」，以及不符合錄用條件的相關證據證明。如企業不能出示這些告知和證明的相關證據，則會被視為「違法解除勞動合同」而支付雙倍的經濟補償金。

4、用人單位認為勞動者的身體或精神狀況不再適合工作而解除

勞動合同。如勞動者患病或非因工負傷，在規定的醫療期滿後不能從
事原工作的，如果用人單位為員工安排了與其身體狀況相適應的工
作，員工還是無法工作的，用人單位就可以解除合同，不過應提前
三十日書面通知勞動者或額外支付一個月的代通知金，並按其工作年
限支付經濟補償金，同時還應給予勞動者不低於六個月工資收入的醫
療補助費。

【32】員工單方面解除勞動合同的情形和後果

　　勞動者依法享有就業選擇權。勞動者行使合同解除權一般應提前三十天通知。在法定情形下，勞動者可以不經通知即時解除合同。與《勞動法》相比，《勞動合同法》擴大了勞動者行使勞動合同即時解除權的範圍。

一、勞動者無需理由但須提前通知單方面解除勞動合同的情形

　　根據《勞動合同法》的規定，勞動者無需理由，只要提前三十日書面通知用人單位，即可以解除勞動合同，即通常所稱的員工辭職。處於試用期的勞動者根據《勞動合同法》，僅須提前三日書面通知用人單位，即可以解除勞動合同。

　　有些用人單位以勞動者沒有提前書面通知辭職為由，不同意解除勞動合同，是缺乏法律依據的。但根據《勞動合同法》的規定，「勞動者違反本法規定解除勞動合同，或者違反勞動合同中約定的保密義務或者競業限制，給用人單位造成損失的，應當承擔賠償責任。」用人單位可據此主張勞動者承擔違約責任。

二、勞動者在特定情況下無需事先通知，即可單方面解除　　勞動合同

　　《勞動合同法》第三十八條在《勞動法》相關規定的基礎上，增加了勞動者無需事先通知單方面解除勞動合同的情形，規定在用人單位如未按照勞動合同約定提供勞動條件、未依法繳納社會保險費或者規章制度違法而損害勞動者權益、以及以欺詐、脅迫手段或者趁人之危，使對方在違背真實意思的情況下訂立或者變更勞動合同的情況下，勞動者可隨時通知用人單位解除勞動合同。

　　另外，《勞動合同法》進一步規定在用人單位違章指揮、強令

冒險作業危及勞動者人身安全的情況下，勞動者無須通知用人單位即可解除勞動合同。

必須注意的是，這種由於用人單位過錯導致的勞動者離職，用人單位應當按照「滿六個月支付半個月工資、每滿一年支付一個月工資」的標準，向勞動者支付經濟補償金。但由於《勞動合同法》第三十八條所涉及的內容，有些與2001年最高人民法院《關於審理勞動爭議案件適用法律若干問題的解釋》之第十五條規定情形重合，有些則屬於新規定，因此不同情形下的經濟補償金計算標準亦不相同。兩相比較下：（1）未按照勞動合同約定提供勞動保護或者勞動條件的；（2）未及時足額支付勞動報酬的；（3）用人單位用暴力威脅、限制人身自由等手段強迫勞動者勞動；這三種情形的經濟補償金可將2008年前的工作年限計算在內；而（1）未依法為勞動者繳納社會保險費的；（2）用人單位的規章制度違反法律法規的規定，損害勞動者權益的；（3）以欺詐、脅迫的手段或者趁人之危，使對方在違背真實意思的情況下訂立或者變更勞動合同的；這三種情形屬於《勞動合同法》的新規定，依照法不溯及既往的原則，其經濟補償金的計算應從2008年起算。

《勞動合同法》生效後，出現了大批合同即將到期的勞動者提出辭職要求補償的案件，對於企業的正常運營帶來了一定的影響。為防止勞動者濫訴，江蘇省高院在2009年年底正式實施的《關於審理勞動爭議案件的指導意見》（下稱意見）中，即對於勞動者基於上述《勞動合同法》規定，要求辭職並主張補償金如何處理做了規定。特別要注意的是，對於勞動者依照本文第二部分列明的情形解除勞動合同的，意見明確規定，勞動者必須書面通知用人單位解除的理由，否則，勞動者主張經濟補償金時，將得不到相關司法機關的支持。

【33】以員工違紀解除勞動合同的注意事項

　　無論是1995年實施的《勞動法》，還是2008年實施的《勞動合同法》，其中都明確規定了員工若嚴重違反公司的規章制度，公司可以解除與員工之間的勞動關係。

　　但根據《最高人民法院關於審理勞動爭議案件適用法律若干問題的解釋》第十三條之規定，因用人單位做出的開除、除名、辭退、解除勞動合同、減少勞動報酬、計算勞動者工作年限等決定，而發生的勞動爭議，用人單位應負舉證責任。故此，公司在依法行使法律規定的解除權時，應當至少注意以下幾個方面，避免解除之後，還要向違紀員工支付違法解除勞動合同賠償金的尷尬境地。

一、規章制度的有效性

　　公司在以員工嚴重違紀解除勞動合同時，首先應確保員工違反的規章制度是對該員工有效的規章制度。倘若公司的規章制度尤其是涉及員工切身利益的懲戒條款，沒有根據《勞動合同法》履行相應的民主、公示程序或告知員工，尤其是公示、告知環節，公司沒有履行的，則公司的規章制度對於員工來說是沒有效力的，即所謂「不知者無罪」。

二、規章制度的明確性

　　公司規章制度中，必須對公司視為嚴重違紀可以解除勞動合同的情形進行明確規定。例如以「曠工」為例，若公司的規章制度中僅規定「員工曠工的，公司有權解除勞動合同」，則就易對曠工達到何種程度能解除合同產生爭議。若公司據此解除勞動合同，就將由仲裁庭或法庭對此進行判定。而在中國大陸，出於對員工的保護，仲裁庭或法庭又往往會做出不利於公司的判決。

　　實務中盜竊、賭博、打架鬥毆等等，都是屬於嚴重的過錯行為，但倘若公司規章制度中對此沒有任何規定，則員工即便有前述行為，則公司也很難引用嚴重違紀的條款，對其進行辭退處理。

　　另一方面，中國《勞動法》和《勞動合同法》均強調：只有在員工「嚴重違反規章制度」的情況下，公司方可與其解除勞動合同。換言之，違反規章制度一定要是情節嚴重才可。然而法律對於「嚴重違反」的標準並沒有明確規定，故此，也需要在規章制度中予以明確，例如：合同期內累計五次違反規章制度或勞動紀律的視為嚴重違紀；或對嚴重失職，營私舞弊導致經濟損失的具體數額進行明確，以利於辭退員工時有充分依據。

三、證據的保全和收集

　　由於公司對員工嚴重違紀行為負舉證責任，因此，公司在解除勞動合同之前，一定要有充分證據證明，且須確保證據的真實性、合法性、關聯性。有多個證據的，則須相互印證，形成證據鏈，對員工違紀事實加以證明。

　　一般來說，員工違紀時可採用以下幾種方式進行證據固定：

　　1、要求違紀員工對違紀的事實進行書面檢討或就情況說明。

　　2、有違紀員工本人簽字的違紀記錄、處罰通知書等。

　　3、有關事件涉及的物證（如被損壞的生產設備，如物證不方便保留，則拍攝清楚的照片，同時照片上還應當顯示時間年月日時，也可以現場監控錄像）。

　　4、員工拒絕對有關違紀事實進行書面簽字時，可通過錄音的方式進行，之後將公司的決定以快遞的方式進行書面送達。當然公司應當保留好快遞的寄送憑證。

【34】以不能勝任工作解除勞動合同的注意事項

員工不能勝任工作，用人單位可以依法解除勞動合同，但須滿足以下幾個條件：（1）必須是經過培訓或調整工作崗位後，仍然不能勝任工作；（2）不存在醫療期內、女職工三期內等法定不能提前解除合同的情形；（3）對於有工會的單位，解除時還須徵求工會的意見。

員工不能勝任工作，用人單位提前解除合同須履行的法定義務如下：（1）需要提前三十日書面通知，或者額外支付一個月的代通知金；（2）用人單位應當支付經濟補償金。

用人單位如以員工不能勝任工作為由解除勞動合同的，還需要特別注意以下幾點：

一、「不能勝任工作」的評判標準應具備合理性，並配合相應的考核機制

「不能勝任工作」，根據《勞動部關於「中華人民共和國勞動法」若干條文的說明》第二十六條的規定，是指不能按要求完成勞動合同中約定的任務，或者同工種、同崗位人員的工作量。以下列情況主張「不能勝任工作」不能獲得支持：（1）要求員工從事違法活動而員工不從事的；（2）因客觀原因導致大部分員工均無法完成工作量、銷售額的；（3）企業或部門虧損，但員工對虧損不負直接責任的；（4）單純、偶爾的工作失誤、失職。

考核標準體系以經民主討論程序為佳，並盡可能量化分析，減少主觀、籠統評價。用以判斷不能勝任工作的內容和要求、崗位職責、績效考核應當事先具體說明，並由員工書面確認，並明確達不成目標將視為「不能勝任工作」，以防止員工以不知道為由辯解。考核時可以安排員工進行自我評價或定期述職，並簽字確認；對於第三方

客戶的評價意見應盡可能保存。為避免員工對考評結果不確認,可以先請員工對考核的事實部分單獨進行確認,然後再做考核結論。員工對考評結論有異議的,也應採取書面形式提出並簽字確認。

二、培訓及調整崗位應具備合理性

對於考核不合格的員工,可以先安排相應的原崗位培訓,並書面約定「培訓後仍然不能勝任工作願意接受調崗」,並明確具體崗位工作,這樣可以使員工有一個逐漸適應的過程。

對於調整的崗位也應當具備合理性和關聯性,應考慮員工的專業技能、職位跨度等因素,避免過大的落差。員工到不熟悉的新崗位,容易發生不能勝任工作的情況,此時崗位的合理性往往會成為雙方爭議的焦點,可以考慮在更換時進行新崗位職業培訓。

三、試用期員工解除合同的理由避免使用「不能勝任工作」

試用期員工不符合錄用條件的,用人單位可以隨時解除合同,並不支付經濟補償金;但如果是以「不能勝任工作」為由解除的,則用人單位必須證明存在前述的幾項法定條件。因此,如果試用期員工有約定工作量、銷售指標、崗位職責的,應當將該內容在錄用條件和職位說明書內進行量化說明,並且公示或由員工簽字確認,避免採用「不能勝任」的理由。

四、末位淘汰不能作為「不能勝任工作解除勞動合同」的情形

末位淘汰制是通過考核或選拔後,對排名末位或者靠後的予以淘汰,是將現有人員的能力從上到下進行排序;而不能勝任工作的考核則是設定一個合格標準,低於該標準的即為不能勝任工作者。所以排列末位,並不意味著不能勝任工作,末位淘汰制不能直接作為解除合同的依據,而是必須按照「不能勝任工作解除勞動合同」的條件進

行操作。

五、將「不能勝任工作」作為合同終止條件的約定無效

　　《勞動合同法》實施前，勞動合同終止是沒有補償金的，《勞動合同法》實施後，勞動合同終止的經濟補償金也是從2008年起算，因此一般情況下，合同終止的補償金要比合同解除的補償金來得少，故用人單位往往把「不能勝任工作」或「排列末位」約定為合同終止的條件，實際是為了降低用工成本。《勞動合同法實施條例》第十三條明確規定：用人單位與勞動者不得在《勞動合同法》第四十四條規定的勞動合同終止情形之外，約定其他的勞動合同終止條件。故將「不能勝任工作」作為合同終止條件進行約定是無效的。

【35】以客觀情況發生變化
解除勞動合同的注意事項

　　勞動合同訂立時所依據的客觀情況發生變化，用人單位可以依法解除勞動合同，但須滿足「非過失性解除」的四個通用條件，即不存在醫療期內、女職工三期內、工作滿十五年距退休不足五年等《勞動合同法》第四十二條規定的法定不能解除的情形；需要提前三十日書面通知，或者額外支付一個月的代通知金；用人單位應當支付經濟補償金；對於有工會的單位，解除時還須徵求工會的意見。此外，用人單位還須特別注意以下兩點：

一、客觀情況發生了重大變化，必須達到原勞動合同
　　無法履行的程度

　　「客觀情況發生重大變化」是指，發生不可抗力或出現致使勞動合同全部或部分條款無法履行的其他情況，如企業遷移、被兼併、企業資產轉移等，並且排除經濟性裁員的情況。通常將企業分立、改制、技術改造、代理權終止、市場變化調整經營戰略或轉產、法規變化、員工能力或技能發生重大變化等，導致原崗位、工作內容不復存在或不能履行的情形，作為認定客觀情況發生重大變化的參考因素，因此用人單位可以將此在規章制度或合同中進行約定。但用人單位必須證明上述情況係客觀發生，非無外因情況下的隨意調整。如企業正常經營未出現虧損，隨意縮減崗位或撤銷部門，一般不認定為客觀情況發生重大變化。此時須出示財務報告或其他證據來證明，因此要注意保留相關證據。

　　客觀情況發生重大變化還要達到「導致原勞動合同無法履行」的程度。轉產時，行政、保安、銷售等通用性崗位的勞動合同仍然可

以繼續履行;「金融危機」沒有直接衝擊到的崗位,或者虧損下企業重組但原業務仍然存在的,也不必然導致原勞動合同無法履行;此時就不能以「客觀情況發生重大變化」為由進行解除。

以遷址為例:

1、如約定工作地點為盧灣區,現搬到黃浦區,構成工作地點發生重大變化,但是這種變化並不足以導致勞動合同無法履行,員工不同意到新址上班的,用人單位不能以「客觀情況發生重大變化」為由解除,因未影響到正常生活。如果員工不去上班的,可按規章制度予以自動離職或曠工處理。但此類解除應當慎重,用人單位宜在勞動合同中先予約定,並充分說明合理性。

2、如約定的工作地點為寶山區,現搬到奉賢區,即便用人單位做出種種努力來減少搬遷的影響:如承諾待遇不變、提供班車到原址接送、途中時間算工作時間、提供免費住宿等,仍在實踐中多認定為發生了重大變化,並致使原勞動合同無法履行。員工如果不去的,通常不認定為自動離職或曠工,即便以此為由解除勞動合同,還是被認定為係客觀情況發生重大變化而解除合同,需要支付經濟補償金。

二、經過協商程序,仍未能就變更勞動合同內容達成協議

發生致使原勞動合同無法履行的重大變化,但未與員工經過協商變更程序的,是不能直接解除合同的,即便明知與勞動者協商不成,也要進行協商。但雙方協商的是變更合同內容,如安排其他崗位,而非協商縮短合同期限或解除、終止,並且變更應具有合理性。只有在協商變更後員工仍然不同意變更的,用人單位才可以依法解除勞動合同。

對於協商的過程,用人單位要保留相關證據,如發出的「變更協商的函」、員工拒絕變更的聲明等。

【36】裁員的條件和程序

《勞動合同法》規定的裁員，係專指一次裁減人員二十人以上或者裁減不足二十人但佔企業職工總數10％以上的情況。未達到上述標準的，可適用「客觀情況發生重大變化導致勞動合同無法履行且雙方對勞動合同變更無法協商一致為由」，解除勞動合同。

一、裁員的條件

符合下列情形的，用人單位才可以適用裁員程序：

1、依照《企業破產法》規定進行重整的（須提供法院出具的關於重整的裁定書）。

2、生產經營發生嚴重困難的。「嚴重困難」按照《企業經濟性裁減人員規定》是指，達到當地政府規定的嚴重困難企業標準。上海市2000年的《本市企業實施經濟性裁減人員辦法》曾對嚴重困難進行說明，但該規定已經廢止，後續無新的規定推行。《無錫市勞動局關於印發「企業經濟性裁減人員實施辦法」的通知》（錫勞察[2001]8號）對嚴重困難界定為：企業生產經營發生嚴重困難並已出現虧損，採取「停止招工」、「停止加班加點」、「清退勞務性用工」、「降低工資」等全部措施滿半年仍然虧損，且生產經營狀況無明顯好轉的。其中，生產經營狀況無明顯好轉的標準，由企業代表與工會代表協商確定。

3、企業轉產、重大技術革新或者經營方式調整，經變更勞動合同後，仍須裁減人員的。

4、其他因勞動合同訂立時所依據的客觀經濟情況發生重大變化，致使勞動合同無法履行的。

裁員時，對人員方面也有特殊要求：

1、對於存在醫療期內、女職工三期內的法定不能解除情形的，不能適用裁員程序。

2、下列人員應當優先留用：與本單位訂立較長期限的固定期限勞動合同的；與本單位訂立無固定期限勞動合同的；家庭無其他就業人員，有需要扶養的老人或者未成年人的。

3、如在裁員後六個月內重新招人的，應當通知被裁人員，在同等條件下優先錄用，並且裁減前和重新錄用後的工作年限連續計算為本單位工作時間。

4、試用期內的員工，不得依據《勞動合同法》第四十一條之規定進行裁員，只能適用其他條款來解除，或等試用期屆滿後再裁減。

二、裁員的程序

裁員應按下列程序進行，否則將構成非法裁員：

1、提前三十日向工會或者全體職工說明情況，並提供有關生產經營狀況的資料；「全體職工」不能用「職工代表」代替，也不得以支付代通知金方式來代替提前通知，對提前通知的書面證據應當保留。

2、提出裁減人員方案，內容包括：被裁減人員名單，裁減時間及實施步驟，符合法律、法規規定和集體合同約定的被裁減人員經濟補償辦法。

3、將裁減人員方案徵求工會或者全體職工的意見，並對方案進行修改和完善；但並非工會或全體職工的意見用人單位都必須全部接受。

4、向當地勞動行政部門報告裁減人員方案以及工會或者全體職工的意見，並聽取勞動行政部門的意見；這裡是報告，並非一定要經批准，上海對材料齊全的裁員報告，由勞動行政部門出具回執即可。

當然如果不符合法律規定的裁員條件或程序不合法的，用人單位不得進行裁員。

5、正式公布裁減人員方案，辦理解除勞動合同手續，支付經濟補償金，出具解除勞動合同的證明，並在十五日內辦理檔案和社會保險關係轉移手續。如有簽訂競業禁止協議的，還應當按約定支付相應的補償。

【37】企業須支付經濟補償金的情形

對於在大陸經營的台商來說，經濟補償金的支付也是他們必須要考慮的重要用人成本，根據《勞動合同法》的規定，用人單位應當向勞動者支付經濟補償金的情形，共有二十一種。

1、下列情況下，勞動者解除勞動合同的，用人單位應當支付經濟補償金：

（1）用人單位未按照勞動合同的約定提供勞動保護或者勞動條件，導致勞動者解除勞動合同的。

（2）用人單位未及時足額支付勞動報酬，導致勞動者解除勞動合同的。

（3）用人單位低於當地最低工資標準支付勞動者工資，導致勞動者解除勞動合同的。

（4）用人單位未依法為勞動者繳納社會保險費，導致勞動者解除勞動合同的。

（5）用人單位的規章制度違反法律、法規的規定，損害勞動者權益，導致勞動者解除勞動合同的。

（6）用人單位以欺詐、脅迫的手段或者趁人之危，使勞動者在違背真實意思的情況下訂立或者變更勞動合同，或者用人單位免除自己的法定責任、排除勞動者權利，或者違反法律、行政法規的強制性規定，導致勞動合同無效，勞動者解除勞動合同的。

（7）用人單位以暴力、威脅或者非法限制人身自由的手段強迫勞動，導致勞動者解除勞動合同的。

（8）用人單位違章指揮、強令冒險作業危及勞動者人身安全，導致勞動者解除勞動合同的。

（9）法律、行政法規規定的其他需用人單位支付經濟補償金的情形。

　　2、下列情況下，用人單位解除或終止勞動合同的，應當向勞動者支付經濟補償金：

　　（1）用人單位提出協商解除勞動合同，並與勞動者協商一致而解除勞動合同的。

　　（2）勞動者患病或者非因工負傷，在規定的醫療期滿後不能從事原工作，也不能從事由用人單位另安排的工作，用人單位提前三十日通知勞動者或額外支付勞動者一個月工資後，解除勞動合同的。

　　（3）勞動者不能勝任工作，經過培訓或者調整工作崗位，仍不能勝任工作，用人單位提前三十日通知勞動者或者額外支付勞動者一個月工資後，解除勞動合同的。

　　（4）勞動合同訂立時所依據的客觀情況發生重大變化，致使勞動合同無法履行，經用人單位與勞動者協商，未能就變更勞動合同內容達成協議，用人單位提前三十日通知勞動者或者額外支付勞動者一個月工資後，解除勞動合同的。

　　（5）用人單位照《企業破產法》規定進行重整，依法裁員的。

　　（6）用人單位生產經營發生嚴重困難，依法裁減人員的。

　　（7）企業轉產、重大技術革新或者經營方式調整，經變更勞動合同後，仍須裁減人員，用人單位依法定程序裁減人員的。

　　（8）其他因勞動合同訂立時所依據的客觀經濟情況發生重大變化，致使勞動合同無法履行，用人單位依法定程序裁減人員的。

　　（9）勞動合同期滿，勞動者同意續訂勞動合同而用人單位不同意續訂勞動合同，由用人單位終止固定期限勞動合同的。

　　（10）因用人單位被依法宣告破產而終止勞動合同的。

　　（11）因用人單位被吊銷營業執照、責令關閉、撤銷或者用人單位決定提前解散而終止勞動合同的。

　　（12）法律、行政法規規定的其他需用人單位支付經濟補償金的情形。

【38】經濟補償金與賠償金的區別

經濟補償金和賠償金均是勞動合同解除或終止過程中常遇到的需要企業支付的費用，但兩者有著非常明顯的區別。

一、法律性質不同

經濟補償金是在勞動者或企業合法解除或者終止勞動合同情況下，依法由企業向勞動者支付的補償款，它具有勞動貢獻補償和社會保障的雙重功能，是企業的法定義務。

而賠償金則是企業違反法律規定解除或終止勞動合同時的一種懲罰性的賠償，是違法行為所要付出的代價，是一種法律責任。

二、適用條件不同

經濟補償金只有在《勞動合同法》明確規定的幾種合法解除或終止勞動合同的情況下才適用，包括勞動者主動解除，和企業主動解除及終止，共二十一種情形。

而賠償金是在用人單位違法解除或者終止勞動合同，勞動者不要求繼續履行勞動合同或者勞動合同已經不能繼續履行的，才需要支付，但這裡的違法解除或終止，一般認為不包括程序上的瑕疵。

三、支付金額不同

經濟補償金按勞動者在本單位工作的年限，每滿一年支付一個月工資的標準支付。六個月以上不滿一年的，按一年計算；不滿六個月的，支付半個月工資。月工資是指勞動合同解除或者終止前十二個月的平均工資，按照應得工資計算，包括計時工資或者計件工資以及獎金、津貼和補貼等貨幣性收入。前十二個月的平均工資低於當地最低工資標準的，按照當地最低工資標準計算。工作不滿十二個月的，

按照實際工作的月數計算平均工資。月工資高於用人單位所在直轄市、設區的市級人民政府公布的本地區上年度職工月平均工資三倍的，經濟補償按職工月平均工資三倍的數額支付，年限最高不超過十二年。2008年1月1日存續的勞動合同在此後依法解除或者終止，經濟補償年限自2008年1月1日起計算；2008年1月1日前按照當時有關規定應當向勞動者支付經濟補償的，按照當時有關規定執行。

而用人單位違法解除或者終止勞動合同的，應當依照經濟補償標準的二倍向勞動者支付賠償金。支付了賠償金的，不再支付經濟補償。賠償金的計算年限自用工之日起計算。

必須注意的是，本文所講的賠償金，限於用人單位違法解除或者終止勞動合同下的賠償。《勞動合同法》還規定了其他兩種特殊賠償金：

1、《勞動合同法》第八十五條規定：用人單位有下列情形之一的，由勞動行政部門責令限期支付勞動報酬、加班費或者經濟補償；勞動報酬低於當地最低工資標準的，應當支付其差額部分；逾期不支付的，責令用人單位按應付金額50％以上100％以下的標準向勞動者加付賠償金：

（1）未按照勞動合同的約定或者國家規定及時足額支付勞動者勞動報酬的。

（2）低於當地最低工資標準支付勞動者工資的。

（3）安排加班不支付加班費的。

（4）解除或者終止勞動合同，未依照本法規定向勞動者支付經濟補償的。

上述賠償金須向勞動行政部門申請，不屬於勞動仲裁案件的受理範圍，但該賠償金可以與經濟補償金並存支付，而且按照2010年9月14日生效的《最高人民法院關於審理勞動爭議案件適用法律若干問題的解釋（三）》規定，勞動者依據《勞動合同法》第八十五條規

定，向人民法院提起訴訟，要求用人單位支付加付賠償金的，人民法院應予受理。當然，用人單位支付上述加付賠償金的前提，是勞動行政部門責令用人單位限期支付，其仍不支付。

2、《勞動合同法》第八十三條規定：用人單位違反本法規定與勞動者約定試用期的，由勞動行政部門責令改正；違法約定的試用期已經履行的，由用人單位以勞動者試用期滿月工資為標準，按已經履行的超過法定試用期的期間向勞動者支付賠償金。

【39】離職補償金和賠償金納稅解析

個人因為各種原因，與企業解除勞動合同關係而從企業取得離職補償金或賠償金，須從個人和企業的角度出發考慮涉稅事項，即存在個人所得稅和企業所得稅兩個方面的問題。

一、個人所得稅

根據《財政部、國家稅務總局關於個人與用人單位解除勞動關係取得的一次性補償收入徵免個人所得稅問題的通知》（財稅[2001]157號）規定，個人與企業解除勞動關係而取得一次性補償收入，包括經濟補償金、生活補助費和其他補助費用等，超過當地上年職工年平均工資三倍的部分，需要繳納個人所得稅，但同時允許減去按國家和地方政府規定比例實際繳納的住房公積金、醫療保險金、基本養老保險金、失業保險費，並除以個人在該企業的實際工作年限數，以這個商數作為個人的月工資、薪金收入，計算出單月的個人所得稅，再乘以年限數，就是個人取得的經濟補償金應納的個人所得稅稅額。

其中，個人在該企業的工作年限數按實際工作年限數計算，但超過十二年須按十二年計算。

這種計算方法考慮到雖然個人取得的一次性經濟補償收入數額較大，但該個人可能在未來一段時間內沒有固定收入，因此，對於個人取得的一次性經濟補償收入，可視為一次取得數月的工資、薪金收入，允許在一定期限內平均分攤。

下面舉一個簡單的案例來說明個人被解除勞動關係時，取得一次性補償收入的納稅計算。假設張某在上海A企業工作十六年，由於大環境不景氣，2010年被企業裁員，A企業向張某支付一次性補償金25萬元，同時，從25萬元中拿出1萬元替劉某繳納四金。據滬人社綜

發[2010]20號文件公布，2009年上海年平均工資為42,789元。

首先計算上海年平均工資的三倍數，即42,789×3=128,367元，則超過三倍的部分為121,633元，扣除繳納的四金10,000元後，需要繳納個人所得稅。劉某工作年限十六年，但最多按十二年計算納稅基數為9,302.75元〔（121,633－10,000）÷12〕。

接下來計算個人所得稅，也就是按個人所得稅起徵額2,000元為依據，每個月繳納的個人所得稅為1,085.55元〔（9,302.75－2,000）×20％－375〕，十二個月共計13,026.60元。

最後劉某實際可獲得226,973.40元（250,000－10,000－13,026.60）。

需要說明的是，如果企業依照國家有關法律規定宣告破產，個人從該破產企業取得的一次性安置費收入，免徵個人所得稅。

二、企業所得稅

在企業所得稅上，企業與個人解除勞動合同所支付的經濟補償金，屬於《企業所得稅法》第八條所稱其他支出，即除成本、費用、稅金、損失外，企業在生產經營活動中發生的與生產經營活動有關的、合理的支出，准予在計算應納稅所得額時扣除。

如果企業一次性支付經濟補償金數額過大是否可以分期攤銷，目前新的《企業所得稅法》未明確規定，但參考《關於企業取得財產轉讓等所得企業所得稅處理問題的公告》（國家稅務總局公告2010年第19號），企業取得各項財產收入均應一次性計入確認收入的年度計算繳納企業所得稅，因此企業一次性支付經濟補償金也應全額計入當年度應納稅所得額。

三、繳納方式

　　企業在支付個人離職補償金或賠償金時應履行代扣代繳義務，在進入網路系統申報時，應注意點選稅目為一次性補償收入，並須手動填入扣除數，同時要注意所屬期應該填寫該個人進企業的日期到離職日期為止。

【40】勞動合同終止的條件

勞動合同終止是指勞動合同期滿或法律規定的情形出現時，用人單位與勞動者不再繼續維持勞動關係的一種法律行為。

1、勞動合同訂立後，雙方當事人不得隨意終止勞動合同，只有在勞動法律、法規允許的情況下，才可以終止勞動合同。

按照大陸《勞動合同法》的規定，勞動合同可以依法終止的情形包括：

（1）勞動合同期滿的。

（2）勞動者開始依法享受基本養老保險待遇或達到法定退休年齡的。

（3）勞動者死亡，或者被人民法院宣告死亡或者宣告失蹤的。

（4）用人單位被依法宣告破產的。

（5）用人單位被吊銷營業執照、責令關閉、撤銷或者用人單位決定提前解散的。

（6）自用工之日起一個月內，經用人單位書面通知後，勞動者不與用人單位訂立書面勞動合同，用人單位書面通知勞動者終止勞動關係的。

（7）用人單位自用工之日起超過一個月不滿一年未與勞動者訂立書面勞動合同，有證據證明是勞動者不與用人單位訂立書面勞動合同，用人單位書面通知勞動者終止勞動關係的。

（8）以完成一定工作任務為期限的勞動合同因任務完成而勞動合同終止的。

（9）法律、行政法規規定的其他情形。

除上述終止條件外，用人單位與勞動者不得約定其他的勞動合同終止條件，如約定「銷售不好造成庫存積壓的可以終止勞動合同」，這是不允許的，這主要是防止用人單位將勞動合同解除的條件

和終止的條件混同起來，以達到規避支付經濟補償金的目的。

　　2、勞動合同期滿，但有下列情形之一的，勞動合同應當續延至相應的情形消失時終止：

　　（1）從事接觸職業病危害作業的勞動者未進行離崗前職業健康檢查，或者疑似職業病病人在診斷或者醫學觀察期間的。

　　（2）患病或者非因工負傷，在規定的醫療期內的。

　　（3）女職工在孕期、產期、哺乳期的。

　　（4）在本單位連續工作滿十五年，距法定退休年齡不足五年的。

　　（5）法律、行政法規規定的其他情形。

　　基層工會專職主席、副主席或者委員自任職之日起，其勞動合同期限自動延長，延長期限相當於其任職期間；非專職主席、副主席或者委員自任職之日起，其尚未履行的勞動合同期限短於任職期限的，勞動合同期限自動延長至任期期滿。

　　患職業病或者因工負傷並被確認喪失或者部分喪失勞動能力的勞動合同的終止，還應按照國家有關工傷保險的規定執行。

　　3、勞動合同終止，有下列情形之一的，用人單位還應當依法支付經濟補償金：

　　（1）勞動合同期滿，勞動者同意續訂勞動合同而用人單位不同意續訂勞動合同，由用人單位終止固定期限勞動合同的。

　　（2）因用人單位被依法宣告破產而終止勞動合同的。

　　（3）因用人單位被吊銷營業執照、責令關閉、撤銷或者用人單位決定提前解散而終止勞動合同的。

　　（4）用人單位自用工之日起超過一個月不滿一年未與勞動者訂立書面勞動合同，有證據證明是勞動者不與用人單位訂立書面勞動合同，用人單位書面通知勞動者終止勞動關係的。

　　（5）以完成一定工作任務為期限的勞動合同因任務完成而終止的。

【41】企業為員工辦理離職手續時應注意事項

規範地做好員工的離職手續，對控制企業的風險是非常重要的。企業在為員工辦理離職手續時，應注意以下事項：

一、檢查是否履行了勞動合同解除的法定程序

如果用人單位單方面解除勞動合同的，應當事先將理由通知工會，特別是對於違紀解雇的，應盡量爭取工會的同意。對於非過失性解除勞動合同的，還要檢查是否已經提前三十天通知。

二、要以書面形式明確勞動合同解除的意思表示

對於員工主動辭職的，應當檢查是否留下了員工本人簽字確認的辭職申請書或離職申請單，同時應當避免在申請單的批示意見中寫上「建議勸退、同意辭退」的字眼；對於協商一致解除的，應當簽署「協商一致解除勞動合同」的協議，並明確解除時間及雙方各自的義務；對於單位單方面解除的，也應當製作書面的解除通知書，並讓員工簽收或通過EMS（國際快捷）快遞；如沒有以上文件的，發生糾紛時將被視為合同還沒有解除而需要支付停工期間的工資（也有些地方是生活費）。部分企業離職時會進行談話，並填寫「離職面談表」，但這僅僅是談話的記錄，無法直接作為解除合同的直接意思表示，應當另行書面明確。

實踐中往往有些員工不辭而別，而用人單位沒有採取任何措施，這是非常危險的。如果這些員工不告而別時間達到一定合理期限，可根據公司規章制度的規定作為自動離職，或視為其「嚴重違反規章制度」處理，發布「員工獎懲公告」，與此同時，還應在合理期限內以「解除勞動合同通知書」的形式告知解除合同。

三、要及時出具解除或者終止勞動合同的證明

　　用人單位應當在員工離職時出具解除或者終止勞動合同的證明，如退工單。如果用人單位未出具，而給勞動者造成損害的，將承擔損失賠償責任。

　　解除、終止勞動合同的證明，應當寫明勞動合同期限、解除或者終止勞動合同的日期、工作崗位、在本單位的工作年限等。交付該證明應當讓員工簽字確認，如果員工已經離開公司的，應當及時通過EMS方式將解除或者終止勞動合同的證明快遞給員工，同時在EMS單據上注明檔案名稱。

四、依法結清工資，支付經濟補償金或者代通知金

　　員工未提前三十日申請辭職的，有些企業往往會扣留最後一個月的工資，作為對用人單位的損失進行賠償。但該損失應提供足夠的證據來證明，否則應在離職時就一次結清。很多用人單位還習慣於要求離職員工在下月正常發薪日來領取工資，其實這也是不符合法律要求的。

　　如果依法需要支付代通知金的，企業還應當在員工離職時一併支付，如果是需要支付經濟補償金的，企業應該在員工依照本文第五點規定辦理完交接手續後予以支付。對負有保密義務並簽訂了競業限制條款的員工，也應在離職時一次性支付經濟補償，或者在競業限制期限內按月給予員工經濟補償。

五、及時辦理工作交接

　　員工離職應當做好工作交接，並由各相關部門簽字確認，如財務部審核是否有借款，行政部審核是否有借用的物品等，材料部門審核是否有掛帳的材料等等。對於財務等特殊崗位的員工，更要嚴格仔

細，交接過程中要有專人負責監交，並製作交接清單，由交、接、監
三方簽字並留檔。對於其他遺留的未辦結事項，或者員工造成公司損
失的，也應當在工作交接時一併解決。

六、及時辦理社會保險關係轉移手續

員工離職後，用人單位應當在十五日內為勞動者辦理檔案和社
會保險關係轉移手續，否則造成員工損失的，員工可以向用人單位主
張賠償。

七、注意保留員工的檔案

員工離職後，用人單位對已經解除或者終止的勞動合同的文
本，應至少保存二年備查。特別是對於涉及嚴重違紀而被辭退的員
工，相關的獎懲規章制度及記錄、向工會提交的「辭退通報函」、由
工會做出的「辭退調查函」或意見書、人事部門出具的「員工獎懲公
告」、「員工獎懲通知」、「解除勞動合同通知書」等，均應當保留
好，以便將來發生勞動糾紛時作為證據。

【42】「三期」女員工勞動合同解除
或終止的特殊規定

　　「三期」是指孕期、產期和哺乳期，對於「三期」內的女職工解除或者終止勞動合同，《勞動合同法》有別於一般員工的特殊規定，這點需要台商在實務中特別注意。

　　首先，不得任意解除與「三期」內女職工的勞動合同。

　　即便「三期」內女職工出現了《勞動合同法》第四十條規定的可以非過失性解除勞動合同的情形，或者用人單位依照《勞動合同法》第四十一條的規定進行經濟性裁員的，均需要等到「三期」結束後，才能依法解除勞動合同。例如因公司搬遷到外地，導致原勞動合同無法履行的，如果強行解除與「三期」內女職工的勞動合同，就屬於違法解除勞動合同，需要支付雙倍的經濟賠償金。發生此種情況的，用人單位可以考慮與女職工協商一致解除勞動合同，除了支付到「三期」結束的工資外，還應當依法支付經濟補償金。

　　女職工在「三期「內，由於生理狀況發生變化，可能無法勝任原崗位的工作，此時用人單位可以進行調崗，但調崗應具備合理性，並且調崗後的工資性收入必須維持原來標準。《上海市實施「中華人民共和國婦女權益保障法」辦法》明確規定：「女職工在孕期或者哺乳期不適應原工作崗位的，可以與用人單位協商調整該期間的工作崗位或者改善相應的工作條件。用人單位不得降低其原工資性收入。」

　　不過，「三期」內的女職工並非不能解除勞動合同，如果該女職工發生了《勞動合同法》第三十九條規定的，嚴重違反規章制度等過失性解除勞動合同情形的，用人單位也是可以解除勞動合同的。例如女職工在哺乳期內與其他公司建立了勞動關係，經原單位指出後仍然不改正的，原單位是可以依法解除勞動合同的。但解除時，對於

「嚴重違反規章制度」的判斷相較於一般員工要嚴格得多，例如女職工未事先辦理請假手續就不來上班，如果確因身體不舒服，並能事後提供醫院病假證明的，通常不認定為曠工。

其次，「三期」內的女職工如果出現《勞動合同法》第四十二條規定的勞動合同終止情形的，勞動合同應當續延至「三期」結束時才終止。實踐中經常發生「三期」尚未結束，女職工出現可以非過失性解除勞動合同的情形，同時距離勞動合同終止只有幾個月或者幾天，這時候用人單位就要比較解除或終止勞動合同須支付賠償金或補償金數額的高低，以此來選擇結束合同的方案。

最後，法律規定不得將女職工懷孕作為勞動合同解除或終止的條件。《婦女權益保障法》第二十六條規定：「任何單位不得以結婚、懷孕、產假、哺乳等為由，辭退女職工或者單方面解除勞動合同」。當然，如果女職工在試用期間懷孕，而後又被證明不符合錄用條件的，用人單位也是可以解除勞動合同的，但這種情況下行使解除權要特別慎重，且不能將「不得懷孕」作為錄用條件。

必須注意的是，違反計畫生育的女職工，雖然不享有合法生育所享有的「三期」福利待遇，如沒有生育津貼、產假工資等。但生產期間，用人單位應當准予休相應天數的事假或者病假。同時對於解除和終止勞動合同，也一樣適用《勞動合同法》的特殊規定，用人單位最好不要將違反計畫生育列為嚴重違反規章制度的情形，而予以解除勞動合同，但可以採用其他行政記過方式，因為實踐中仲裁機構和法院未必支持以此作為解除勞動合同的理由。

【43】醫療期員工勞動合同解除或終止的特殊規定

　　根據《企業職工患病或非因工負傷醫療期規定》第二條，醫療期是指企業職工因患病或非因公負傷停止工作治病休息不得解除勞動合同的時限。對於「醫療期」內的員工解除或者終止勞動合同，也有著相較於一般員工不同的規定。

一、不得任意解除與「醫療期」內員工的勞動合同

　　「醫療期」內員工出現《勞動合同法》第四十條規定的，可以非過失性解除勞動合同的情形，或者用人單位依照《勞動合同法》第四十一條的規定進行經濟性裁員的，需要等到「醫療期」結束後，才能依法解除勞動合同，否則屬於違法解除勞動合同。發生此種情況時，用人單位可以考慮通過提前支付醫療期工資等方式，與員工協商一致解除勞動合同，並依法支付經濟補償金。

　　但如果「醫療期」內的員工發生了《勞動合同法》第三十九條規定的，嚴重違反規章制度等過失性解除勞動合同情形的，用人單位也是可以解除勞動合同的。但解除時，仲裁機構和法院對於「嚴重違反規章制度」的判斷相較於一般員工要謹慎得多。

　　另外，如果員工非因工致殘和經醫生或醫療機構認定患有難以治療的疾病，在醫療期內提前醫療終結，不能從事原工作，也不能從事用人單位另行安排的工作的，經勞動鑑定委員會參照工傷與職業病致殘程序鑑定標準，進行勞動能力的鑑定，被鑑定為一至四級的，應當退出勞動崗位，終止勞動關係，辦理退休、退職手續，享受退休、退職待遇，被鑑定為五至十級的，應在醫療期滿後才能解除勞動合同。

二、「醫療期」滿，也不得隨意解除勞動合同

　　勞動者患病或者非因工負傷，在規定的醫療期滿後不能從事原工作，也不能從事由用人單位另行安排的工作的，用人單位才可以解除合同，並應提前三十日以書面形式通知勞動者本人或者額外支付勞動者一個月工資，此外還要支付經濟補償金。

　　根據《違反和解除勞動合同的經濟補償辦法》的規定，勞動者患病或者非因工負傷，經勞動鑒定委員會確認不能從事原工作，也不能從事用人單位另行安排的工作而解除勞動合同的，用人單位還應發給不低於六個月工資的醫療補助費。患重病和絕症的，還應增加醫療補助費，患重病的增加部分不低於醫療補助費的50％，患絕症的增加部分不低於醫療補助費的100％。

三、勞動合同期滿終止必須符合特定要求

　　「醫療期」內的員工如果出現《勞動合同法》第四十二條規定的勞動合同期滿終止情形的，勞動合同應當續延至「醫療期」結束時才能終止。

四、試用期內不得以患B肝、愛滋病等病為由而解除勞動合同

　　試用期內發現員工患有B肝、愛滋病的，不得以「不符合錄用條件」為由解除勞動合同，但《勞動部辦公廳關於精神病患者可否解除勞動合同的覆函》規定，勞動者患精神病，如果在試用期內發現，經鑒定確實喪失勞動能力的，企業可以解除勞動合同；如果已超過試用期，應當給予一定的醫療期。

【44】工傷員工是否可解除或終止勞動關係

職工發生工傷後，首先在接受工傷醫療期間，勞動關係是不可解除的。員工處於停工留薪狀態，原工資福利待遇不變，由所在單位按月支付。停工留薪期一般不超過十二個月。傷情嚴重或者情況特殊，經設區的市級勞動能力鑒定委員會確認，可以適當延長，但延長不得超過十二個月。

經治療，傷情相對穩定後存在殘疾、影響勞動能力的，將進行勞動能力鑒定。之後能否解除或終止勞動關係，取決於工傷員工的勞動能力鑒定結論。

職工因工致殘被鑒定為一至四級傷殘的，保留與用人單位的勞動關係，退出工作崗位，由工傷保險基金支付一次性傷殘補助金，並按月支付傷殘津貼。

職工因工致殘被鑒定為五級、六級傷殘的，保留與用人單位勞動關係，由用人單位安排適當工作，難以安排工作的，由用人單位按月發給傷殘津貼。同時要從工傷保險基金支付一次性傷殘補助金。如工傷人員本人自願申請離職，則該工傷人員可以與用人單位解除或終止勞動關係，由用人單位支付一次性傷殘就業補助金，由工傷保險基金支付一次性工傷醫療補助金。

職工因工致殘被鑒定為七至十級傷殘的，勞動合同期滿，用人單位可以不續簽合同，從而使勞動合同關係因期限屆滿而終止。或者勞動合同期限未滿，但工傷人員本人提出解除勞動合同的，也可以解除雙方勞動合同關係，並由用人單位支付一次性，傷殘就業補助金由工傷保險基金支付一次性工傷醫療補助金。

由此可見，一般情況下，如果工傷員工的傷殘等級鑒定為一至六級，用人單位沒有權利選擇解除或終止與工傷員工的勞動關係；傷殘等級鑒定為七至十級的時候，用人單位有權選擇勞動合同期滿終

止，但是不能提前預告解除。但實踐中，工傷員工如被鑒定為傷殘七至十級的時候，會主動提出解除勞動合同，或者在勞動合同期滿時，提出離職，以便領取工傷醫療補助金和傷殘就業補助金。

此外，在一些特殊情況下，無論工傷員工的傷殘等級鑒定結果為何，用人單位一樣可以與之解除勞動合同並不承擔《勞動合同法》項下經濟補償、賠償責任，但仍須支付一次性傷殘就業補助金，這些特殊情況包括：（1）在試用期內工傷員工被證明不符合錄用條件的；（2）工傷員工嚴重違反企業規章制度的；（3）工傷員工嚴重失職，營私舞弊，對用人單位利益造成重大損害的；（4）工傷員工同時與其他單位建立勞動關係，對完成用人單位的工作任務造成嚴重影響，或者經用人單位提出，拒不改正的；（5）因工傷員工採取欺詐、脅迫的手段或者趁人之危，使用人單位在違背真實意思的情況下，與之訂立或者變更勞動合同致使勞動合同無效的；（6）工傷員工被依法追究刑事責任的；（7）用人單位與工傷員工協商一致解除勞動合同。但需要特別澄清的是，對於傷殘等級為一至四級的工傷員工，因為其退出工作崗位，所以上述第（1）、（4）項的特殊情況實際是不發生作用的。

【45】員工工作年限的計算

　　員工「工齡」，即通常所講的員工工作年限，是指員工以工資收入為生活資料的全部或主要來源的工作時間，可分為一般工齡和本企業工齡。一般工齡是指員工從事生產、工作的總的工作時間；本企業工齡是指在本企業內連續工作的時間。此外還有「連續工齡」的說法，是指員工連續工作的時間，不僅包括本企業連續工作的時間，還包括前後兩個工作單位可以合併計算的連續工作的時間。

　　員工的工作年限是確定合同期限、經濟補償金、年休假天數的重要前提：

　　1、勞動者在一個用人單位連續工作滿十年的，勞動者提出或者同意續訂、訂立勞動合同的，除勞動者提出訂立固定期限勞動合同外，應當訂立無固定期限勞動合同。

　　2、勞動合同解除的經濟補償按勞動者在本單位工作年限，每滿一年支付一個月工資的標準向勞動者支付。六個月以上不滿一年的，按一年計算；不滿六個月的，向勞動者支付半個月工資的經濟補償。

　　3、員工累計工作已滿一年不滿十年的，年休假五天；已滿十年不滿二十年的，年休假十天；已滿二十年的，年休假十五天。該累計工作時間包括非本單位的工作年限。

　　由於工作年限涉及員工的切身利益，因此明確工作年限的計算方法就非常重要。通常，員工在一個用人單位的工作年限，應當自該用人單位用工之日起計算，包括《勞動合同法》施行前的工作年限，該用工日期可以在入職申請表、員工登記表、勞動合同中體現。

　　除以用工之日作為標準外，根據2008年9月18日開始實施的《勞動合同法實施條例》，以下情況下也計入本單位工作年限：

　　1、2008年以後，勞動者非因本人原因從原用人單位被安排到新用人單位工作的，勞動者在原用人單位的工作年限應合併計算為新用

人單位的工作年限。這種情況常見於集團內部調動、企業合資、合併分立等情況。

但原用人單位已經向勞動者支付經濟補償的，新用人單位在支付經濟補償金時，就無需再計算勞動者在原用人單位的工作年限。由於員工工資在不斷增長，採取原用人單位支付經濟補償金的方式，相對成本要低一些。員工在原單位已獲得經濟補償金，新單位在確定無固定期限勞動合同時，是否還考慮原單位工作年限，實務中仍有爭議。

2、大學畢業生見習期間或見習期滿後被見習單位正式招用，並依法簽訂勞動合同的，見習時間可計入工齡。

3、用人單位實施經濟性裁員後的六個月內重新招用人員，並在同等條件下優先招用被裁減人員的，其工齡和其被裁前在用人單位工作的時間合併計算為本單位的工作時間。

4、員工在疾病或者非因工負傷停止工作醫療期間，以及工傷停工留薪期間，勞動關係存續，計入本單位的工作年限。

但以下情況不計入本單位工作年限：

1、勞動者與原單位解除勞動關係後又重新回到原單位工作的，在原單位工作的年限不能合併到新建立勞動關係的用人單位的工作年限。但如果為了規避簽署無固定期限勞動合同，而採取形式上解除勞動合同再重新簽署，但實際仍在本單位工作的，通常還是連續計算工作年限。

2、勞動者依法享受退休待遇後被原單位返聘的，與用人單位之間不再屬於勞動關係，而是勞務關係。其返聘期間的工作年限不能和退休前的工齡合併計算。

3、企業改制、轉制中，用人單位已按國家和地方有關轉制、主輔分離、輔業改制、劣勢企業關閉退出和富餘人員安置等規定，辦理解除勞動合同手續並依法支付經濟補償金的，工作年限不連續計算。

【46】續訂勞動合同應注意事項

續訂勞動合同是指合同到期後，企業與職工不終止勞動關係，在雙方同意的情況下，繼續履行原勞動合同的權利和義務。有固定期限的勞動合同期限屆滿後，當事人雙方經過協商可以續訂合同。企業在續訂勞動合同時，應當注意以下事項：

一、及時續訂勞動合同

勞動合同到期的，企業應當及時進行續訂，如果沒有及時續訂，而繼續用工的，將構成事實勞動關係，並因原合同到期滿一個月仍未簽訂新的書面勞動合同，而導致支付雙倍工資的風險。

《勞動法》及《勞動合同法》等法律均沒有明確規定，用人單位應當在原合同到期前，提前多少天通知員工續訂勞動合同，但如果用人單位有意向要跟勞動者續簽勞動合同的話，最好在原勞動合同到期前十五天左右，重新簽訂新一期的勞動合同。如果原勞動合同中對續訂時間有特別約定，或者用人單位規章制度中有特別規定，則雙方均應依照原勞動合同或規章制度的約定或規定執行。

二、續訂合同應採取書面形式

續訂勞動合同與訂立勞動合同一樣，都應當採取書面形式，否則將面臨因為沒有簽署書面勞動合同而導致支付雙倍工資的風險。

三、續訂合同應注意勞動合同的期限

《勞動合同法》規定，有下列情形之一者，勞動者提出或者同意續訂、訂立勞動合同的，除勞動者提出訂立固定期限勞動合同外，應當訂立無固定期限勞動合同：（1）勞動者在該用人單位連續工作滿十年的；（2）用人單位初次實行勞動合同制度，或者國有企業改

制重新訂立勞動合同時，勞動者在該用人單位連續工作滿十年且距法
定退休年齡不足十年的；（3）連續訂立二次固定期限勞動合同，且
勞動者沒有本法第三十九條和第四十條第一項、第二項規定的情形，
續訂勞動合同的。因此，如果勞動者滿足上述條件之一，又提出或者
同意續訂的，則企業應當與其簽署無固定期限勞動合同，除非其本人
同意續訂固定期限合同。

四、續訂勞動合同不能約定試用期

根據《勞動合同法》第十九條的規定，同一用人單位與勞動者
只能約定一次試用期，因此續訂時不能再次約定試用期。

五、「續訂勞動合同意向通知書」並不等於續訂勞動合同

用人單位在勞動合同期限屆滿前，往往會向員工發出續訂勞動
合同意向書，但該意向書屬於要約邀請，並不等同於就續簽了勞動合
同，企業在員工同意後，還應及時與員工就續訂勞動合同細節問題進
一步協商，最終簽訂「續訂勞動合同書」或正式書面合同，雖然意向
書不代表勞動合同，但一定程度反映出用人單位在續訂合同過程中，
履行了誠實磋商義務。對此種情況下，因勞動者原因未能訂立書面合
同的，上海地區認為用人單位是可以免責的。

六、續訂時注意完善勞動合同文本內容

通常用人單位使用的續訂合同格式文本很簡單，僅有續訂合同
期限和續訂時間而已，這樣的合同內容往往不能有效地保護用人單位
的勞動權益，特別是在原勞動合同文本已經出現較大漏洞的情況下。
因此，用人單位應當在續訂時，適當完善勞動合同文本內容，例如在
續訂合同文本中設一項「勞動合同補充條款」，將前一個合同期限中
出現的問題進行總結，以條款的形式約定到續訂合同內容中，並明確

約定續訂合同中有關條款如與原勞動合同中條款規定不一致時，以續訂合同的規定內容為準。這樣可利用續訂合同這一形式，有效地避免前一個勞動合同期限內出現過的一些問題，預防和保護用人單位的合法權益。

【47】勞務派遣的適用對象及合同簽訂

　　勞務派遣，是指勞務派遣單位與被派遣勞動者訂立勞動合同後，將該勞動者派遣到用工單位從事勞動的一種特殊用工形式。在這種用工形式下，勞務派遣單位與被派遣勞動者建立勞動關係，但不用工；用工單位直接管理和指揮勞動者從事勞動，但是與勞動者之間不建立勞動關係。

一、適用對象

　　根據《勞動合同法》的規定，勞務派遣一般在臨時性、輔助性或者替代性的工作崗位上實施。因此，並不是所有崗位均可以實施勞務派遣方式。

　　所謂「臨時性」的工作崗位，主要是用工單位非經常性發生的或具有季節性、短期性、時效性很強的用工需求，例如應付突然增加的訂單等而增加的工作崗位，通常這類工作崗位的存續時間一般不超過六個月。

　　輔助性，是指用工單位的工作崗位為非主營業務崗位。所謂的主營業務，通常以企業工商登記的經營範圍或其他可以證明為實際主營業務的資料作為依據。

　　替代性，是指用工單位的某工作崗位已經有勞動者，但該勞動者因故在一定期間內無法工作，例如因病、工傷、探親、年休假等，在該職工休假返回之前，可利用勞務派遣，由被派遣勞動者提供「替代性」勞務。

　　由於《勞動合同法》對適用對象使用了「一般」這個詞，而不是「應當」，或者「不得」、「禁止」等禁止性術語，因此實踐中還有很多用工單位為降低用工成本，在一些長年穩定需求的工作崗位，也大量使用勞務派遣工。還有一些用人單位與本單位部分或大部分勞

動者解除勞動合同後，讓這些解除勞動合同的勞動者，再與本單位指定的某一勞務派遣機構重新訂立勞動合同，然後由該派遣機構將這些勞動者再派回本單位繼續工作。但是目前法律對此未有涉及，隨著今後《勞動合同法》相關配套法規政策的推行，勞務派遣將會逐步走向規範。

二、勞動合同的簽訂

勞務派遣單位作為用人單位，履行用人單位對勞動者的全部義務，包括支付工資、參加社會保險等，故勞動合同由勞務派遣單位與勞動者簽署，並且應簽訂書面的勞動合同。勞動合同除了要有一般勞動合同的必備條款外，還要明確約定被派遣勞動者的用工單位以及派遣期限、工作崗位等情況。

簽訂的勞動合同應至少為二年以上的固定期限的勞動合同。派遣單位不能以勞務派遣協議中約定的工作時間，或者勞務派遣工為用工單位提供勞動的實際時間為準，來確定勞動合同的期限。

勞動合同期間，勞務派遣單位無工作崗位可安排，勞務派遣單位也要向勞動者支付不得低於勞動派遣單位所在地人民政府規定的最低工資標準的勞動報酬。

雖然勞動合同由勞務派遣單位與勞動者簽署，但用工單位也應當積極督促勞務派遣單位簽訂，以免因為未簽訂書面勞動合同，而導致將來可能被認定為與用工單位構成勞動關係，特別是工資等沒有通過勞務派遣單位發放的情形下，更會被認定為直接的勞動關係。

三、勞務派遣協議的簽訂

勞務派遣單位派遣勞動者應當與用工單位訂立勞務派遣協議，並應當明確派遣崗位和人員數量、派遣期限、勞動報酬和社會保險費的數額與支付方式、勞務費、工傷事故的處理，以及違反協議的責任

等內容。由於勞務派遣協議在性質上屬於民事合同，故雙方可以自由約定責任劃分，如約定改由用工單位直接向勞動者支付工資，社會保險金及工傷事故責任由用工單位承擔等。但如果沒有約定的，則這些義務均由勞務派遣單位承擔。但上述約定僅對合同雙方產生效力，不能對抗善意第三人，即被派遣的勞動者。

另外，根據上海市於2012年2月6日開始實施的《關於規範本市勞務派遣用工管理若干意見（試行）的通知》第三條的規定：「勞務派遣單位和用工單位應當按照《社會保險法》的規定，依法履行社會保險登記和繳納義務。勞務派遣用工行為發生在本市的，勞務派遣單位和用工單位應當依法為勞務派遣員工辦理社會保險登記，並按照本市標準，在本市繳納社會保險。外省市勞務派遣單位在本市註冊設立子公司或者分公司的，由其子公司或者分公司為本市用工單位使用的勞務派遣員工辦理社會保險登記，並按照本市標準，為勞務派遣員工在本市繳納社會保險。外省市勞務派遣單位未在本市註冊設立子公司或者分公司的，勞務派遣協議雙方應當在協議中明確由本市用工單位為勞務派遣員工辦理社會保險登記，並按照本市標準，為勞務派遣員工在本市繳納社會保險。」因此，只要用工行為發生在上海的，無論外省的勞務派遣公司是否在上海有分支機構，都應該按照上海的社保標準在上海繳納社保。

用工單位在選擇勞務派遣單位時，應當調查其是否具備合法的資質，以及是否具備履行合同的能力，以免因為勞務派遣協議無效，或者勞務派遣單位「捲錢」逃跑，而導致用工單位來承擔連帶責任的風險。

另外，用工單位不得將連續用工期限分割訂立數個短期勞務派遣協議。對於協議到期的，用工單位也應當及時續簽或者停止用工，以免被認定為構成事實勞動關係。

【48】勞務外包、勞務派遣對用工成本的影響

目前企業越來越多地採取HR（人力資源）外包方式，包括業務外包和勞務派遣。所謂業務外包，是指企業將一些非核心的、次要的或輔助性的功能或業務，外包給外部專業服務機構，而自身僅專注於具有核心競爭力的功能和業務，企業與承包單位間存在民事合同關係，與承包單位雇傭的員工之間沒有任何關係。對於一般企業而言，業務外包的要求相對較高，因此實踐中通常還是以勞務派遣作為HR外包的主流方式，並多見於製造型、服務型企業，目前中國勞務派遣人員總人數已達二千七百多萬。

採取勞務派遣方式，其主要優勢在於：

1、專業的勞務派遣公司擁有穩定的招聘管道，先進的HR管理理念、體系和軟體。因此，對於小型用工單位，可以省掉招聘錄用、建立HR管理體系和購買HR管理軟體的費用，減少人事管理負擔，並減少因內部HR管理體系不完善導致的一些勞動爭議官司的出現。

2、可以滿足用工單位彈性用工的需求。用工單位可根據生產經營的需要，隨時要求派遣單位增減派遣員工，有利於企業保持用人的靈活性。

3、可以規避用工風險。由於用工單位和派遣員工之間不存在勞動合同關係，全由派遣公司負責處理勞資糾紛、工傷事故，因此降低了用工單位的風險。

但勞務派遣並非萬能鑰匙，對不同的用工單位，所帶來的降低成本的效果是不同的：

1、在招募時間成本上，勞務派遣有時並不比企業自己招募快，特別是在企業臨時需要人員時，勞務派遣公司並不能馬上提供，還是需要辦理一系列手續才能錄用。

2、《勞動合同法》規定，被派遣勞動者享有與用工單位的勞動者同工同酬的權利，而且勞務派遣公司為保證自己的利益，往往將用人風險通過貨幣的形式轉嫁到用工單位身上，例如將社會保險、工傷補償、經濟補償等，都考慮在勞務派遣的費用當中。因此有時勞務派遣比企業自身用工成本還要高得多。而且嚴格意義上來說，被派遣勞動者享有與用工單位的勞動者同工同酬的權利，如果再加上「管理費」，則成本上反而比正式員工要高。

3、勞務派遣的形式讓企業無法把握員工的實際能力，在發現新聘員工不符合要求的時候，企業已經付出了不小的成本。這一點，針對一些要足夠的時間才能做出成績的崗位來說，更為明顯。

4、市場上不受規範的勞務派遣公司比較多，甚至出現把派遣工的工資捲款逃跑的情況。根據法律規定，如果勞務派遣單位因違法給勞動者造成損害的，用工單位要承擔連帶責任。所以甄別和選用勞務派遣公司也需要花費不少的時間和成本，並且還需要聘請律師對勞務派遣協議進行審查，以切實保障用工單位的合法利益。

5、《勞動合同法》規定連續兩次簽訂固定期限合同後，第三次時要簽訂無固定期限合同。很多用人單位在勞動者連續工作年限即將滿十年時，將勞動者轉給勞務派遣公司，再由勞務派遣公司派回本單位，以規避無固定期限勞動合同。但在司法實踐中，這種規避法律的行為常常會被認定為無效行為，達不到降低成本的目的。

6、由於派遣員工在用工單位中的升遷機會小、待遇又與正式員工相差較大，因此派遣員工往往對用工單位的認可度低，缺乏歸屬感，難以融入企業並發揮其積極性，這無形中也增加了企業成本。

因此，企業應當綜合考慮自身的情況，選擇性適用勞務派遣這一用工方式。

【49】勞務派遣員工的管理及糾紛處理

勞務派遣中，用工單位雖不是《勞動法》意義上的用人單位，但由於被派遣勞動者實際在用工單位提供勞動，接受用工單位的管理，因此，用工單位同樣須對被派遣勞動者負有相應的義務。《勞動合同法》第六十二條規定，用工單位應當履行下列義務：（1）執行國家勞動標準，提供相應的勞動條件和勞動保護；（2）告知被派遣勞動者的工作要求和勞動報酬；（3）支付加班費、績效獎金，提供與工作崗位相關的福利待遇；（4）對在崗被派遣勞動者進行工作崗位所必需的培訓；（5）連續用工的，實行正常的工資調整機制。用工單位不得將被派遣勞動者再派遣到其他用人單位；（6）確保被派遣勞動者享有與用工單位的勞動者同工同酬。

用工單位除了履行上述法定義務外，還需要特別注意加強對派遣員工的日常管理。有些派遣員工對企業缺乏認同感和歸屬感，工作不積極、責任心不強、離職率高，因此加強對派遣員工的管理非常重要。應當倡導「以人為本」的管理理念，實施人性化管理，消除非體制性障礙。例如營造良好和諧的員工工作環境，建立員工培訓機制，明確發展空間；建立充滿活力的員工薪酬分配和激勵機制等。另外還要讓派遣員工遵守用工單位的規章制度，由於派遣員工與實際用工單位不存在勞動關係，為確保其遵守用工單位規章制度，應當要求在派遣員工和派遣機構簽訂的勞動合同中，明確派遣員工必須遵守用工單位的規章制度，或者另行和被派遣員工訂立聘用合同進行約定。

派遣員工發生違反規章制度的情形時，用工單位可以將其退回給派遣機構，派遣機構亦可據此解除勞動合同，但應注意只限於被派遣勞動者有《勞動合同法》第三十九條和第四十條第一項、第二項規定情形，即：（1）在試用期內被證明不符合錄用條件的；（2）嚴重違反用工單位的規章制度的；（3）嚴重失職，營私舞弊，給用工

單位的利益造成重大損害的；（4）同時與其他用人單位建立勞動關係，對完成本單位的工作任務造成嚴重影響，或者經用工單位提出，拒不改正的；（5）以欺詐、脅迫的手段或者趁人之危，使對方在違背真實意思的情況下訂立或者變更勞動合同，致使勞動合同無效的；（6）被依法追究刑事責任的；（7）患病或者非因工負傷，在規定的醫療期滿後不能從事原工作，也不能從事由用工單位另行安排的工作的；（8）不能勝任工作，經過培訓或者調整工作崗位，仍不能勝任工作的。對於用工單位除上述情況外，能否將派遣員工退回，目前尚有爭議，許多派遣機構往往在合同中與派遣員工約定，用工單位可以無理由退回員工，派遣員工被退回後，由派遣機構另行安排工作，無工作期間按最低工資標準支付派遣員工工資。

派遣員工與用工單位發生糾紛時，用工單位應當及時與派遣機構進行溝通，以便及時合法的進行處理，同時由於勞務派遣單位與用工單位承擔連帶賠償責任，因此，為防止用工單位將勞動報酬、社會保險費等所有費用全部打包支付給了勞務派遣單位，而勞務派遣單位卻拖欠或者剋扣被派遣勞動者的勞動報酬，或者不繳納社會保險費的情況，可在派遣協議中對此做出約定，「如因勞務派遣單位的違法行為給被派遣勞動者造成損害，導致用工單位承擔連帶賠償責任的，勞務派遣單位應當賠償用工單位的全部經濟損失」。

【50】停工停產的法律問題

有關企業停工停產的規定，《勞動法》及《勞動合同法》均沒有予以明確，主要依據《工資支付暫行規定》和地方政府的相關規章制度來操作。

《工資支付暫行規定》第十二條：非因勞動者原因造成單位停工、停產在一個工資支付週期內的，用人單位應按勞動合同規定的標準支付勞動者工資。超過一個工資支付週期的，若勞動者提供了正常勞動，則支付給勞動者的勞動報酬不得低於當地的最低工資標準；若勞動者沒有提供正常勞動，應按國家有關規定辦理。

《上海市企業工資支付辦法》第十二條也規定：用人單位停工、停產在一個工資支付週期內的，應當按約定的標準支付勞動者工資。超過一個工資支付週期的，用人單位可根據勞動者提供的勞動，按雙方新約定的標準支付工資，但不得低於本市規定的最低工資標準。

根據上述規定，停工、停產期間，企業仍然需要依法支付員工工資或其他待遇，不能因為停工停產而不予發放。

企業停工停產在一個工資支付週期內的，應當按照原工資標準進行發放。這裡所述的一個工資支付週期，通常以月為單位。如果在某月內，企業連續停工，或者每週停工幾天，這種現象持續超過一個月的，則出現該現象的第一個月，企業仍然應當視員工正常上班，並按照勞動合同約定的工資標準支付工資；對於超過一個月的，勞動者提供勞動的，可以按原工資標準或重新約定支付標準，但不能低於最低工資標準；如果勞動者未提供勞動的，則只要支付最低生活費即可，但生活費的標準各地不同，江蘇要求不低於當地最低工資標準的80％，上海沒有明確規定，但實務中有按照最低工資標準執行的。

例如，一家上海企業的某員工正常出勤的月工資為2,000元，現

該企業安排員工每週一至週四工作，週五停工，週六、周日正常休息，該員工完全按照該制度執行，沒有請假，則第一個月應當全額發放2,000元工資；但從第二個月起，每週工作的四天，在沒有重新約定工資的情況下，仍然按照原工資標準發放工資，停工的一天，可按照最低工資標準發放（假定為960元），即第二個月發放工資為2,000/21.75×當月實際出勤天數＋960/21.75×當月停工天數。

停工停產期間，企業除了依法支付相關的工資或待遇之外，還應注意以下事項：

1、由於法律上並沒有對停工停產進行準確定義，故實踐中企業既可將整個公司停工停產，也可以將部分廠房、流水線等局部停工停產。但無論何種方式，企業均應當留下停工停產的證據，如生產記錄，或其他財務資料，以備日後發生糾紛時使用。

2、停工停產的對象沒有限定工種範圍，不管是工廠的作業員，後勤如財務、行政等部門，或是業務上的銷售人員，都可以納入停工停產的範圍中。

3、企業進行停工停產必須公告，通知停工停產範圍內的員工。雖然停工停產不需要像經濟性裁員那樣向勞動保障部門提出申請，但最好讓職工代表大會或工會參與停工停產的決策過程。法律或實務中職工代表大會或工會的意見都不能左右企業決定要停工停產的結果，但如果讓其參與，一方面可以讓員工有思想準備，另一方面可以讓企業在日後處理因停工停產衍生的勞動人事糾紛時，取得更有利的法律地位。

【51】企業簽署集體合同注意事項

集體合同是指工會或職工代表代表全體職工與用人單位就勞動報酬、工作時間、休息休假、勞動安全衛生、保險福利等事項，在平等協商一致的基礎上簽訂的書面協議，並由《集體合同規定》予以規範和保障。

國家人力資源和社會保障部於2010年發布《關於深入推進集體合同制度實施彩虹計畫》，確立從2010年到2012年，將基本在各類已建工會的企業實行集體合同制度，並以非公有制企業和勞動密集型企業的工資集體協商作為重點，其中生產經營正常的企業突出工資正常增長機制，對生產經營困難的企業突出工資支付保障機制。因此，企業應當對此加以高度重視。

一、集體合同的內容和效力

集體合同的內容，通常用以補充勞動法律法規沒有規定，或者單個勞動合同無法詳細規定的內容，主要包括：（1）勞動報酬；（2）工作時間；（3）休息休假；（4）勞動安全與衛生；（5）補充保險和福利；（6）女職工和未成年工特殊保護；（7）職業技能培訓；（8）勞動合同管理；（9）獎懲；（10）裁員；（11）集體合同期限；（12）變更、解除集體合同的程序；（13）履行集體合同發生爭議時的協商處理辦法；（14）違反集體合同的責任；（15）雙方認為應當協商的其他內容。

集體合同一旦簽訂，對簽訂合同的單個用人單位或用人單位所代表的全體用人單位，以及工會和工會所代表的全體勞動者，都有法律效力。集體合同約定的勞動條件、勞動報酬等標準，不得低於國家和地方政府規定的最低標準。同時，如果單個勞動合同約定的標準低於集體合同的，應按集體合同執行；如果高於的，則按照單個勞動合

同執行。

二、協商代表的產生及協商建議

集體合同由工會或職工代表來代表企業職工一方與用人單位訂立。職工方協商代表由工會選派，建立女職工委員會的，應有女性協商代表，首席代表由工會主要負責人擔任。尚未建立工會的，職工方協商代表由上級工會指導職工民主推薦，並經本企業半數以上職工同意，首席代表由協商代表民主推薦產生，實踐中也有以由職工選舉產生的職工代表的身分來作為職工方協商代表的。雙方協商代表的人數不少於三人，且企業方的協商代表不得多於職工方。協商代表可以聘請外部專業人員，但不得超過三分之一。協商代表在工作時間內參加集體協商，工資福利不受影響；且在履行代表職責期間，無正當理由不得變更其工作崗位。

集體協商的任何一方向對方以書面形式提出集體協商的建議的，另一方應在十五日內給予書面答覆，拒絕集體協商的，應當有正當的理由。但發生經濟性裁員，或勞動糾紛導致群體性停工上訪的，或生產過程中發現存在重大事故隱患或者職業危害的，不得拒絕或者拖延。如無正當理由拒絕或者拖延的，勞動保障部門可依法進行查處，追究法律責任。

三、簽訂集體合同的步驟

1、由一方或雙方共同起草集體合同草案。

2、雙方就集體合同草案進行平等協商。

3、將協商一致的集體合同草案提交職工代表大會（或全體職工）討論通過。

4、雙方的首席協商代表在通過的集體合同上簽字或者蓋章。

5、集體合同簽訂後十日內，將集體合同文本以及有關材料報送

縣級以上勞動保障部門審查（在上海，註冊資金1,000萬美元以上的外商獨資企業報上海市人力資源和社會保障部門）。

　　6、勞動保障部門在十五個工作日內進行合法性審查，並出具「集體合同審查意見書」，未提出書面異議的，集體合同生效；提出異議的，企業應對異議部分進行協商修改後，重新報送。

　　7、集體合同生效之日起十日內，以書面形式向全體職工公布。

　　8、用人單位應將集體合同的履行情況，每年至少向職工代表大會（或全體職工）報告一次。

　　9、集體合同期限為一至三年，期滿前三個月內，雙方應協商續訂集體合同。

　　對因履行集體合同發生爭議的，雙方均可以提請勞動保障部門協調處理。協商不成的，可以依法申請仲裁或提起訴訟。

第四篇

規章制度的制定、修改

【52】企業規章制度的內容及重要性分析（上）

企業規章制度是企業的「法律」，它沒有固定的格式，可以是一本完整的員工手冊，也可以是企業各種單行規定的總合，但無論形式如何，一套完善的企業規章制度，都應包含總則、勞動人事管理制度和附則三部分。

企業規章制度的總則部分主要包括制定規章制度的目的、規章制度的適用範圍、某些用語的定義、企業簡介和組織結構、企業的經營宗旨和企業精神等。勞動人事管理制度內容包括招聘制度、勞動合同制度、工資支付制度、保險福利制度、休息休假制度、勞動安全衛生制度、考勤制度、勞動紀律制度、獎懲制度、績效考核制度、教育培訓制度、保密與競業限制制度、後勤管理制度等。附則內容主要包括規章制度的制定程序、公示程序、修訂與解釋權、員工查詢權及修改建議權、施行時間等內容。

在企業規章制度中，最為關鍵的就是勞動人事管理制度這部分的內容，尤其在涉及制定、修改或者決定有關勞動報酬、工作時間、休息休假、勞動安全衛生、保險福利、職工培訓、勞動紀律以及勞動定額管理等，直接涉及勞動者切身利益的規章制度或者重大事項時，根據《勞動合同法》第四條規定，還應當經職工代表大會或者全體職工討論，提出方案和意見，與工會或者職工代表平等協商確定。在規章制度和重大事項決定實施過程中，工會或者職工認為不適當的，有權向用人單位提出，通過協商予以修改完善。

企業在制定獎懲制度這部分內容時，也應特別注意，須結合企業自身的行業特點進行規定，並考慮到一定的合理性，要避免比較極端而苛刻的懲罰情形。比如有的企業在規章制度中規定上班時間打瞌睡，屬於嚴重違反企業規章制度的行為，一旦發現便予以開除。實際上對於一般崗位的員工來說，上班時間打瞌睡固然不對，但不至於嚴

重到會給企業帶來實質性的重大損失，所以不分青紅皂白都給予開除的處罰，顯然不具合理性，爭議裁決中難以得到仲裁委員會或法院的支持；而對於一個上班時間需要時刻保持頭腦清醒的保安人員或者司機人員來說，其打瞌睡很有可能造成安全隱患，給公司帶來重大經濟損失和人員傷亡。所以對類似性質工作崗位上的員工來說，規定上班時間打瞌睡屬於嚴重違反規章制度的行為，就具有一定的合理性，情節嚴重的可以給予解除勞動合同的處罰。

企業規章制度的有無、健全與否，直接決定著企業的生存發展。《勞動合同法》的推行，給企業現有的人力資源管理模式帶來很大衝擊。架構企業積極、主動的人力資源管理模式，關鍵是制定一套合法有效而又完善的企業規章制度。具體而言，企業規章制度的重要性主要體現在以下幾個方面：

首先，企業沒有規章制度或規章制度不健全會帶來一定的風險。有些規模比較小的企業，由於人員少、業務相對簡單，或者沒有現代管理理念，所以沒有特別制定企業規章制度，或者雖有一些零星的規定，但並沒有形成健全的規章制度。這在以前或許行得通，但根據2008年頒布的《勞動合同法》第四條規定，用人單位應當依法建立和完善勞動規章制度。由此可見，制定規章制度不僅是用人單位的權利，更是法定義務。企業沒有規章制度，或者規章制度內容不健全，很有可能使企業在發生勞動糾紛時處於被動地位。

其次，完善的規章制度，可以對員工起到正面的引導與教育作用。企業規章制度是企業內部規範員工行為的準則，通過規章制度的內容，員工就可以清楚知道自己享有的權利和需要履行的義務。從而員工會依照規章制度的規定，為爭取自己的權利而積極努力，也會主動履行自己的義務，以免因違反規章制度而受到處罰，這就從一定程度上引導、教育員工約束了自己的行為，也可以使員工預測到自己的行為可能產生的後果，激勵其工作積極性。

【53】企業規章制度的內容及重要性分析（下）

再次，完善的規章制度還有警示的作用。完善的企業規章制度，通常會針對獎懲部分做出詳細規定。這部分規定使員工能夠事先預計到自己的行為可能帶來的後果，自覺抑制違規行為的發生。另外，針對那些違反了規章制度規定的員工，企業會依據規章制度做出一定的懲處，防止員工違規行為的發生。

另外，完善的規章制度可以起到預防爭議的作用。勞動合同、集體合同和國家法律法規，固然規定了勞動者和企業各自的權利和義務，但其不可能具體到企業管理的每個細節，而企業規章制度可予以補充。比如休息休假屬於勞動合同的必備條款，但是勞動合同中可能僅僅涉及假期的種類，至於各類假期的請假條件、請假手續、假期薪資待遇等，一般不會在勞動合同中進行詳細約定，這就需要企業在規章制度中進行詳細規定。再如，行業不同、工種不同、崗位不同，管理要求和標準也不同，在此情況下，最好由具體生產部門起草本部門各具體崗位管理制度，再由法律專業人士進行符合法律規定的歸納和整理，經過民主程序討論確定，公示後實施。

勞動爭議對企業來說是一個無法迴避的問題。勞動爭議一旦發生，仲裁機構和法院在審理案件時，尤其涉及對員工懲戒、薪資待遇標準（如加班費基數）等，規章制度便成為其審理判案的重要依據。最高人民法院頒布的《關於審理勞動爭議案件適用法律若干問題的解釋》第十九條規定，用人單位根據《勞動法》第四條之規定，通過民主程序制定的規章制度，不違反國家法律、行政法規及政策規定，並已向勞動者公示的，可以作為人民法院審理勞動爭議案件的依據。《勞動合同法》也規定，員工嚴重違反規章制度，用人單位有權解除合同。此為合法解除，用人單位不需支付經濟補償金或賠償金。至於

如何界定違反規章制度的「嚴重」程度，更多賴於企業制定的規章制度的詳細程度和合理性，仲裁機構或法院會根據具體個案並結合企業規章制度進行判定。

　　沒有規矩不成方圓，規章制度是企業規範化、制度化管理的基礎和重要手段，同時也是預防和解決勞動爭議的重要依據。制定一套完善的規章制度，可以幫助企業建立健康而良好的管理秩序，也可以幫助企業弘揚優良的企業文化。

【54】企業規章制度與勞動合同、集體合同的關係

規章制度是現代企業管理理念與管理模式的集中反應，而勞動合同和集體合同，也是確立勞資雙方權利和義務的重要依據，因此，三者的目的具有一致性，均是為調整企業勞動關係而存在的。但三者之間也存在較大不同，分析如下：

一、參與主體和制定要求不同

根據《勞動合同法》第四條第二款規定：「用人單位在制定、修改或者決定直接涉及勞動者切身利益的勞動報酬、工作時間、休息休假、勞動安全衛生、保險福利、職工培訓、勞動紀律以及勞動定額管理等規章制度或者重大事項時，應當經職工代表大會或者全體職工討論，提出方案和意見，與工會或者職工代表平等協商確定。」由此可以看出，企業制定規章制度時，應將起草的規章制度草案交由職工代表大會或者全體職工討論。討論後，員工可以提意見和方案，最後由企業和工會或職工代表通過平等協商確定。需要說明的是，制定企業規章制度的過程中，法律規定應由職工代表大會「討論」而不是「討論通過」，所以，公司規章制度的制定，更側重的是職工的參與，公司職工代表更多的是建議權，而不是否決權，這也是為了保證制度的公平性和合理性。而集體合同的制定則需要勞資雙方共同決定，其勞資「共決」的程度比規章制度要高。《勞動合同法》第五十一條規定：「企業職工一方與用人單位通過平等協商，就勞動報酬、工作時間、休息休假、勞動安全衛生、保險福利等事項，可以訂立集體合同。集體合同草案應當提交職工代表大會或者全體職工討論通過。」由此可見，集體合同草案應該提交職工代表大會或者全體職工「討論通過」。顯然，集體合同所要求的「討論通過」比規章制度所要求的「討論」要來得高。勞動合同訂立是勞動者與用人單位的雙

方法律行為，勞動合同的內容由用人單位和勞動者遵循平等自願、協
商一致的原則，共同確定，因此，勞資雙方在勞動合同事項上的「共
決」程度更高，且是用人單位與單個勞動者共同決定的，任何一方對
其中任何條款不予認可，都會造成勞動合同無法簽訂的情況出現。

　　另外，集體合同一般要經過當地勞動和社會保障部門備案才生
效。上海和江蘇都有相關規定，企業與員工簽訂集體合同後報勞動和
社會保障部門，經其審核或法定期限內不予審核回覆的，集體合同即
告生效。而單個勞動者簽訂的勞動合同，簽訂後即生效，是否鑒證不
影響合同的效力。

二、內容的側重點不同

　　規章制度、勞動合同、集體合同都會涉及到勞動報酬、工作時
間、休息休假等內容。但是，勞動合同中的內容是企業與單個勞動者
約定的事項。集體合同與規章制度的事項一般來說，都是適用全體勞
動者的事項。而就同一問題而言，集體合同與規章制度的側重點也是
不同的。比如休假制度，集體合同主要側重於為勞動者享有各類假期
提供保障，而規章制度更側重管理，主要涉及員工請假的手續、要求
以及違反的後果等。

三、實施方式不同

　　規章制度的實施主要靠企業通過獎勵和懲罰兩種手段來落實，
在實踐中，一般以教育為主、懲罰為輔的原則來督促員工自覺遵守規
章制度，維護正常的生產工作秩序。而勞動合同、集體合同主要靠協
議的約束力來確保內容的落實。

四、效力範圍不同

　　規章制度的內容是集體性的，它的效力範圍是整個企業，對象

是全體員工。集體合同的效力範圍一般也是適用於整個企業，但針對特定群體的集體合同僅適用於特定的群體，如涉及女員工權益保護的集體合同等。勞動合同的效力則僅適用於與企業簽約的單個勞動者，與其他勞動者無關。

五、效力等級不同

　　如果規章制度與勞動合同、集體合同對同一事項做出規定，且規定的內容不一致的，《最高人民法院關於審理勞動爭議案件適用法律若干問題的解釋（二）》第十六條做出了規定：「用人單位制定的內部規章制度與集體合同或者勞動合同約定的內容不一致，勞動者請求優先適用合同約定的，人民法院應予支持。」

【55】企業規章制度的法律依據分析

　　很多企業開始重視規章制度，是由於《勞動合同法》的頒布實施。因為其中明確規定，用人單位應當依法建立和完善勞動規章制度，保障勞動者享有勞動權利、履行勞動義務。且規定用人單位在制定、修改或者決定有關勞動報酬、工作時間、休息休假、勞動安全衛生、保險福利、職工培訓、勞動紀律以及勞動定額管理等，直接涉及勞動者切身利益的規章制度或者重大事項時，應當經職工代表大會或者全體職工討論，提出方案和意見，與工會或者職工代表平等協商確定。但前述規定，早在1995年頒布實施的《勞動法》，和《勞動部關於「中華人民共和國勞動法」若干條文的說明》中，早已有所闡述，《勞動合同法》中關於規章制度的相關規定，只是從國家立法的角度強化和細化了企業規章制度的重要性。

　　1997年11月25日，為配合《勞動法》的有效實施，大陸勞動部頒布實施了《勞動部關於對新開辦用人單位實行勞動規章制度備案制度的通知》，要求新開辦用人單位依照《勞動法》的有關規定制定勞動規章制度，並在正式開業後半年內，將制定的勞動規章制度報送當地勞動行政部門備案。還規定勞動行政部門在組織巡視監察活動時，要檢查新開辦用人單位制定勞動規章制度的情況，並督促其按時報送備案；對制定的規章制度違反勞動法律法規、不按規定期限報送備案的，應依法給予行政處罰。但該規定頒布後，並未嚴格執行。勞動行政部門在實際操作中，也並不強制要求企業在制定規章制度之後，報送至當地勞動行政部門備案。是否報備不會影響企業規章制度的有效性。

　　除此之外，大陸最高人民法院還針對企業規章制度的效力，做出了一系列司法解釋。2001年4月16日頒布的《最高人民法院關於審理勞動爭議案件適用法律若干問題的解釋》第十九條規定：用人單位

根據《勞動法》第四條之規定，通過民主程序制定的規章制度，不違反國家法律、行政法規及政策規定，並已向勞動者公示的，可以作為人民法院審理勞動爭議案件的依據。由此可見，符合「經民主程序、合法、公示」三個條件的規章制度，可以成為處理勞動爭議案件的依據，這對於保障企業的合法權益來說尤為重要。當然，處理勞動爭議時，仲裁機構和法院不僅會依據企業的規章制度，還會依據用人單位與勞動者之間簽訂的合法有效的勞動合同或者集體合同。當兩者不一致時，依據2006年10月1日施行的《最高人民法院關於審理勞動爭議案件適用法律若干問題的解釋（二）》第十六條的規定，如勞動者請求優先適用合同約定的，人民法院應優先適用勞動合同或者集體合同的約定。

除上述勞動部門和法院的專門規定之外，2005年修訂之後的《公司法》第十八條也特別強調，公司應依照憲法和有關法律的規定，通過職工代表大會或者其他形式，實行民主管理，並提出公司研究決定改制以及經營方面的重大問題、制定重要的規章制度時，應當聽取公司工會的意見，並通過職工代表大會或者其他形式聽取職工的意見和建議。

【56】規章制度的生效條件

制定規章制度是用人單位的權利，但規章制度制定之後，要使其發生效力，必須符合法律規定的生效要件。根據《勞動合同法》第四條規定，規章制度須具備以下幾個條件才能生效。

一、規章制度的內容要符合法律規定

首先，規章制度的內容應當合法。依法制定規章制度，是法律賦予用人單位的權利，也是為其規定的義務。規章制度的內容不得與法律相抵觸，更不能違反法律規定，損害勞動者的合法權益。比如有的用人單位的規章制度，規定員工在職期間不能結婚生育，或者要求員工入職時繳納一定金額的保證金，這些規定都是與法律相違背的，是無效條款。

其次，規章制度的內容應當合理。比如有的用人單位規定，員工每天上廁所的次數不能超過二次，這就違背了合理性原則，也是對員工的不信任和不尊重，在真正發生爭議時，該規定很可能被判無效。相反，有的規定雖然看起來比較嚴苛，但由於具備了合理性，便使該條款具有了存在的意義。比如生產危險化學品的公司規定廠區內絕對禁止抽菸，一旦發現立即開除。因企業的生產性質特殊，一旦有人抽菸，就可能產生無法挽回的重大後果。違反禁令抽菸可以作為嚴重違反企業規章制度的情形進行處理。

最後，規章制度的內容不得違反勞動合同和集體合同的約定。勞動合同與集體合同是勞資雙方達成合意的意思表示，一旦簽署便具有法律約束力。規章制度是用人單位單方面制定的，單位不能通過規章制度單方面變更勞動合同或集體合同的約定。根據《最高人民法院關於審理勞動爭議案件適用法律若干問題的解釋（二）》第十六條的

規定，如企業規章制度存在與勞動合同或集體合同不一致的規定時，勞動者請求優先適用合同約定的，人民法院應優先適用勞動合同或者集體合同的約定。

二、規章制度的制定程序要符合法律規定

《勞動合同法》第四條對用人單位制定規章制度的程序進行了嚴格的規定，用人單位規章制度必須經過法定程序制定，才具有法律效力。

首先，制定規章制度的主體必須合法。以用人單位名義制定規章制度的，應當是有權對用人單位的各個組成部分和全體勞動者全面和統一管理的機構，規章制度必須經用人單位審批並以用人單位名義發布。

其次，規章制度的內容必須經過民主程序確定。根據《勞動合同法》規定，用人單位在制定、修改或者決定有關勞動報酬、工作時間、休息休假、勞動安全衛生、保險福利、職工培訓、勞動紀律以及勞動定額管理等，直接涉及勞動者切身利益的規章制度或者重大事項時，應經過職工代表或者全體職工討論，提出方案和意見，與工會或者職工代表平等協商確定。

三、規章制度制定後應向員工進行公示

《勞動合同法》第四條明確規定了，用人單位應當將直接涉及勞動者切身利益的規章制度和重大事項決定公示，或者告知勞動者。規章制度是勞動者在勞動過程中要遵循的行為規範，對勞動者進行公示，才能使其瞭解規章制度的具體規定，從而約束自己的行為。公示的方式各種各樣，用人單位可採用公告、組織員工集中學習、將規章制度作為勞動合同附件讓勞動者簽收等方式，進行公示，並注意保存相關的證據。

　　經過上述程序制定的規章制度，才是合法有效的規章制度，不僅能夠幫助用人單位實現科學的管理，防患於未然，且能作為解決勞動爭議的有利依據。

【57】規章制度中常見的違法規定及後果

　　規章制度對企業實現民主管理權非常重要，但企業在制定規章制度時，應特別注意避免出現違法內容，尤其是《勞動合同法》實施之後，規章制度存在違法條款會導致一定的法律後果，會給企業帶來不必要的困擾。現針對企業規章制度中比較常見的違法規定，簡要分析如下：

違法規定一：試用期內，企業可以隨時與員工解除勞動合同

　　試用期是一段比較特殊的勞動合同關係期間。很多企業認為，處於試用期內的員工，只要企業覺得不滿意，隨時可以解除與員工的勞動合同，既無需提前通知，也無需支付任何經濟補償金。而《勞動合同法》第三十九條規定：勞動者在試用期間被證明不符合錄用條件的，用人單位可以解除勞動合同。由此可見，在試用期內可以與員工解除勞動合同，但在實務中，很少有企業會注意到「員工不符合錄用條件」這個前提條件，在此期間企業一旦隨意解雇員工，按照《勞動合同法》規定，員工有權要求繼續履行合同，或支付相當於經濟補償金雙倍的賠償金。

違法規定二：勞動合同期間扣押身分證件或收取財物和押金

　　在一些生產性企業中，尤其是那些外來務工人員比較多的企業，有時為了約束員工的行為，會規定勞動合同期間扣押員工的身分證件，或者要求員工繳納一定的財物做抵押，或者乾脆收取一定金額的押金（或稱「保證金」），待勞動合同到期後，如該員工未產生違反企業規章制度的行為，才會如數退還。《勞動合同法》第九條明確規定：用人單位招用勞動者，不得扣押勞動者的居民身分證和其他證件，不得要求勞動者提供擔保，或者以其他名義向勞動者收取財物。

規章制度中如有上述規定，即是違法和無效的，員工可要求企業退還身分證件和財物、押金，如因此給員工造成經濟損失的，還應如實進行賠償。且員工可以此為由要求解除勞動合同，並要求企業支付賠償金。不過，常有企業問到，員工無理由單方解除合同，已經派發的工作服作為公司的損失是否可以在薪資中抵扣，我們認為，這種情況是可以的，最好在規章制度中也詳細規定。

違法規定三：禁止結婚生育，否則解除勞動合同

大部分做出該規定的企業，主要出於兩方面考慮：一是考慮到女職工分娩後長達數月的產假對工作會造成影響；二是國家對處於懷孕期間、產假期間、哺乳期間的女職工有特殊保護規定，一旦女職工懷孕，在長達兩年多的時間裡，除非女職工本身出現比較嚴重的違規或違法行為，否則企業無法解除與其之間的勞動合同。但企業應該認識到，結婚、生育是女性的基本權利，也是人類繁衍的需要，企業做出禁止結婚生育的規定，不僅嚴重損害了員工的合法權利，且違背了社會公序良俗。企業以此為由要求解除勞動合同，女職工可以要求繼續履行合同或要求企業支付賠償金。

違法規定四：員工在本單位工作不滿一年不享受帶薪年休假

很多企業認為，員工只有在本單位工作滿一年，才可以在本單位享受帶薪年休假，這種觀點有失偏頗。

《職工帶薪年休假條例》頒布之後，關於「連續工作滿十二個月才能享受帶薪年休假」中的「連續工作滿十二個月」，是引起爭議最多的問題之一。對此國務院法制辦政法司司長李建在接受中國政府網專訪時，明確指出「連續工作一年以上，既包括在同一單位連續工作一年以上，也包括在不同單位，包括可能換了幾個單位，連續工作一年以上，這兩種情形都包括」。此後頒布的《企業職工帶薪年休假

實施辦法》則進一步明確規定,年休假天數根據員工的累計工作時間確定。員工在同一或者不同用人單位工作期間,以及依照法律、行政法規或者國務院規定視同工作期間,應當計為累計工作時間。

【58】企業懲處制度的合理性

　　企業規章制度是指企業根據國家法律法規及企業自身情況，結合實際制定的企業內部規章、制度，也可以理解為在企業內部執行的「法律法規」。它包括企業管理制度、員工勞動紀律制度、員工獎懲制度、生產制度、辦公流程、崗位職責等等。一個企業的規章制度是否完備，是否與企業管理相適合、配套，對企業的發展至關重要。在企業管理中，最根本的問題是人的管理問題，人員管理的好壞直接決定了企業經營目標的達成，也就決定了一個企業經營的成敗。而人員的管理工作又是最複雜、最令人頭痛而棘手的問題。怎樣從制定合理的管理制度這一根本點著手，切中要害，從根本上調動員工的積極性、責任心，增強團隊的凝聚力，是企業管理的最基本法則。而在所有企業管理的規章制度中，獎懲制度又是最根本、最重要的制度之一，它直接關係到各個員工最切身的利益。獎懲制度是否合理，直接關係到企業經營管理的效率和成敗。企業的獎懲制度，是通過獎勵和懲戒兩種手段實現對員工的有效管理，本文著重分析企業懲處制度的合理性。

　　一套嚴格的懲處制度固然可以對員工起到一定的警告和震懾作用，但制定時也應考慮到公序良俗和懲戒的合理性，不應一味站在企業的立場，將懲處制度規定得過於苛刻和嚴厲。很多企業在制定懲處制度時，往往忽略合理性的問題，比如不結合企業的性質而規定員工在上班時間抽菸、睡覺的一律給予開除處分；規定員工每天上廁所不得超過一定次數，否則扣除一定金額的薪資；規定女職工不能化妝、穿高跟鞋，否則予以開除；規定員工在職期間談戀愛或者結婚、生育的，一律給予開除處分……上述這些懲戒制度過於苛刻，有的甚至違背了公序良俗。像抽菸、睡覺這種行為確實屬於上班時間內不應該出現的行為，但這種行為本身究竟是否嚴重到足以影響企業的正常經

營，從而達到解除勞動合同的程度，需要具體情況具體分析。如果該員工只是從事一般的工作崗位，因為工作疲憊偶爾抽支菸或者打個瞌睡，開除的懲戒措施顯然過重了；但如果該員工從事的是危險化學品的生產經營，或者是公司的保安、司機等比較特殊的工作人員，上班時間抽菸或者睡覺，就有可能給公司造成不可挽回的經濟損失甚至人身傷害，這種行為則必須明令禁止，如果出現，開除也不為過。企業可以根據生產經營的需要，在化妝和著裝方面對女員工做出一定限制，但員工即便違反，也不至於達到嚴重違紀的程度，做出開除的懲處顯然過於嚴苛。而如員工因為上廁所的次數超過規定或戀愛、結婚、生育就須受到懲戒，更是違背了公序良俗，是企業在制定懲戒制度時應特別注意避免的。

企業規章制度的生效要件中明確規定，規章制度的內容必須合法。合法既包括程序合法，也包括內容合法。而內容合法不僅包括內容符合法律規定，而且要求內容必須具備一定的合理性，否則難以作為人民法院處理勞動爭議案件的依據。企業的懲處制度作為規章制度中的重要內容，更應該注意其合法性，否則員工可拒絕遵守，並有權提出解除勞動合同，損害員工權益的，員工還可要求企業支付經濟補償金。綜上所述，企業懲處制度不合理，不僅無法達到對員工進行科學管理的目的，反而會給企業管理埋下隱患，更易引發勞動爭議，給企業帶來法律風險。

【59】規章制度涉及女員工的特殊規定

　　為了保護婦女的合法權益，保障女員工在生育子女時有必要的物質條件和基礎，同時也為了保護下一代的身心健康，《勞動法》、《勞動合同法》及其配套的法律法規在保障婦女生育期間的合法權益方面，構築了較為完善和系統的保護體系。從婦女懷孕開始，到哺乳期結束，對於這段特殊時期女員工應該享有的合法權益，均做出了明確規定。

　　通常來說，企業規章制度中無需專門針對女員工做出特別規定，在女員工進入孕產期之後，只要依據法律規定保障其享有的合法權益即可。不過對於一些大企業尤其是集團性企業來說，員工人數眾多，在企業管理中遇到的問題也比較多，為使員工管理有明確的規定可依，企業本身希望對各個方面都做出明確規定，其中包括針對女員工的特殊規定。值得提醒的是，企業在制定涉及女員工的規章制度時，應充分考慮到法律法規針對女員工做出的特殊保護規定，避免出現規章制度內容與法律相違背的情況。通常來說，企業規章制度中涉及女員工的特殊規定主要有以下幾點：

一、不得規定女員工在勞動合同期間若是結婚和生育，則勞動合同自動解除

　　正因為法律針對女員工做出了很多特殊保護規定，讓相當一部分企業因害怕女員工在勞動合同期內結婚和生育而導致成本增加，由此在規章制度中做出這樣的違法規定。《婦女權益保障法》第二十六條規定：任何單位不得以結婚、懷孕、產假、哺乳等為由，辭退女職工或者單方面解除勞動合同；而《勞動法》和《勞動合同法》也規定，女職工在孕期、產期、哺乳期內，用人單位即使在經濟性裁員和企業客觀情況發生重大變化時，也不得解除勞動合同。所以企業做出

的前述規定,因為違法而屬無效條款,從情感上來說,也是對女員工
的一種傷害。

二、女員工懷孕之後的工作崗位和工作時間應做相應調整

因女員工懷孕期間,生理和心理發生較大變化,身體負擔變
重,為保護母嬰健康,很多企業都規定女員工懷孕後可以根據自身的
實際情況,向企業提出申請,進行工作崗位和工作時間的調整。除法
律規定的孕期禁忌從事的高強度體力勞動,和懷孕七個月以上的女職
工禁止安排加班和夜班工作等規定外,某些企業(尤其是福利政策相
對較好的歐美企業)通常都允許女員工懷孕早期,根據自身情況和醫
囑申請一定時間的保胎假,也提倡女員工在懷孕後期提前一定時間回
家待產。

三、女員工懷孕後流產或順利生育給予一定時間的休假

對於懷孕後順利生育的女員工來說,大部分企業都能夠按照法
律規定,給予產假,以便女員工生產後身體獲得復元。而對於懷孕後
不慎流產的女員工,有的企業往往會忽視法律規定,錯誤地按照普通
病假計算女員工的休息時間,其實《女職工勞動保護特別規定》對此
已明確規定,女員工懷孕未滿四個月流產的,享受十五天產假;懷孕
滿四個月流的,享受四十二天產假。

四、女員工保胎假、產檢、產假、哺乳假期間的待遇問題

對於大多數企業來說,規章制度中對假期的待遇都做了明確規
定。保胎假是近些年的新興辭彙,主要是指懷孕早期胎兒尚未完全穩
定,或者母體患有影響妊娠的疾病,須臥床休息進行保胎,從而向單
位申請的假期。從法律上來說,保胎假應屬於病假,所以保胎假期間
的工資,企業可在規章制度中規定參照病假工資發放。而產檢、產假

都屬於法定假期，企業應視作勞動時間，正常發放薪資報酬。哺乳假是法律規定，要給予產後女職工每日一定的哺乳時間。當然了，在實務中，只要用人單位參加生育保險，產假期間的工資往往是由生育保險基金支付的，無需企業自行承擔。

【60】工會介紹

工會最早產生於十八世紀中葉的英國,之後在其他國家相繼建立,並大都取得了合法地位。按照成立的原則,工會分為職業工會和產業工會。職業工會是按照工人所從事的職業來成立的,所以會產生同一個企業內的工人,由於職業的不同而分屬於不同職業工會的情況,這並不利於工人階級鬥爭。後期隨著工人運動的發展,越來越多的工人群眾按產業成立工會,這樣同一企業的工人都參加同一產業工會,更有利於工人階級團結和統一,增強了工會的戰鬥力。

根據大陸《工會法》規定,工會是職工自願結合的工人階級的群眾組織,是按照民主集中制原則分級建立起來的。凡是在大陸境內的企業、事業單位、機關中以工資收入為主要生活來源的體力勞動者和腦力勞動者,不分民族、種族、性別、職業、宗教信仰、教育程度,都有依法參加和組織工會的權利。由此可見,工會的成立必須遵循一定的原則,而且工會不受企業、事業單位、機關的領導,而是上級工會領導下級工會。基層工會、地方各級總工會、全國或者地方產業工會組織的建立,必須報上一級工會批准。工會一旦成立,任何組織和個人不得隨意撤銷、合併工會組織。如基層工會所在的企業終止或者所在的事業單位、機關被撤銷,該工會組織相應撤銷,並報告上一級工會。

在大陸,工會以憲法為根本的活動準則,以《工會法》為依據,以《工會章程》為指導,其合法權益受國家保護。工會的基本職責是維護職工合法權益,它可以通過平等協商和集體合同制度,協調勞動關係,維護企業職工的勞動權益;可以依法通過職工代表大會或者其他形式,組織職工參與本單位的民主決策、民主管理和民主監督;可以聽取和反應職工的意見和要求,幫助職工解決困難。

在組織機構上,大陸工會實行產業和地方相結合的原則,各產

業建立全國的和地方的產業工會組織。省、自治區、直轄市和市、縣
的地方總工會，分別成為當地產業工會和地方工會的領導機關。大陸
工會受同級共產黨委員會和它的上級工會的雙重領導，以同級共產黨
委員會領導為主。在企業工會中，由工會主席根據上級工會的領導主
持日常工作，工會主席通過民主選舉產生，罷免也須經全體代表過半
數通過。為了保障工會組織活動的正常開展，維護勞動者的合法權
益，工會主席、副主席及工會委員的權利受法律特殊保護。如工會主
席、副主席或者委員的勞動合同期限短於其任職期限的，自動延長至
其任職期滿，且在任期未滿時，不得隨意調動其工作。確因工作需要
調動時，應當徵得本級工會委員會和上一級工會的同意。如企業工會
主席因依法履行職責，被企業降職降級、停職停薪降薪、扣發工資以
及其他福利待遇的，或因被誣陷受到錯誤處理、調動工作崗位的，或
遭受打擊報復不能恢復原工作、享受原職級待遇的，或未安排合適工
作崗位的，上級工會要會同該企業黨組織督促企業撤銷處理決定，恢
復該工會主席原崗位工作，並補足其所受經濟損失。在企業拒不糾正
的情況下，上級工會要向企業的上級黨組織報告，通過組織管道促使
問題的解決；或會同企業、行業主管部門、或提請勞動行政部門責令
該企業改正。但工會主席有嚴重過失的，企業有權與之解除勞動合
同。工會不僅僅是單方維護員工權益的機構，還起到協調勞資關係，
保證企業正常經營的積極作用。例如，企業生產經營訂單大增、人手
緊張情況下，企業可主動要求工會出面協調，調派人員支援相關崗
位，這樣一定程度上能避免被調派員工以企業擅自調崗，要求解除合
同支付補償金的不利法律後果。

　　企業工會成立之後，企業應按照全體職工月工資總額的2％向工
會撥繳工會經費，企業、事業單位以及其他組織撥繳的工會經費可以
稅前列支。因逾期未繳或者少繳工會經費的，還須按照欠繳金額日
0.5％繳納滯納金，所以企業對此應特別注意。

【61】職工代表大會介紹

職工代表大會和工會，是現代企業管理中常被提及的兩個組織。但跟工會不同，同樣是企業職工實現民主管理權力的組織，職工代表大會的成立方式比工會更加自由，在組織機構方面，也沒有像工會那樣嚴格的規定。

通常來說，職工代表大會是由企業的全體員工，通過民主形式選舉出一定數量的職工代表組成，代表全體員工與企業之間就涉及員工重大權益的事項進行協商，或代表全體員工向企業提出相關建議和方案。職工代表大會也可以代表全體職工與企業之間簽訂集體合同，為全體員工爭取福利。職工代表大會實行民主集中制，職工代表的選舉方式，可以召開全體職工大會的形式進行，也可以車間、班組形式進行職工代表推舉，並由全體職工進行投票表決。

關於職工代表大會，全國性的規定只有1986年頒布實施的《全民所有制工業企業職工代表大會條例》。該條例只是要求全民所有制工業企業，必須建立和健全職工代表大會或職工大會制度和其他民主管理制度。所以並非每個企業都必須成立職工代表大會，在一些規模較小、員工數量較少的企業，也可以由全體職工一起實現民主管理。但隨著現代企業制度的逐漸發展，尤其是隨著《勞動合同法》等一系列法律法規對民主管理的規定進一步明確，有些地區針對職工代表大會制度也做出了專門規定。比如2008年1月1日實施的《江蘇省企業民主管理條例》就明確規定，企業應當建立職工代表大會制度。2010年12月23日，《上海市職工代表大會條例》（以下簡稱《上海條例》）正式表決通過，並將於2011年5月1日起正式實施。這意味上海將成為繼江蘇省後，又一個明確立法要求建立職工代表大會制度的地區。

根據《江蘇省企業民主管理條例》的規定，職工一百人以上的

企業應當召開職工代表大會，職工不足一百人的企業，可以召開全體職工大會行使本條例所列的職工代表大會的各項職權。由此看來，在江蘇地區，成立職工代表大會，在企業內建立職工代表大會制度，不僅是一種宣導，也已經變成一項政策，企業應當執行。

而且《江蘇省企業民主管理條例》對於職工代表大會的職權也做出了規定：審議通過集體合同草案和勞動安全衛生、女職工保護、工資調整機制等專項集體合同草案；選舉參加平等協商的職工方協商代表和職工董事、職工監事，聽取其履行職責情況報告；討論企業關於勞動報酬、工作時間、休息休假、勞動安全衛生、保險福利、職工培訓、勞動紀律以及勞動定額管理等，直接涉及職工切身利益的規章制度草案或者重人事項方案，提出意見；對企業經營管理和勞動管理提出意見和建議；圍繞企業經營管理和職工生活福利等事項，徵集職工代表大會代表提案和合理化建議；監督企業執行勞動法律法規、實行企業事務公開、履行集體合同和勞動合同、執行職工代表大會決議和辦理職工代表大會提案的情況。

對於職工代表大會的人數，《江蘇省企業民主管理條例》也有明確規定，對於職工不足一百人的企業召開職工代表大會的，代表名額不得少於三十名；職工一百人以上一千人以下的企業，代表名額以四十名為基數，職工每超過一百人，代表名額增加七名；職工一千人以上五千人以下的企業，代表名額以一百名為基數，職工每超過一千人，代表名額增加二十五名；職工超過五千人的企業，代表名額不得少於二百名。除此之外還規定，在職工代表大會代表中，企業董事會成員、執行董事、中高級管理人員不得超過代表總名額的20%。女代表比例應當與女職工人數所佔比例相適應。這為職工實現民主管理權提供了進一步的保障條件。

需要說明的是，2008年1月1日以後通過或修訂的企業規章制度，除了要滿足內容合理合法、公示兩個條件，經過民主程序即職工

代表大會的討論，也是生效的必備條件；企業準備上市改制為股份公司時，注意監事會至少要有一名由職工代表大會選舉的職工監事。

第五篇

工時、薪資及福利

【62】標準、不定時、綜合三種工時制度的
比較分析（上）

　　大多數企業在討論工作安排、休息時間及加班費支付等問題時，都是以標準工時制度為前提，標準工時制度是目前大陸運用最為廣泛的一種工時制度。不過有很多企業，由於行業特性或工作崗位的原因，往往不能夠嚴格按照標準工時制度來執行考勤，比如很多外企對高級管理人員宣導的所謂「責任制」，及對銷售人員或外勤實行的所謂「彈性工作制」，針對這些職工，實行傳統的標準工時制不僅對員工來說顯失公平，對企業來說也會造成很大困擾。所以，大陸勞動法規在規定了標準工時制度之外，還規定了另外兩種工時制度，即不定時工作制和綜合計算工時制。

　　標準工時制也稱為標準工作制，是由立法確定每天中工作時間長度，一週中工作日天數，並要求各用人單位和一般職工普遍實行的基本工時制度。在標準工時制下，按照當前法律規定，勞動者每日工作不超過八小時、每週工作不超過四十小時，且用人單位應保證勞動者每週至少休息一日。如確因生產經營需要延長勞動者工作時間的，經與工會和勞動者協商，一般每天延長工作時間不得超過一小時，特殊原因每天延長工作時間不得超過三小時，每月延長工作時間不得超過三十六小時，針對延長的勞動時間，用人單位應向員工支付加班工資或安排補休。當然在實務中，很多企業尤其是生產性企業，常存在超時加班的情況，這是有違法律規定的，可能會招致行政處罰和責令整改。

　　不定時工時制也稱為不定時工作制。它是指因工作性質、特點或者工作職責的限制，無法按標準工作時間衡量，或需要機動作業的職工所採用的，勞動者在工作日沒有固定上下班時間限制的工作時間

制度。換句話說，實行不定時工作制度的員工，每個工作日也需要上班，只是上下班的時間並不固定而已，可以根據工作需要自行安排。實行不定時工作制度的，仍然應該遵守每週至少讓員工休息一天的法律規定，但平時延長工作時間或休息日上班的，均不算加班，只有法定節假日安排員工上班的，才須按照法律規定的標準向員工支付加班費。

　　綜合計算工時制是以標準工作時間為基礎，以一定的期限為週期，綜合計算工作時間的工時制度。綜合計算工作時間的工時制度，其平均日工作時間和平均週工作時間應與法定標準工作時間相同，但計算工作時間的週期不是以天為單位，而可以是以週、月、季、年為單位。也就是說，在綜合計算週期內，某一具體日（或週）的實際工作時間可以超過八小時（或四十小時），但綜合計算週期內的總的實際工作時間，不能超過總的法定標準工作時間。實行綜合計算工時工作制，工作時間不區分制度工作日與雙休日，按照申請時提出的結算週期計算工作時間，超過法定工作時間的，才須按規定支付加班費。法定節假日上班的，也須按規定支付加班費。

【63】標準、不定時、綜合三種工時制度的
　　　　比較分析（下）

　　標準工時制、不定時工時制和綜合工時制三種工時制度的主要區別在於三點，一是工作時間的計算方式不同，二是實行的前提和要求不同，三是支付加班費的標準不同。

　　就工作時間的計算方式來說，實行標準工時制的企業，應嚴格按照國家規定的時間計算勞動者的勞動時間。即每日工作不超過八小時，每週工作不超過四十小時，保證勞動者每週至少休息一天。每日工作超過八小時或每週工作超過四十小時的，都屬於延長勞動者工作時間，應按法律規定向勞動者支付加班費。實行不定時工時制的員工，工作中上下班時間比較具有彈性，一切以工作需要和崗位需要為準。企業在計算員工的考勤時，不需按照標準工時制的「朝九晚五」為標準，也不要求員工每天上下班打卡。綜合工時制是以標準工時制為基礎，只不過工作時間的計算週期可以約定為日、週或者季、月，只要在工作週期內員工總的工作時間不超過法律規定即可。

　　標準工時制實行的前提是崗位性質可以按照固定上下班時間進行考勤，適應一般的企業辦公人員。不定時工時制實行的前提是崗位性質比較特殊，無法按照標準工作時間進行衡量的一部分員工，根據滬勞保發[1994]503號文規定，適用不定時工作制度的特殊崗位一是企業中的高級管理人員、外勤人員、推銷人員、部分值班人員和其他因工作無法按標準工作時間衡量的職工，在昆山，企業申請高級管理人員實施不定時工作制，高級管理人員的薪資至少要達到上年度社會平均工資的三倍。不過江蘇省對企業沒有為高薪酬的高級管理人員申辦不定時工作制，但實際有加班的情形，從公平合理的原則出發，對

於實行年薪制的企業高級管理人員，如雙方約定不再另行支付其加班工資的，發生爭議時，仲裁委員也予認可；二是企業中的長途運輸人員、出租汽車司機和鐵路、港口、倉庫的部分裝卸人員以及因工作性質特殊，須機動作業的職工；三是其他因生產特點、工作特殊需要或職責範圍的關係，適合實行不定時工作制的職工。綜合工時制實行的前提是工作性質特殊，須連續作業，或者屬於受自然條件、外界因素影響比較大的行業。根據滬勞保發[1994]503號文規定，只有符合以下這些情形的員工，才可申請實行綜合計算工時工作制，一是交通、鐵路、郵電、水運、航空、漁業等行業中因工作性質特殊，須連續作業的職工；二是地質及資源勘探、建築、製鹽、製糖、旅遊等受季節和自然條件限制的行業的部分職工；三是其他適合實行綜合計算工時工作制的職工。但無論實行不定時工時制還是綜合工時制，都不能由企業單方面決定，而須向企業所在地勞動保障部門提出申請，並獲得批准後方可實行。

標準工時制按照法律規定的時間對員工進行考勤，工作日的勞動時間超過八小時的，企業須按照勞動者薪資的一‧五倍向勞動者支付勞動報酬；雙休日安排勞動者工作的，須安排勞動者補休，因情況特殊無法補休的，可按照勞動者薪資的二倍向勞動者支付勞動報酬；法定節假日安排勞動者工作的，應按照勞動者薪資的三倍向勞動者支付勞動報酬。對於實行不定時工時制的員工來說，平時延長工作時間或休息日上班的，均不算加班，只有法定節假日上班的，才屬於加班，企業須按照員工薪資的三倍向員工支付加班費。實行綜合計算工時工作制的員工，工作時間不區分制度工作日與公休日，按照企業申請時提出的結算週期計算工作時間，超過法定工作時間的，按員工薪資的一‧五倍來支付勞動報酬（如申請按月作為結算週期，某員工月工作一百六十八小時，則加班時間為八小時）；如工作時間恰逢國家

法定節假日的，按照員工薪資的三倍支付勞動報酬。

　　必須注意的是，同一企業內並非只可採用一種工時制度，在獲得勞動社會保障部門批准的情況下，同一個企業內的不同工種，可以適用不同的工時制度。在標準工時制下，有的方式允許企業對特殊崗位實行所謂折算加班時數的制度，例如江蘇省規定，有些崗位上班期間長時間處於等待狀態且等待期間有休息場所，對於此類崗位，即使不屬「綜合計算工時工作制」或「不定時工作制」，允許用人單位以規章制度規定或勞動合同約定的方式，對其實際工作時間進行合理折算。司法實踐中，江蘇省折算標準為認定的實際工作時間不低於上班期間的50％。

【64】標準工時制的計算及計算中的誤區

　　根據《勞動法》規定，標準工時制即每日工作八小時，每週工作四十小時，且用人單位應保證勞動者每週至少休息一日的工作時間制度。無論是國家機關、社會團體，還是企事業單位、其他組織，如非因為工作性質或生產特點限制不能實行標準工時制，而向勞動社會保障部門申請實行特殊工時制度的，都應該實行這種工作時間制度。

　　標準工時制的計算要受到日工作時間和週工作時間的限制。目前大陸大部分地區的單位，都實行每週工作五天，每天工作八小時的工作時間制度，每週工作時間總計四十小時，這當然是符合法律規定的。但也有部分地區的單位，因為工作性質和其他原因，實行每週工作六天的工作時間制度。在這種情況下，有的企業會注意到每週不超過四十小時的工作時間限制，安排員工每日工作時間少於八小時，但也有部分企業仍會安排員工每日工作八小時甚至更長時間，這已經違反了《勞動法》的相關規定，每週工作超過四十小時的時間，企業應依法向員工支付加班費。

　　在實行標準工時制的企業中，計算工作時間經常會遇到的幾個問題，讓企業和勞動者之間的意見發生分歧，一是中午用餐時間是否應計入工作時間，二是午休時間是否應計入工作時間，三是加班中的用餐時間是否應計入工作時間，四是倒水、上廁所等時間是否應計入工作時間。

　　企業一般認為上述時間應該排除在每天八小時的工作時間之外，所以很多企業會規定上班時間為上午八點半至十一點半，下午十二點半至五點半，中間十一點半至十二點半之間的時間不計入八小時工作時間內，為員工的午餐及休息時間。但對於大部分員工（尤其是無法中午回家用餐的員工）來說，午餐時間往往無法與工作時間完全區分開，所以員工認為午餐時間應該計入上班時間，實際上每天在

企業工作的時間為九小時而非八小時。而至於加班時的用餐時間對於大部分員工來說，為了盡早完成工作，通常將午餐或晚餐時間犧牲掉進行工作，或者邊工作邊用餐，如果把這樣的用餐時間也排除在工作時間之外，員工更是無法接受。而至於倒水和上廁所等時間是否應該排除在工作時間之外，很多企業會在企業規章制度中做出規定，對於某些製造型企業來說，甚至會嚴格限制每天倒水、上廁所的次數，超過即以曠工或缺勤處理。

法定工作時間是指法律規定的勞動者在一定時間內從事生產或工作的時間。工作時間不僅包括勞動者的實際工作時間，也包括勞動者從事生產或工作的準備時間、結束前的整理與交接時間，還包括工間休息時間、人體自然需要時間（如喝水、上廁所等）、女職工哺乳時間，以及依據法規或行政領導要求離開工作崗位從事其他活動的時間，如工會活動時間、行政活動時間、出差時間、履行社會職責（如參加政治選舉）的時間等。目前《勞動法》雖未明確對上述問題做出規定，但從《勞動法》的立法精神出發，勞動者的合法權益應該得到保障，即勞動者的用餐時間如果與工作時間無法嚴格區分，則應該計算為工作時間，但如果用餐時間內並不涉及與工作有關的事項，則可以排除在每天工作時間之外。而江蘇省某法院也有明確判例，即員工針對每日中午一小時的用餐時間要求企業支付加班費的請求被駁回，但其要求針對加班中的用餐時間支付加班費的主張卻獲得了支持。至於員工上班時間倒水、上廁所、依法哺乳或參加相關社會活動等時間，考慮到保護員工合法權益的立法原則，均應計入每天八小時的工作時間內，對此企業應該充分理解《勞動法》的立法精神，避免在規章制度中做出與法律法規相違背的規定。

【65】特殊工時制的申請條件及程序

　　特殊工時制即特殊工時工作制，是相對標準工時工作制來講的，具體分為不定時工作制和綜合計算工時工作制。不定時工作制是指因工作性質、特點或工作職責的限制，無法按標準工作時間衡量或需要機動作業的職工所採用的，勞動者在工作日沒有固定上下班時間限制的工作時間制度。綜合計算工時工作制是以標準工作時間為基礎，以一定的期限為週期，綜合計算工作時間的工時制度。依據《勞動法》及相關法律法規規定，企業執行標準工時制以外的特殊工時制的，須符合一定的條件，且經過當地勞動行政主管部門審批同意。

　　不定時工作制和綜合計算工時工作制的申請條件及程序，各地在全國性統一規定下，結合本地實際情況，均做出了明確規定。以上海為例，根據2006年頒布的《本市企業實行不定時工作制和綜合計算工時工作制的審批辦法》（滬勞保福發[2006]40號）規定，要申請不定時工作制和綜合計算工時工作制，必須符合以下條件：

　　1、符合以下條件的崗位，才可申請不定時工作制：

　　（1）企業中的高級管理人員、外勤人員、推銷人員、部分值班人員和其他因工作無法按標準工作時間衡量的職工。

　　（2）企業中的長途運輸人員、出租汽車司機和鐵路、港口、倉庫的部分裝卸人員以及工作性質特殊、須機動作業的職工。

　　（3）企業的消防和化救值班人員、值班駕駛員等。

　　（4）其他因生產特點、工作特殊需要或職責範圍的關係，適合實行不定時工作制的職工。

　　2、符合以下條件的崗位，才可申請綜合計算工時工作制：

　　（1）交通、鐵路、郵電、水運、航空、漁業等行業中因工作性質特殊、須連續作業的職工。

　　（2）地質及資源勘探、建築、製鹽、製糖、旅遊等受季節和自

然條件限制的行業的部分職工。

（3）因受季節條件限制，淡旺季節明顯的瓜果、蔬菜等食品加工單位和服裝生產，及賓館的餐廳和娛樂場所的服務員等。

（4）市場競爭中由於外界影響，生產任務不均衡的企業的部分職工。

（5）其他適合實行綜合計算工時工作制的職工。

企業實行不定時工作制和綜合計算工時工作制的，應當向企業工商登記註冊地的區縣勞動和社會保障局提出申請，但實行以年為週期綜合計算工時工作制（包括同時申請實行不定時工作制）的，應當向市勞動和社會保障局提出申請，而對於中央直屬企業實行不定時工作制和綜合計算工時工作制的，應當向勞動和社會保障部提出申請。申請實行不定時工作制和綜合計算工時工作制的企業，應當填寫「企業實行不定時工作制和綜合計算工時工作制申請表」，並遞交下列申請材料：

1、企業營業執照副本複印件和組織機構代碼證複印件。

2、企業實行不定時工作制或綜合計算工時工作制對員工工作和休息安排的計畫。

3、勞動保障行政部門要求提供的與實行不定時工作制或綜合計算工時工作制相關的職工名冊、考勤記錄等其他材料。

勞動保障行政部門受理申請後，應對申請材料進行審查，必要時可指派兩名以上工作人員到申請單位進行核查。勞動保障行政部門應當自受理申請之日起二十個工作日內，做出是否准予實行不定時工作制或綜合計算工時工作制的決定，並書面批覆申請單位。因情況特殊須延長審查期限的，經本部門主管領導批准，可延長十個工作日。

企業在獲准實行不定時工作制或綜合計算工時工作制後，應就此進行公示，或與相關人員明確約定其實行的工時制度，以避免未盡告知義務而產生不必要的糾葛。

【66】工資總額與薪資項目分析

　　關於工資總額的法律依據，目前在實務中各地法院和勞動仲裁部門主要參考1990年1月1日由國家統計局頒布的《關於工資總額組成的規定》，本文根據該規定針對工資總額的構成及薪資項目分析如下：

　　工資總額是指各單位在一定時期內直接支付給本單位全部職工的勞動報酬總額，由計時工資、計件工資、獎金、津貼和補貼、加班加點工資、特殊情況下支付的工資六部分組成。

　　計時工資是指按計時工資標準和工作時間支付給個人的勞動報酬。包括對已做工作按計時工資標準支付的工資、實行結構工資制的單位支付給職工的基礎工資和職務工資、新參加工作職工的見習工資、運動員體育津貼。

　　計件工資是指對已做工作按計件單價支付的勞動報酬。包括實行超額累進計件、直接無限計件、限額計件、超定額計件等工資制，按勞動部門或主管部門批准的定額和計件單價支付給個人的工資、按工作任務包乾方法支付給個人的工資，和按營業額提成或利潤提成辦法支付給個人的工資。

　　獎金是指支付給職工的超額勞動報酬和增收節支的勞動報酬。包括生產獎、節約獎、勞動競賽獎、機關、事業單位的獎勵工資和其他獎金。生產獎包括超產獎、質量獎、安全獎、考核各項經濟指標的綜合獎、提前竣工獎、外輪速遣獎、年終獎等；節約獎包括動力、燃料、原材料等節約獎；勞動競賽獎包括發給勞動模範、先進個人的各種獎金和實物獎勵；其他獎金包括從兼課酬金和業餘醫療衛生服務收入提成中支付的獎金等。

　　津貼和補貼是指為了補償職工特殊或額外的勞動消耗和因其他特殊原因支付給職工的津貼，以及為了保證職工工資水準不受物價影

響支付給職工的物價補貼。津貼包括補償職工特殊或額外勞動消耗的津貼、保健性津貼、技術性津貼、年功性津貼及其他津貼；物價補貼包括為保證職工工資水準不受物價上漲或變動影響而支付的各種補貼。

加班加點工資是指按規定支付的加班工資和加點工資。根據《勞動法》規定，企業因生產經營需要，於工作日延長員工工作時間的，應按照工資的一·五倍支付加班工資；於休息日安排員工工作的，應安排員工補休或按照工資的二倍支付加班工資；於法定節假日安排員工工作的，應按照工資的三倍支付加班工資。

特殊情況下支付的工資，包括根據國家法律、法規和政策規定，因病、工傷、產假、計畫生育假、婚喪假、事假、探親假、定期休假、停工學習、執行國家或社會義務等原因，按計時工資標準或計時工資標準的一定比例支付的工資，以及附加工資和保留工資。

計算員工工資總額時，應注意下列各項不列入工資總額的範圍：

1、根據國務院發布的有關規定頒發的發明創造獎、自然科學獎、科學技術進步獎和支付的合理化建議和技術改進獎，以及支付給運動員、教練員的獎金。

2、有關勞動保險和職工福利方面的各項費用。

3、有關離休、退休、退職人員待遇的各項支出。

4、勞動保護的各項支出。

5、稿費、講課費及其他專門工作報酬。

6、出差伙食補助費、誤餐補助、調動工作的旅費和安家費。

7、對自帶工具、牲畜來企業工作職工所支付的工具、牲畜等的補償費用。

8、實行租賃經營單位的承租人的風險性補償收入。

9、對購買本企業股票和債券的職工所支付的股息（包括股金分紅）和利息。

10、勞動合同制的職工解除勞動合同時，由企業支付的醫療補助費、生活補助費等。

11、因錄用臨時工而在工資以外向提供勞動力單位支付的手續費或管理費。

12、支付給家庭工人的加工費和按加工訂貨辦法支付給承包單位的發包費用。

13、支付給參加企業勞動的在校學生的補貼。

14、計畫生育獨生子女補貼。

【67】最低工資介紹

最低工資標準，是指勞動者在法定工作時間或依法簽訂的勞動合同約定的工作時間內，提供了正常勞動的前提下，用人單位依法應支付的最低勞動報酬。最低工資標準分為月最低工資標準和小時最低工資標準。月最低工資標準適用於全日制就業勞動者，小時最低工資標準適用於非全日制就業勞動者。最低工資標準的制定與員工的福利密切相關，尤其對於薪資水準相對較低而又經常加班的製造業工人來說。

因為大陸各地區經濟發展水準存在差異，全國實行統一的最低工資標準顯然不合理，所以各省、自治區、直轄市的最低工資標準可以根據當地情況的不同，由各省、自治區、直轄市人民政府勞動保障行政部門會同同級工會、企業聯合會／企業家協會研究擬訂，並將擬訂的方案報送勞動保障部。勞動保障部對方案可以提出修訂意見，若在方案收到後十四日內未提出修訂意見的，視為同意。同時省、自治區、直轄市勞動保障行政部門應將本地區最低工資標準方案報省、自治區、直轄市人民政府批准，並在批准後七日內，在當地政府公報和至少一種全地區性報紙上發布。省、自治區、直轄市勞動保障行政部門應在發布後十日內，將最低工資標準報勞動保障部。

在實務中，各地通常每年都會根據當地的經濟發展情況調整最低工資標準。各地制定最低工資標準時，應密切結合當地的經濟發展情況，像上海、北京等城市，最低工資標準並不分區制定，而是實行統一標準，但像江蘇這種省內各市經濟發展水準差距較大的省份來說，會根據各地的實際情況制定不同的工資標準。

最低工資標準在計算的時候，應剔除延長工作時間工資和中班、夜班、高溫、低溫、井下、有毒有害等特殊工作環境、條件下的

津貼，以及法律、法規和國家規定的勞動者福利待遇等。

　　至於最低工資是否應包含社會保險中應由個人繳納的部分，各地規定有所差異，根據上海市人力資源和社會保障局《關於調整上海市最低工資標準的通知》（滬人社綜發[2012]18號）規定，上海市從2012年4月1日起調整最低工資標準，從1,280元調整為1,450元。下列項目不做為月最低工資的組成部分，單位應按規定另行支付：（1）延長法定工作時間的工資；（2）中班、夜班、高溫、低溫、井下、有毒有害等特殊工作環境、條件下的津貼；（3）個人依法繳納的社會保險費和住房公積金；（4）伙食補貼（飯貼）、上下班交通費補貼、住房補貼。

　　而根據江蘇省人力資源和社會保障廳於2010年1月22日頒布的最低工資標準規定（蘇人社發[2010]35號）的規定，只規定了最低工資標準，不包括加班加點的工資，和中班、夜班、高溫、低溫、井下、有毒有害等特殊工作環境、條件下的津貼，法律法規和國家規定的勞動者福利待遇，以及個人按下限繳存的住房公積金，並未規定不包含個人依法繳納的社會保險費，而該標準公布後，江蘇各媒體也做出了江蘇省最低工資標準可包含個人依法繳納的社會保險費的報導。

【68】工資的計算期間及發放

　　工資是指用人單位依據勞動合同的規定，以各種形式支付給勞動者的勞動報酬。工資的計算週期通常以月為單位，但根據員工的工作性質及勞動合同的約定，實行週、日、小時工資制的崗位也可按週、日、小時支付工資，而對完成一次性臨時勞動或某項具體工作的勞動者，用人單位應按有關協議或合同規定，在其完成勞動任務後即支付工資。

　　根據大陸勞動與社會保障部2008年頒布的《關於職工全年月平均工作時間和工資折算問題的通知》規定，每年的工作日為「365天－104天（休息日）－11天（法定節假日）=250天」，而每季的工作日為「250天÷4季=62.5天」，每月工作日為「250天÷12月=20.83天」。但根據《勞動法》第五十一條的規定，法定節假日用人單位應當依法支付工資，所以折算日工資、小時工資時，不剔除國家規定的十一天法定節假日。所以日工資=月工資收入÷月計薪天數，而小時工資=月工資收入÷（月計薪天數×8小時），月計薪天數並非為20.83天，而為「（365天－104天）÷12月=21.75天」。

　　工資的計算週期，因實行工時制度的不同而有所不同。實行標準工時制的企業，工資按照實際出勤時間計算即可。實行不定時工時制的企業，員工按照企業規定完成工作任務，並未發生缺勤曠工的情況下，工資也應按照員工每天正常出勤計算。但如因工作需要，企業安排員工平時延長工作時間或休息日工作的，只要能夠保證每週至少讓員工休息一天，均不需要再額外計算加班費，只有在法定節假日安排員工工作的，才須按照工資的三倍計算員工的加班工資。實行綜合計算工時制的企業，在計算員工工資時，應考慮員工的工作週期。如申請在夏季的三個月內實行綜合計算工時制，則雖然員工每天的工作時間可能少於或大於八小時，但三個月的總計工作時間應不超過

四百八十小時（40小時×4週×3月，也可按20.83天×8小時×3個月計算），否則企業須按照工資的一・五倍計算員工的加班工資。如工作時間恰逢法定節假日的，應按照工資的三倍計算員工的加班工資。

　　用人單位向員工支付工資時，應當以法定貨幣支付，不得以實物及有價證券替代貨幣支付，並應將工資以現金或銀行轉帳方式支付給勞動者本人。如勞動者本人因故不能領取工資時，可由其親屬或委託他人代領。工資必須在用人單位與勞動者約定的日期支付，但每月至少支付一次，實行週、日、小時工資制的可按週、日、小時支付工資，如遇節假日或休息日，則應提前在最近的工作日支付。對完成一次性臨時勞動或某項具體工作的勞動者，用人單位應按有關協議或合同規定，在其完成勞動任務後即支付工資。

　　按照法律規定，用人單位必須書面記錄支付勞動者工資的數額、時間、領取者的姓名以及簽字，並保存兩年以上備查。用人單位拖欠支付工資或無故扣薪的，勞動者可以此為由要求解除勞動合同，並要求企業支付經濟補償金。但也有例外，江蘇省有的地方法院認為，如果因為企業計算錯誤導致少付薪資的，勞動者不得以此為由解除合同主張經濟補償金，且1000元人民幣以內的可作為計算錯誤的認定標準。在勞動關係雙方依法解除或終止勞動合同時，用人單位也應在解除或終止勞動合同時一次付清勞動者工資。有的企業以勞動者沒有完成交接為由，暫不付清薪資是錯誤的做法。這種情況下，按法律規定，可以暫時不予支付的是經濟補償金，而不是薪資。

【69】不同工資計算方式比較分析

　　根據《勞動法》及其相關規定，企業可採用計時制的工資計算方式或計件制的工資計算方式。所謂計時工資，是指按照勞動者的工作時間來計算工資的方式。計時工資可分為：月工資制、日工資制和小時工資制。所謂計件工資，則是指按照合格產品的數量和預先規定的計件單位來計算工資的方式。它不直接用勞動時間來計量勞動報酬，而是用一定時間內的勞動成果來計算勞動報酬。

一、計時制

　　對於採用計時制的員工，企業一般都是按月計算其勞動報酬，根據大陸《關於職工全年月平均工作時間和工資折算問題的通知》的規定，員工全年月平均制度工作天數為：

　　年工作日：365天－104天（休息日）－11天（法定節假日）＝
　　　　　　　250天

　　月工作日：250天÷12月＝20.83天

　　同時，按照《勞動法》第五十一條的規定，法定節假日用人單位應當依法支付工資，即折算日工資、小時工資時，不剔除國家規定的十一天法定節假日。據此，員工的月計薪天數＝（365天－104天）÷12月＝21.75天；則日工資、小時工資的折算標準為：

　　日工資：月工資收入÷月計薪天數

　　小時工資：月工資收入÷（月計薪天數×8小時）

　　因此，如計算員工請假工資扣減以及加班費等，其扣減的小時工資即應按照其月工資除以21.75日再除以8小時計算。

二、計件制

　　對於採用計件工資制的員工，計件工資可分個人計件工資和集

體計件工資。個人計件工資適用於個人能單獨操作而且能夠制定個人勞動定額的工種；集體計件工資適用於工藝過程要求集體完成，不能直接計算個人完成合格產品的數量的工種。

　　個人計件工資計算的主要依據是計件單價，即工人完成每一件產品的工資額。一般按各該等級工人的日（小時）工資率除日（小時）產量來確定，計算公式如下：

計件單價＝某等級工人的日（小時）工資標準÷日（小時）產量定額

　　若按工時定額計算計件單價，計算公式為：

計件單價＝某等級工人的日（小時）工資標準×單位產品的工時定額

　　集體計件相對比較複雜，對於一個相對的班組而言，其整個班組的工資計算方式同上，計算出整個班組的工資後，一般班組的組長會根據班組成員對班組的工作量的貢獻，按一定的計算標準對班組的工資進行分配。

　　採用計件工資制的員工在正常工作時間以外時間工作的，也應支付加班費。實行計件的工資支付方式在計算加班費的時候，首先要確定勞動定額，勞動定額原則上是指：本單位同崗位的70％以上的勞動者在法定工作時間（每天八小時、每週五天）能夠完成的工作數量。勞動者完成勞動定額以後，在正常工作時間以外的時間工作的，也應該分別按照150％、200％、300％的標準支付加班費。

　　最後，目前很多企業實行年薪制，實際上，年薪制屬於計時制工資的一種特殊形式。按照相關法律的規定，工資的支付週期不能超過一個月，所以即便是實行年薪制的企業，也要保證每月支付一定的報酬給員工，以保證其日常的生活。另外，需要特別說明的是，按目前一些地方的法規規定（如江蘇省），對於企業中實行年薪制的管理人員，如果企業與員工在合同中明確約定實行責任制，且不另行計算加班時間和加班費的，法院會結合實際情況予以支持。因此，企業如果靈活運用年薪制，就可以達到節約加班工資，降低用人成本的目的。

【70】固定工資與彈性工資

　　所謂工資，是指用人單位依據國家有關規定和勞動關係雙方的約定，以貨幣形式支付給員工的勞動報酬。根據有關規定，工資總額主要由以下六部分組成，具體為：（1）計時工資；（2）計件工資；（3）獎金；（4）津貼和補貼；（5）加班加點工資；（6）特殊情況下支付的工資。合理設置企業的工資結構，不但可以適當的激勵員工、提高企業的競爭力，而且還可以通過事前的約定，降低企業用人成本。

　　對一個企業而言，合理的工資結構應包括固定工資和彈性工資兩部分，所謂的固定工資，應該是在員工保證了正常出勤的情況下，能夠拿到的數額固定的報酬，如員工的底薪（基本薪資）、崗位津貼、職務津貼等，企業根據各崗位社會平均工資水準及員工的職務、經驗、能力、資格等因素確定的工資部分，都可以視為員工的固定工資；而彈性工資，則是企業根據員工在工作中的表現、態度、達到的業績以及公司經營狀況發放給員工的。工資中金額不固定的部分，如計件工資、績效獎金、全勤獎、年終獎金等，都應屬於彈性工資，加班工資也應屬於彈性工資。企業在規劃員工的工資結構時，應注意如下事項：

一、適當劃分固定工資的構成以確定員工加班費、假期工資等的計算基數

　　各個地方法規或實務對員工的加班費、假期工資計算基數的規定不盡相同。一些地方，會允許計算基數由公司和員工自主約定，此時，企業一般會與員工約定以固定工資部分作為計算基數。另外，如針對特定崗位或職務才有的津貼部分，也都可以約定不作為計算基數的組成部分。

二、績效獎金等可在計算病假工資、工傷工資時扣除

法律規定，員工的病假工資應根據員工正常情況下實得工資的一定比例計算，而員工工傷的，其停工留薪期的福利待遇不變，但針對員工的某種必須達到一定的績效或完成某種工作成果才能夠得到的獎金，在計算病假工資和工傷停工留薪期工資時是可以剔除的，但針對工傷停工留薪期的工資，也有一種觀點認為，立法的原則是為了保障員工在工傷期間的收入與未受傷時一樣，所以對工傷期間的績效獎金，也應該比照其日常的工資領取情況確定，如某項績效獎金的標準是只要這個員工上班就可以達到的，該績效獎金在停工留薪期也應該發放給員工。

三、年終獎金應約定清楚發放的條件

年終獎金分為兩類，有些企業約定員工年終雙薪或員工每年可享受十四個月的工資等。從目前的司法實踐中，這種年終獎金一般會被認定為屬於固定工資部分，即便員工提前離職的，也應該按比例折算後支付。因此，企業在規定年終獎金時，一定要注明清楚根據公司盈利情況及員工年度工作表現發放，公司有權利自行決定是否發放年終獎金及年終獎金的發放時間、發放比例及發放範圍，以免該年終獎金被認定為固定工資。

四、注意將一些補貼類的工資轉變為經營費用

例如企業若將伙食津貼每月直接支付給個人，則必須計入工資總額，而如果企業提供免費午餐，則可從「集體福利費」列支而不必計入工資總額。同樣的，可以將上下班交通補貼用提供免費班車或無價值乘車證或直接報銷等方法解決。對於手機費等費用支出的補貼可以採取直接報銷的方式解決。由此降低員工的工資總額計算標準。

【71】停薪、扣薪、降薪注意事項

　　停薪，係指在符合一定條件的情況下，停發員工的工資。一般情況下，員工請事假、缺勤曠工等未在工作日正常上班的，公司可停發其未正常上班時的工資；扣薪，也可以理解為公司對員工的罰款，一般都是在員工違反了公司的規章制度時，公司給予處罰的一種；降薪，即降低員工的工資。通常，企業決定降薪的原因有兩種，一是公司在一特定時期內採取的降低企業人力資源成本的措施，如經濟危機、經營狀況惡劣等。另一種則是針對違紀員工的經濟性處罰，是對嚴重違反公司管理制度且仍須保留崗位和職務的人員的一種處罰措施。

　　對絕大多數員工來說，獲取勞動報酬無疑是其為公司提供服務的最主要目的，員工對其工資變化的反應也是最敏感的。因此，無論是停薪、扣薪還是降薪，由於涉及到員工的根本利益，公司在處理這類問題時，也最應該慎重對待，否則很容易引起糾紛。簡單說，公司決定對員工停薪、扣薪或降薪時，應把握兩個原則，首先要保證自己的行為有充分的法律依據，即公司的行為要符合有關法律法規的規定，對法律法規沒有明確或詳細規定的情況，則要符合公司制定、生效並已經向員工公示過的規章制度；其次，公司還要注意對相關事實證據的保留，在對員工做出停薪、扣薪或降薪的決定前，應盡量要求員工對事實情況進行確認（如要求員工出具檢討書等），員工拒不配合的情況下，要盡量想辦法通過錄音錄影等形式將證據固定。

　　在處理員工停薪、扣薪或降薪事宜時，還有如下細節應注意：

一、關於與員工協商停薪留職的情況

　　經常會有員工與公司協商，希望可以停薪留職一段時間以處理其個人事務等。從法律上，停薪留職應視為員工請長期事假的行為。

因此在這種情況下，公司與員工的勞動關係仍然是保留的，則公司仍須為員工繳納社保，但費用可以約定由員工自行承擔。停薪留職實際是勞動合同履行方式的變更，公司應與員工簽署「停薪留職協議」，對雙方權利義務進行明確約定。此外，如停薪留職的時間超過勞動合同期限的，公司還應就勞動合同到期後的情況提前進行約定。

二、關於曠工扣發多倍工資

公司在員工請事假或曠工的情況下停發員工薪水是很正常的，除非是員工對其曠工的事實有意見，否則不會產生爭議。另外，對員工曠工的，一些公司會規定扣發曠工員工的多倍工資，這就要求公司的規章制度對此有明確的約定，同時必須注意經濟處罰的力度要保障員工正常生活，扣發金額不能超過其當月工資的20％。

三、公司降低員工薪資原則上應經員工同意

員工的工資數額是「勞動合同」的主要條款之一，因此從法律上來講，公司降低員工薪資屬於變更勞動合同的情況，應事先取得員工的同意。不過，如果公司的規章制度中明確規定，如員工違反公司制度將被處以降職處罰，或將被調整工作崗位的，且公司根據不同的職等職級和崗位，有相對應的工資標準，員工也認可前述規定的，則發生上述情況，可對員工工資進行相應的調整。

【72】加班工資的基數及計算

　　所謂加班工資基數，即計算加班工資所依據的基礎工資標準，按照大陸《勞動法》的規定也就是勞動者「正常工作時間的工資標準」。根據《勞動法》的相關規定，安排員工加班的，應當按照高於正常工作時間的工資標準支付加班工資，具體為：安排勞動者延長工作時間的，支付不低於工資的150％的工資報酬；休息日安排勞動者工作又不能安排補休的，支付不低於工資的200％的工資報酬；法定休假日安排勞動者工作的，支付不低於工資的300％的工資報酬。

　　雖然《勞動法》對用人單位安排勞動者加班應當按照正常工作時間的工資標準支付超額加班工資做出了規定，但是對加班工資的計算基數卻沒有做出明確的規定。為了解決這一問題，許多地方人民政府均在其地方性法規中，針對加班工資基數的認定及計算標準做出規定，由於沒有一個統一的全國性標準，這也導致了不同地區對員工加班工資的計算方式及標準的規定，存在很大差異，具體分析如下：

　　1、《上海市企業工資支付辦法》規定：「加班工資的計算基數按以下原則確定：（一）勞動合同有約定的，按不低於勞動合同約定的勞動者本人所在崗位（職位）相對應的工資標準確定。集體合同（工資集體協議）確定的標準高於勞動合同約定標準的，按集體合同（工資集體協議）標準確定。（二）勞動合同、集體合同均未約定的，可由用人單位與職工代表通過工資集體協商確定，協商結果應簽訂工資集體協議。（三）用人單位與勞動者無任何約定的，假期工資的計算基數統一按勞動者本人所在崗位（職位）正常出勤的月工資的70％確定」。

　　2、《江蘇省工資支付條例》第六十四條規定：「本條例第二十條用於計算勞動者加班加點工資的標準……按照下列原則確定：（一）用人單位與勞動者雙方有約定的，從其約定；（二）雙方沒有

約定的，或者雙方的約定標準低於集體合同或者本單位工資支付制度標準的，按照集體合同或者本單位工資支付制度執行；（三）前兩項無法確定工資標準的，按照勞動者前十二個月平均工資計算，其中勞動者實際工作時間不滿十二個月的，按照實際月平均工資計算。」

3、《廣東省高級人民法院、廣東省勞動爭議仲裁委員會關於適用「勞動爭議調解仲裁法」、「勞動合同法」若干問題的指導意見》規定：勞動者加班工資計算基數為正常工作時間工資。用人單位與勞動者約定獎金、津貼、補貼等項目不屬於正常工作時間工資的，從其約定。但約定的正常工作時間工資低於當地最低工資標準的除外。

由上述可以看出，儘管各地的標準不一，但通常以尊重勞動者與用人單位的合意為原則，若勞動者與用人單位就加班工資計算基數有約定的，通常以雙方的約定為準，同時，集體合同、公司規章制度的規定對加班費的計算標準，也有不同程度的影響，就此，企業實踐中應注意如下事項：

1、一般情況下，地方政府對加班工資的計算標準都有相應的規定，企業應注意收集該方面的資訊，按法律的規定規劃自身員工的加班費計算標準。

2、在當地政策允許的情況下，企業應與員工在「勞動合同」中明確約定加班費的計算基數，甚至在江蘇省可以約定最低工資作為加班費的計算基數，並建議最好同時在企業的規章制度、集體合同中，對加班費的計算基數做同樣的規定。

【73】特殊崗位人員的加班費計算

根據大陸《勞動法》的規定，企業安排員工加班應支付加班費，但是，對於一些特殊崗位的員工，如公司的司機、銷售人員等，其工作的時間不固定，如果仍按照標準工時制來認定其工作時間，並由此計算其加班工資的話，顯然是不合理的，因此，針對該部分人員的加班費計算，法律另有特別的規定：

一、司機、推銷人員等可適用不定時工時制的員工 的加班費計算

所謂不定時工時制，係指因工作性質、特點或工作職責的限制，無法按標準工作時間衡量或是需要機動作業的職工所採用的，勞動者每一工作日沒有固定的上下班時間限制的工作時間制度。不定時工時制是針對如司機、庫管這種工作時間長，但勞動強度與工作時間明顯不一致的；或者長期處於等待狀態且等待期間有休息場所可以休息的崗位人員，或企業高級管理人員、推銷人員、外勤人員等工作時間不固定，不受公司考勤制度管理，可自由調配時間的崗位人員施行的一種工作制度，實踐中，適用不定時工時制的人員是沒有加班費的，公司應採用集中工作、集中休息、輪休調休、彈性工作時間等適當方式，確保職工的休息休假權利。

另外需要說明的是，企業實行不定時工時制需要事先獲得地方相關勞動保障部門的批准，但是，對上述符合不定時工時制特徵的崗位人員，企業沒有申請不定時工時制時該如何認定其加班費呢？對此，各地法院判決標準則不盡相同，如江蘇省高院在其公布的《關於審理勞動爭議案件的指導意見》中規定：用人單位主張由於勞動者工作性質、工作崗位的特點，無法對其實行標準工時制度，而實行不定

時工作制或綜合計算工時工作制，但用人單位未依法履行審批手續的，仍然應當認定其實行標準工時工作制。但勞動者的工作崗位具有不定時工作制或綜合計算工時工作制的特點、依據標準工時計算加班工資明顯不合理，或者工作時間無法根據標準工時進行計算，或者其上級單位、行業主管部門已辦理了相應崗位、工種的不定時工作制或綜合計算工時工作制審批手續的，可以根據實際情況酌情計算勞動者加班工資。而就一些沒有類似規定的地區，沒有申請不定時工時制的，則一般只能按照標準工時制計算加班費。

二、高級管理人員的加班費計算

高級管理人員也是符合不定時工時制的崗位人員之一，不過，不同地區對高級管理人員的認定標準並不統一，按《公司法》的規定，企業的高級管理人員包括公司的總經理、副總經理、財務負責人以及公司在章程中明確約定的屬於高級管理人員範圍的崗位人員，因此，如上海等一些地區，通常都嚴格按照公司法的標準認定企業高級管理人員，而江蘇等地，在審查不定時工時制時，對高級管理人員的界定相對寬鬆，甚至在2008年下半年經濟危機的背景下，出現過企業科長級以上人員全部被認定為高級管理人員，而施行不定時工時制的案例。

三、可適用綜合工時制員工的加班費計算

所謂綜合工時制，係指企業因生產特點不能實行標準工時制度，須連續作業或受季節及自然條件限制的企業部分職工，可採用以週、月、季、年等為週期綜合計算工作時間的一種工時制度，但其平均日工作時間和平均週工作時間應與法定標準工作時間基本相同。一般實行綜合計算工時工作制適用於企業在生產線上工作的一線員工，需要說明的是，實行綜合計算工時工作制的員工同樣是需要支付加班

費的。對同一週期內，員工的工作時間超過標準工時總數的部分，企業同樣是要支付加班費的，只不過綜合計算工時工作制的員工沒有休息日的概念，除法定節假日加班的，其餘時間的加班一律按員工標準工資的一‧五倍計算加班費；法定節假日加班的，則按標準工資的三倍計算加班費。

【74】如何規範加班制度

　　企業規章制度的健全與否直接決定著企業的生存和發展，一個健全的企業應宣導員工自覺、敬業，工作有目標、有計畫，日清日畢、日事日交。不過在實務中，任何一個企業都很難達到完全不需員工加班工作的理想狀態。尤其是當今社會競爭激烈，生活和工作節奏都很快，在很多企業中，員工加班已經成為一種常態。在這種情況下，確立良好的加班制度，不但可以規範公司的生產經營活動、規範公司經營秩序，還可以降低用人成本，提高公司的綜合競爭力。

一、規範的加班制度應符合國家法律的規定

　　按相關法律規定，公司根據工作需要，可以要求員工在工作日延長工作時間，在規定的休息日、節假日上班。但員工加班的時數不能超過法定的限制，即一般員工加班每日不得超過一小時；因特殊原因需要延長工作時間的，在保障員工身體健康的條件下，延長工作時間每日不得超過三小時，每月不得超過三十六小時。不過，當發生不可避免的火災或災害等特殊情況時，公司可以在規定的工作時間外安排員工工作，員工接到通知後應立即上班或堅守崗位。

　　另外，如果公司申請了不定時工作制和綜合計算工時工作制的話，對施行不定時工作制的員工，只要在保證其有充分的休息時間的前提下，公司可以安排員工在工作日以外的時間上班而不計算為加班；對施行綜合計算工時工作制的員工，儘管在綜合計算公司工作制規定的週期內，員工加班的總量不可以超過標準工時制的加班總量，但公司可不受每日最多三小時，每月最多三十六個小時的限制。

二、要建立標準的加班申請制度

　　公司給員工安排的工作任務，原則上員工應在正常的工作時間

內完成，員工無法完成工作指標需要加班的，應事先申請並得到主管
書面批准。特別是針對一些上下班打卡的公司來說，員工打卡的時間
晚於工作時間，並不代表這段時間內員工都在加班，因此，一般公司
都會規定，員工加班時間以經公司審核確認後的加班單為準，不以打
卡時間為準，但加班單顯示的加班時間大於打卡時間的，以打卡時間
為準。

　　另外，為保護公司的利益，建議員工申請加班要有書面的申請
單，且該申請單應由員工簽字後逐級報送領導批准。對於一些員工眾
多、加班時數多的大型生產性企業，讓員工每一次加班都簽字確認，
在操作上可能會有一些難度，但公司至少要保證每個月做一次員工的
考勤統計，並要求員工核對，簽字確認其當月的加班時數。

三、要合理規定加班後的待遇

　　對於雙休日員工加班的，公司可以安排員工相應的調休，也可
以按照法定標準向員工支付加班費，對於一些相對寬鬆的工作崗位，
公司可以調休為主，但同時公司應對調休的時間等有明確的限制，如
規定員工必須在加班後多少日內調休，否則視為放棄，以及調休時間
不能累計計算、調休的時間最多不能超過多少天等，以避免員工調休
的時間太長影響工作。目前法律規定雙休日加班是優先考慮調休，故
在其他時間加班，如果要調休的話，需要員工自願。

【75】假期工資的基數及計算

　　根據大陸《勞動法》的規定，勞動者的假期分為有薪假與無薪假兩種，如事假或企業因為停水停電等客觀原因無法生產而放假的，都是屬於無薪休假。另外，如婚喪假、產假、病假、帶薪年休假等，則都是法律規定的勞動者可以依法享有的帶薪休假。

　　根據法律規定，不同性質的休假，員工享受的薪資待遇也不盡相同。如針對婚假、喪假、探親假及公假（即員工參加由法律、法規規定的選舉及參加人民代表大會等國家活動，參加捐血，送子女參軍，參加勞動模範及先進工作者表彰會議等時，公司根據規定給予必要時間的有薪休假），員工可依照其日常的日工資標準享受其薪資待遇，根據《關於職工全年月平均時間和工資折算問題的通知》等的規定，員工的計薪天數為二十一‧七五天，則其日工資即為月工資收入÷月計薪天數。其中，需要特別說明的是，儘管各地的規定不盡相同，但一般地方都會規定，企業與員工可以約定日工資計算公式中員工的月工資收入標準。而如果企業與員工之間沒有就月工資標準進行約定的，一般都按該員工前十二個月工資的平均值作為計算標準〔但按上海市的規定，如果企業與員工沒有就月工資標準進行約定的，月工資標準按勞動者本人所在崗位（職位）正常出勤的月工資的70％確定〕。

　　當然，並非全部的休假都是按照上述規定計算薪資待遇，如女職工產假期間，其工資待遇應照常發放，但該等款項最終應由社保基金承擔，同時，依照相關規定，社保基金核發女職工工資的標準即為其繳納社保的基數，如果女職工的月工資高於其所在地社保繳納基數上限的，則只能按照社保繳納基數的上限金額領取產假工資。

　　對於員工的病假工資，法律規定計算方式相對複雜，須根據員工的實際工齡確定，不同地區，員工的病假工資待遇不盡相同，例如

上海市的規定，員工在醫療期內的工資待遇如下：

1、職工疾病或非因工負傷連續休假在六個月以內的，企業應按下列標準支付疾病休假工資：（1）連續工齡不滿二年的，按本人工資的60％計發；（2）連續工齡滿二年不滿四年的，按本人工資的70％計發；（3）連續工齡滿四年不滿六年的，按本人工資的80％計發；（4）連續工齡滿六年不滿八年的，按本人工資的90％計發；（5）連續工齡滿八年及以上的，按本人工資的100％計發。

2、職工疾病或非因工負傷連續休假超過六個月的，企業應按下列標準支付疾病救濟費：（1）連續工齡不滿一年的，按本人工資的40％計發；（2）連續工齡滿一年不滿三年的，按本人工資的50％計發；（3）連續工齡滿三年及以上的，按本人工資的60％計發。

同時，按照以上標準計算出來的病假工資，不得低於當地最低工資標準的80％

最後，對員工請帶薪年休假的，公司應根據與員工約定的日工資標準支付其年假的工資。但是，如員工因工作原因，沒有享受到年休假待遇的，在折算員工工資時，應依法按照員工日工資標準的三倍支付年休假工資報酬。

【76】年休假規定及薪資支付分析

　　根據大陸2007年12月7日公布的《職工帶薪年休假條例》，員工連續工作一年以上的，享受帶薪年休假，員工在年休假期間享受與正常工作期間相同的工資收入。員工累計工作年限已滿一年不滿十年的，帶薪年休假為五天；已滿十年不滿二十年的，年休假為十天；已滿二十年的，年休假為十五天。該等年休假的規定是法律強制性的規定，公司必須保證符合休假條件的員工享受依法休假的權利，否則，根據相關法律的規定，由縣級以上地方人民政府勞動保障部門依據職權責令限期改正；對逾期不改正的，除責令該公司支付年休假工資報酬外，公司還應當按照年休假工資報酬的數額向員工加付賠償金。

　　公司在制定年休假制度時應注意如下事項：

一、明確年休假的計算方式

　　年休假的年度計算期間為每年西曆的1月1日到12月31日，對於年中進入公司的員工當年度年休假天數，按照到職後剩餘日曆天數折算確定，折算後不足一整天的部分不享受年休假。

　　具體折算方法為：（當年度在本單位剩餘日曆天數÷365天）×員工本人全年應當享受的年休假天數。

　　另外，因為法律規定對員工應休未休的年休假天數，公司應當按照該員工日工資收入的300％支付年休假工資報酬。為防止有些員工故意不休年休假而要求三倍工資，一般公司都會規定，員工的病假、事假可折抵帶薪年休假，即便真的因為個人原因無法休完當年的年休假，也應有公司安排其休假但其拒絕休假的證明。

二、年休假的安排

　　為保障員工年休假順利進行，公司可以規定：年休假應在不妨

礙生產工作及公司經營運作原則下，由公司與員工協商後確定具體休假日期，年休假必須在當年度內休完，不得累計。年休假未休完之前不得申請事假，應先請休年休假，對於未按規定先請休年休假的，公司可以將員工已休事假沖抵年休假。每年公司應安排部門主管審視整理本部門員工年休假請休情況，對未請休年休假天數超過半數以上的員工，應與其討論年休假排休時間，並在排休日前三日，發予員工「休假通知單」令其休假。公司通知員工休假，而本人不予休假的，視為員工本人放棄年休假一切權益，但需員工簽字確認。

休假中的員工，如因工作需要，公司可以隨時要求其銷假工作，等工作完畢公務較閒時，補足其應休年假。但是如果確實因工作需要，致使當年休假無法使用者，可根據相關法律的規定按未休日數，年終結算現金。

三、年休假期間的工資待遇

員工在年休假期間享受與正常工作期間相同的工資收入。計算年休假期間工資及未休年休假工資報酬的日工資收入的，應按照員工本人的月工資除以月計薪天數（二十一・七五天）進行折算。其中，所謂月工資，係指員工在公司支付其未休年休假工資報酬前十二個月剔除加班工資後的月平均工資。在本用人單位工作時間不滿十二個月的，按實際月份計算月平均工資。同時，實行計件工資、提成工資或者其他績效工資制的員工，日工資收入的計發辦法亦同。

四、不享受年休假的情況

員工在下列情況下不享受年休假：

1、員工依法享受寒暑假，其休假天數多於年休假天數的。

2、員工請事假累計二十天以上且單位按照規定不扣工資的。

3、累計工作滿一年、但是不滿十年的員工，請病假累計二個月

以上的。

4、累計工作滿十年、但是不滿二十年的員工，請病假累計三個月以上的。

5、累計工作滿二十年以上的員工，請病假累計四個月以上的。

【77】醫療期規定及薪資支付分析

所謂醫療期，是指企業職工因患病或非因公負傷停止工作治病休息不得解除勞動合同的時限。根據大陸相關法規的規定，員工依法可以享受因病或非因公負傷而停工醫療的醫療期。醫療期內，企業應按照法律規定的標準向員工支付醫療期的工資，同時，員工無重大違法違紀或其他法定理由外，企業不得解除員工的勞動合同；醫療期滿如員工仍未痊癒或無法再適用原工作的，企業提前三十天通知或支付一個月的代通知金後，可單方解除與員工的勞動合同，且須依法支付經濟補償金。同時，根據《違反和解除勞動合同的經濟補償辦法》等法規的規定，公司還須向員工支付相應的醫療補助費。

為了保障職工病休期間應得的福利，對於員工醫療期的具體時間以及員工在醫療期內的工資待遇，相關法律法規均有明確規定：

首先，不同工齡的員工所享受的醫療期的期限不同，根據勞動部《關於發布「企業職工患病或非因工負傷醫療期的規定」的通知》（勞部發[1994]479號）第三條，企業職工因患病或非因工負傷，需要停止工作治療時，根據本人實際參加工作年限和在本單位工作年限，給予三個月到二十四個月的醫療期，具體為：（1）實際工作年限十年以下的，在本單位工作年限五年以下的為三個月；五年以上的為六個月。（2）實際工作年限十年以上的，在本單位工作年限五年以下的為六個月，五年以上十年以下的為九個月；十年以上十五年以下的為十二個月；十五年以上二十年以下的為十八個月；二十年以上的為二十四個月，同時，對某些患特殊疾病（如癌症、精神病、癱瘓等）的職工，在二十四個月內尚不能痊癒的，經企業和當地勞動部門批准，可以適當延長醫療期。

同時，按相關規定，員工醫療期三個月的，按六個月內累計病休時間計算；六個月的，按十二個月內累計病休時間計算；九個月

的，按十五個月內累計病休時間計算；十二個月的，按十八個月內累計病休時間計算；十八個月的，按二十四個月內累計病休時間計算；二十四個月的，按三十個月內累計病休時間計算。醫療期計算應從病休第一天開始，累計計算，例如：享受三個月醫療期的職工，如果從2010年6月5日起第一次病休，那麼該職工的醫療期應在6月5日至12月5日之間確定，在此期間累計病休三個月即視為醫療期滿，其他依此類推。

最後，對員工在醫療期內的工資待遇，不同地方的規定則不盡相同，例如前文提到上海市的規定，是按照病假是否超過六個月，及工作年限長短劃分不同的計發比例。另外，病假工資的上限是上海市上年度月平均工資，下限是當年上海市企業職工最低工資標準的80%及本企業月平均工資40%（以其中較高的為準）。而如江蘇等地，對醫療期內員工的工資待遇則沒有明確的規定，醫療期內的員工工資只要不低於法律規定的最低標準即可，也即不低於當地最低工資標準的80％。

【78】事假規定及薪資支付分析

　　所謂事假，係指員工因為個人私事向單位請休的假期。由於事假並非公事，而且也不是國家規定的帶福利性質的假期，所以事假通常是無薪的。

　　那麼，如何扣除員工事假期間的工資呢？關鍵在於日工資標準如何確定。一旦確定了日工資標準，只需要將日工資乘以事假天數即可得到扣除金額。根據國家人力資源和社會保障部2008年發布的《關於職工全年月平均工作時間和工資折算問題的通知》第二條的內容：

　　按照《勞動法》第五十一條的規定，法定節假日用人單位應當依法支付工資，即折算日工資、小時工資時不剔除國家規定的十一天法定節假日。據此，日工資、小時工資的折算為：

　　日工資：月工資收入÷月計薪天數

　　小時工資：月工資收入÷（月計薪天數×8小時）。

　　月計薪天數＝（365天－104天）÷12月＝21.75天

　　因此，一般來說，員工事假期間工資的扣除即應為月工資收入/21.75×事假天數，這裡的月工資收入應與其計算加班費，其他假期工資等的月工資標準相一致（有約定的從約定，沒有約定且公司規章制度等都沒有規定的，以前十二個月的平均工資為準）。

　　但是，需要說明的是，如《上海市企業工資支付辦法》等一些地方文件中，對於事假的日工資計算規定與前述規定有所不同，如《上海市企業工資支付辦法》第十四條規定：「在制度工作日內請病、事假等的日工資計算：按本辦法第九條原則確定的計算基數，除以發生當月的計薪日。計薪日是指國家規定的制度工作日加法定休假日。」

　　事實上，這兩種演算法都是有相對應的法律依據的，不論哪種

做法都不會違反現行的規定，而且在各地通常都是以地方性規定為準，不過，第二種做法的缺點是，每月的計薪日不一致，當工作日少的月份請事假扣除的工資會比工作日多的月份多，而在工作日多的月份請事假就相對划算。而如果採用第一種做法，則可能存在當員工在7、8月這樣工作日較多的月份請很多事假時，其工資可能不夠扣，而在2、10月這樣國定假較多的月份請全月事假，即使排除國定假薪水，員工不用上班也會有工資。在這種情況下，一般會認為，因為如員工事假較多，應扣的工資超過了當月可得工資，說明員工請的事假佔用了其他月份的平均工作日，所以不夠扣的部分可以在未來月份工資內補扣。而工資有剩餘的情況則說明這些剩餘是工作日較多的月份分配給這個月的，確實是其應得的工資，還是應該將工資發給員工的。

　　最後，公司在制定有關事假的制度時，還應注意，事假並非法定假日，公司有權自主決定是否給予員工事假及事假的期限，一般情況下，公司都會規定員工年度內事假累計不得超過一定的天數，另外，為鼓勵員工請休年休假，公司也可以規定，員工在法定的帶薪年休假休完之前，不得申請事假。

【79】女職工「三期」規定及薪資支付分析

所謂女職工的「三期」，係指女職工的孕期、產假期及哺乳期。根據大陸《勞動合同法》、《女職工勞動保護特別規定》等法律法規的規定，處於「三期」內的女職工的合法權益受法律的特殊保護，具體地說，法律主要從如下幾個方面，對處於「三期」之間的女職工進行保護：

一、關於「三期」期間工作量的規定

根據相關法律的規定，企業不得安排「三期」期間的女職工從事體力勞動強度過大的勞動和孕期禁忌從事的勞動，具體講，根據《勞動法》第六十一條規定：「不得安排女職工在懷孕期間從事國家規定的第三級體力勞動強度的勞動和孕期禁忌從事的勞動。對懷孕七個月以上的女職工，不得安排其延長工作時間和夜班勞動。」根據《女職工勞動保護特別規定》第四條、第六條第二款、第九條第一款規定：「用人單位應當遵守女職工禁忌從事的勞動範圍的規定。用人單位應當將本單位屬於女職工禁忌從事的勞動範圍的崗位書面告知女職工。女職工禁忌從事的勞動範圍由本規定附錄列示。國務院安全生產監督管理部門會同國務院人力資源社會保障行政部門、國務院衛生行政部門，根據經濟社會發展情況，對女職工禁忌從事的勞動範圍進行調整。對懷孕七個月以上的女職工，用人單位不得延長勞動時間或者安排夜班勞動，並應當在勞動時間內安排一定的休息時間。對哺乳未滿一週歲嬰兒的女職工，用人單位不得延長勞動時間或者安排夜班勞動。」

二、關於「三期」期間應給予的假期的規定

根據《女職工勞動保護特別規定》，女職工產假為九十八天，

其中產前休假十五天。難產的，增加產假十五天。多胞胎生育的，每多生育一個嬰兒，增加產假十五天。

三、關於「三期」期間的工資待遇及其他福利的規定

根據《女職工勞動保護特別規定》第五條，用人單位不得因女職工懷孕、生育、哺乳降低其工資、予以辭退、與其解除勞動或者聘用合同。因此，即便因為女職工懷孕而調整了工作崗位，但除非是與其在原崗位的業績直接相關的獎金、津貼等，可以隨著其崗位的調整而調整，其他的工資待遇一般不可以降低。

女職工產假期間，其工資待遇應照常發放，已參加生育保險的，該等費用由社保基金承擔，如社保基金支付金額低於正常工資，由單位補足差額。另外，對於女職工生育期間發生的醫療檢查費、接生費、手術費、住院費和藥品費，企業參加職工生育保險的，由生育保險基金支付，尚未參加的，則應由企業負擔。

四、關於「三期」不得解除勞動合同等的規定

根據《女職工勞動保護特別規定》第五條，企業不得在女職工三期內解除勞動合同，另外，根據《勞動法》第二十九條規定：「勞動者有下列情形之一的，用人單位不得依據本法第二十六條、第二十七條的規定解除勞動合同：……（3）女職工在孕期、產期、哺乳期內的；……」（其中第二十六條是關於企業可以在員工不勝任工作、企業發生重大變化等情況下，提前三十天通知勞動者解除勞動合同的規定，第二十七條是關於企業經濟性裁員的規定），而2008年新實行的《勞動合同法》亦有相關規定。

但是，需要說明的是，上述法律規定不代表女職工「三期」期間內，企業在任何情況下都不能與其解除勞動合同。《女職工勞動保護特別規定》第五條應理解為：企業不得在女職工在三期期間，以

女職工懷孕為由解除與其的勞動合同，而當發生符合《勞動法》第二十五條規定的情況（如女職工營私舞弊、嚴重違反公司規章制度等），及女職工與企業協商一致時，企業同樣可以解除與女職工的勞動合同。

【80】違反計畫生育的女員工能否享受法定待遇

根據大陸《勞動法》、《女職工勞動保護特別規定》等法律法規的規定，對懷孕的女職工，應依法享有如產假、哺乳假等特殊的待遇，實踐中，經常會有很多企業遇上女職工違反計畫生育條款的生育、未婚懷孕及未婚生育等情況，現將這些非常態的關鍵法律問題進行整理，並分析如下：

一、違反計畫生育的女員工是否可以處以開除處分

違反計畫生育政策再生育即婚後超生與未婚生育的情況，均屬於計畫外生育。根據《勞動合同法》第四十二條規定，女職工在孕期、產期、哺乳期的，用人單位不得與其解除勞動關係。該規定沒有區分女職工的懷孕是計畫內或外，也沒有明確說明用人單位是在解除勞動關係前得知女職工懷孕，還是在解除勞動關係之後得知的，因此，單位以員工計畫外生育為由解除其勞動關係的做法，是沒有法律依據的。但是，根據中共中央和國務院有關文件規定，對超計畫生育的夫婦給予適當的經濟制裁或必要的政紀、黨紀處分，是嚴格控制計畫外生育的必要措施。

在社會主義制度下，對於僅因不符合生育政策規定，沒有批准，執意堅持計畫外生育者，在處罰時一般不宜採取開除。

國家計畫生育委員會辦公廳、勞動人事部辦公廳，於1987年2月11日給北京市計畫生育委員會、勞動局的函中指出，企業主管部門和企業所在地的勞動人事部門，要積極配合計畫生育部門做好職工的計畫生育工作，以利於生產發展和職工生活水準的提高，並提出對過去因超過計畫生育已被開除流散在社會上的職工，在經教育、承認錯誤、落實可靠節育措施的基礎上，如果獲得原單位同意，可以給他們安排適當的工作。

通過上述明確的函件不難看出，在執法過程中，對於計畫外生育的尺度自1987年開始放寬。時至今日，即使員工計畫外生育可以以反「勞動合同」中員工違反國家法規，視為嚴重違反用人單位的規章制度，解除勞動合同，仍不建議用人單位用此種簡單粗暴的操作方式，反而應該與員工進行協商，雙方明確協商各項條款並簽字認可，用人單位留檔，以備後患。

二、違反計畫生育的女員工的產假待遇

產假，是指女職工在分娩或流產期間，依據生育保險的法律、法規享有的法定帶薪假期。國家規定產假九十八天，目的是為了能夠保障產婦恢復身體健康，享受產假不以是否符合計畫生育政策為前提條件，只要有生產的事實，就應當享受九十八天的產假。

但是，鑒於計畫外生育違反計畫生育政策，產假期間是否可以像符合計畫生育政策的員工一樣享受產假期間的相關待遇，包括檢查費、接生費、手續費、住院費、藥費以及產假期間的生育津貼呢？按相關規定，女員工違反計畫生育政策，不享受產假期間的生育保險待遇，即無法享受生育醫療費的相關補貼，而對於其休假期間的工資待遇，各地實務操作中要求不一。

另外，流產假在國家及各地的計畫生育政策中，都是將其列在節育措施章節。已婚並採取節育措施的，按照法律規定享受流產假。未婚先孕流產的，則依法不能享受，但一般來講，用人單位應該允許其請病假。

【81】婚喪假、公假、探親假規定及薪資支付分析

　　大陸《勞動法》第五十一條的規定：「勞動者在法定休假日和婚喪假期間以及依法參加社會活動期間，用人單位應當依法支付工資。」因此，婚假、喪假、公假均屬於帶薪休假，鑒於前述休假在具體的休假天數以及相關待遇方面，不同地區的規定儘管大同小異，但在一些細節上，還是會有所區別。現將有關不同地區婚喪假等的規定，簡要介紹並分析如下：

一、婚假

　　根據大陸《婚姻法》及其相關規定，按法定結婚年齡（女二十週歲，男二十二週歲）結婚的員工，可享受三天婚假。同時，按大陸《人口和計畫生育法》第二十五條的規定，公民晚婚晚育可獲得延長婚假、生育假的獎勵，但具體延長幾日婚假，國家的法律並沒有詳細規定，而各個地方法規對晚婚婚假可休息的天數規定則不盡相同，如《上海市計畫生育條例》規定，符合晚婚年齡的夫妻增加婚假一週，即晚婚婚假的休息天數最長為十天，而江蘇省則規定，符合晚婚年齡的夫妻可增加婚假十天，則加上原本可以休息的三日，在江蘇婚假最長可以休息十三日。另外，婚假必須是連續一次性休完，不能分段休息，婚假中的休息日、法定節假日均應計算在婚假之中。

二、喪假

　　對於員工如何請休喪假，目前大陸的法律並沒有詳細規定，只有大陸原勞動總局與財政部早在1980年發布的《關於國營企業職工請婚喪假和路程假問題的通知》中，對員工如何請休喪假進行了規定，但該規定僅適用於國營企業的員工，對一般的民營企業、三資企業並不適用。在實務操作中，一般企業都會比照前述規定的內容給予

員工一至三日的喪假，至於如何確定具體的休假日期，則建議企業應在規章制度中予以明確，例如：對員工直系親屬去世的，可規定給予三天的喪假，對一定範圍內的旁系親屬，則可給予一天的喪假。

按中國習俗，人過世後會安排發喪、送孝、出殯等流程，如享有三日喪假的，通常都會允許喪假分開請休，以配合籌辦葬禮時間，另外，按《關於國營企業職工請婚喪假和路程假問題的通知》規定，對喪禮在異地舉辦的，公司可視情況給予員工一定時間的路程假。

三、公假

公假係指按照國家規定，員工必須履行的義務及接受參加政府機構或其他機構所舉辦會議或活動時（如參加人民代表大會等），若員工在工作時間請假去參加，在此期間不扣薪水。對於此種情況，只要員工請休的，公司沒有正當理由不得阻止，並應按規定支付工資。

四、探親假

探親假，是指職工享有保留工作崗位和工資而同分居兩地，又不能在公休日團聚的配偶或父母團聚的假期。它是職工依法探望與自己不住在一起、又不能在公休假日團聚的配偶或父母的帶薪假期。1981年推行的《國務院關於職工探親待遇的規定》，係探親假請休的依據，需要說明的是，該規定的適用範圍僅限於國家機關、人民團體和全民所有制企業、事業單位工作的職工，民營企業、三資企業職工可不適用探親假的規定。

總之，以上休假均屬帶薪休假，用人單位應根據與員工約定的或法定的員工日工資計算基數，確定員工的具體日工資金額，並根據員工的實際請休時間支付員工工資。

【82】法定節假日規定及薪資支付分析

　　所謂法定節假日，係指根據國家及各民族的風俗習慣或紀念要求，由國家法律統一規定的用以進行慶祝及度假的休息時間。法定節假日制度是國家政治、經濟、文化制度的重要反映，涉及經濟社會的多個方面，涉及廣大人民群眾的切身利益。

　　就大陸而言，自1949年建國起，法定節假日經過了三次變更，而根據2007年底國務院最新發布的《全國年節及紀念日放假辦法》（國務院令270號，以下簡稱為放假辦法）規定，大陸法定節假日包括三類，具體為：

　　第一類是全體公民放假的節日，包括：新年元旦（1月1日放假一天）、春節（農曆除夕、正月初一、初二放假三天）、勞動節（5月1日放假一天）、國慶日（10月1日、2日、3日放假三天）、清明節（放假一天）、端午節（放假一天）和中秋節（放假一天）。

　　第二類是部分公民放假的節日及紀念日，包括：婦女節（3月8日婦女放假半天）、青年節（5月4日十四週歲以上二十六週歲以下的青年放假半天）、兒童節（6月1日十四週歲以下的少年兒童放假一天）、中國人民解放軍建軍紀念日（8月1日現役軍人放假半天）。

　　第三類是少數民族習慣的節日，具體節日由各少數民族聚居地區的地方人民政府，按照各該民族習慣，規定放假日期。根據國家有關規定，用人單位在除了全體公民放假的節日外的其他休假節日，也應當安排勞動者休假。

　　那麼，員工在法定節假日的薪資該如何支付呢？放假辦法發布後，大陸人力資源和社會保障部於2008年1月3日，發布了《關於職工全年月平均時間和工資折算問題的通知》（勞社部發[2008]513號，以下簡稱為通知），其中就對法定節假日的計薪方式進行了明確的約定，該通知提出了兩個重要的法律概念：「制度工作時間」和

「計薪天數」。「制度工作時間」是對員工正常工作時間的規定,即一年三百六十五天減去每週兩日的休息日(共計一百零四天)及十一個法定節假日後剩餘的時間,通知規定,由於2008年法定節假日時間調整,勞動者的制度工作時間(即全年總天數減去休息日及法定節假日)由此前的二百五十一天減少為二百五十天,則每月工作日由目前的二十‧九二天調整為二十‧八三。

「計薪天數」與「制度工作時間」規定的每月平均工作日二十‧八三天不同,計薪天數係公司用以計算員工日工資、小時工資的標準。通知明確指出,按照《勞動法》第五十一條的規定,法定節假日用人單位應當依法支付工資。也就是說十一個節假日都應計薪,除去不計薪的一百零四個雙休日,月計薪天數應為(365-104)/12,即二十一‧七五天,由此,員工的日工資計算方式即為由月工資收入除以21.75日,小時工資則再在日工資的基礎上除以 8 小時。最後,需要說明的是,在法定節假日加班的,公司應按員工小時工資300%的標準支付加班費。

最後,對如婦女節、青年節等部分公民放假的節日,根據目前的法律規定,用人單位應該給符合條件的員工放假,但如員工仍須上班的,則仍按照員工小時工資的標準支付員工工資報酬,而不計為加班費。

【83】非勞動合同員工及特殊勞動關係員工勞動報酬分析

　　所謂勞動關係，係指用人單位招用勞動者為其成員，勞動者在用人單位的管理下，提供有報酬的勞動而產生的權利義務關係。根據相關規定，認定勞動關係須從三個方面去判斷：（1）用人單位向勞動者支付勞動報酬；（2）勞動者付出勞動是用人單位業務的組成部分，或勞動者實際接受用人單位的管理、約束；（3）用人單位向勞動者發放「工作證」或「服務證」等身分證件，或填寫「登記表」、「報名表」，允許勞動者以用人單位員工名義工作或不為反對意見的。因此，一般情況下，用人單位招聘的勞動者到崗後，均須與之簽署勞動合同、建立勞動關係，並根據相關法律規定向勞動者支付勞動報酬，為勞動者繳納社保。但在實踐中，並非針對所有的勞動者，企業均須與之建立勞動關係並繳納社會保險，而即便是針對已建立勞動關係的員工，也存在依法不需為員工繳納社保的情況，本文即將實踐中常見的幾種勞務工或建立特殊勞動關係的情形列舉並分析如下：

一、在校學生

　　用人單位經常會聘用一些在校學生進行實習，儘管在校學生在實習的過程中，也要為用人單位提供勞動，但由於在校學生的個人檔案仍保留在學校而並非人才中心，用人單位無法為其繳納社保，從法律上，在校學生不具備勞動者的條件，與企業之間只能建立勞務關係，如《上海市勞動合同條例若干問題的通知》就明確規定：「家政服務人員、職業保險代理人、從事有收入勞動的在校學生、勞務人員等，不屬於建立勞動合同關係範圍的，不適用條例。」

　　由此，用人單位與在校學生之間屬於民事勞務關係，不受《勞

動法》的限制，因此，如最低工資保障、社保等規定均不適用於在校學生，用人單位可完全依照自己的意願與在校學生協商勞務報酬，並只要依照其與在校學生之間簽署的「勞務合同」的約定，支付勞務報酬即可。

二、勞務派遣

通過勞務派遣的勞務工並非沒有勞動關係，只是其建立勞動關係的對象與普通的勞動者不同。在勞務派遣關係中，存在三方主體，一方為作為用人單位的勞務派遣公司，另一方為實際使用勞務工的用工單位，再有一方即為勞務工本人。對實際使用勞務工的用工單位而言，其與勞務工之間不存在直接的聯繫，用工單位可與勞務派遣公司協商勞務工的工資由哪方支付，而勞務工的社保費用，依法是應該由勞務派遣公司承擔的。

但是，一般情況下，勞務派遣公司都會將勞務工的社保費用等計算到用工單位的用人成本中，對勞務工離職後可能發生的經濟補償金等費用，也都會通過合同的約定轉嫁給用工單位。因此，從法律上來說，使用勞務工不見得能夠節約企業的用人成本，並且，根據目前《勞動合同法》的規定，如勞務派遣公司違反法律規定侵犯勞動者權益的，用工單位還須承擔連帶賠償責任。

三、其他特殊勞動關係人員

上海勞動和社會保障局於2003年發布的《關於特殊勞動關係有關問題的通知》，將六種人定義為特殊勞動關係，具體包括：（1）協議保留社會保險關係人員；（2）企業內部退養人員；（3）停薪留職人員；（4）專業勞務公司輸出人員；（5）退休人員；（6）未經批准使用的外來從業人員。對這六類人員，用人單位只要保障其工作時間，勞動保護標準及最低工資待遇符合法律規定即可。不過，隨著

社會的進步，外來從業人員不再屬於特殊勞動者，在蘇州，僅就來自境外未經批准的從業人員視為特殊勞動關係，其他外來從業人員與普通勞動者一樣，享受其應有的勞動待遇。另外，根據2010年9月14日實施的《最高人民法院關於審理勞動爭議案件適用法律若干問題的解釋（三）》，對退休返聘人員，已不作為特殊勞動關係處理，而作為勞務關係處理；而企業內退、停薪留職人員與用人單位之間的權利義務按勞動關係處理。

【84】年終獎的會計稅務重點

　　年終獎一般是指行政機關、企事業單位等，根據全年經濟效益和對雇員全年工作業績的綜合考核情況，向雇員發放的一次性獎金。主要包括年終加薪、實行年薪制和績效工資辦法的單位，根據考核情況兌現的年薪和績效工資等。企業在計提及發放年終獎時應關注如下重點：

一、會計重點

（一）計提依據要合理

　　公司計提年終獎時，應按照股東大會、董事會、薪酬委員會或相關管理機構制定的制度來計提發放。企業應把握以下原則：（1）企業要制定較為規範的員工年終獎制度；（2）企業所制定的年終獎制度符合行業及地區水準；（3）企業在一定時期所發放的年終獎要相對固定，年終獎調整要有序進行。

（二）計提金額要均衡

　　年終獎一般都要等到年終時，根據全年經濟效益和雇員全年工作業績的綜合考核來確定具體金額，但是按權責發生制原則，這些費用要分攤到全年的每個月份，故公司年初時可以根據上年的情況，預估今年可能發放的金額，按月分攤，從而避免成本費用月度之間的不均衡。

（三）費用歸屬要合理

　　公司在每個月計提年終獎時，要依據職工的不同身分，分別分攤計入管理費用、銷售費用、製造費用或生產成本科目，如果要調整必須有充分的依據，並及時調整預算金額，從而保證成本費用、預算等分析的可比性。

二、稅務重點

（一）對多計提未發放的年終獎要做納稅調增

《企業所得稅法實施條例》第三十四條規定：企業發生的合理工資、薪金支出，准予扣除。前款所稱工資、薪金，是指企業每一納稅年度，支付給在本企業任職或者受雇的員工的所有現金或者非現金形式的勞動報酬，包括基本工資、獎金、津貼、補貼、年終加薪、加班工資，以及與員工任職或者受雇有關的其他支出。根據前述規定：允許稅前扣除的年終獎必須是實際支付的，對於年末多計提而下年度匯算清繳時，還沒有發放的年終獎，要調增應納稅所得額。

（二）企業必須履行代扣代繳個人所得稅義務

根據《國家稅務總局關於企業工資薪金及職工福利費扣除問題的通知》（國稅函[2009]3號）規定：企業對實際發放的工資薪金，已依法履行了代扣代繳個人所得稅義務後，才能稅前扣除。故如果公司沒有代扣代繳個人所得稅，一方面不能稅前扣除，另一方面也會因沒有履行義務受到稅務機關的處罰。

（三）合理規劃年終獎

按照《國家稅務總局關於調整個人取得全年一次性獎金等計算徵收個人所得稅方法問題的通知》（國稅發[2005]9號）規定：若全年一次性獎金收入境內人士高於1,600元（2011年9月1日後改為3,500元）、境外人士高於4,800元，納稅人在計算應納所得稅時，以全年一次性獎金除以12，按其商數確定適用稅率和速算扣除數。從前述規定可以看出：全年一次性獎金除以12商數的多少，決定了不同的稅率，特別是當商數在臨界點附近時，它可能對員工的淨收入造成較大的影響。

如：某公司一外籍人士2012年1月月薪 1 萬元，1月底發放2011年年終獎金5.4萬元，則該外籍人士實際所得的年終獎金如下：

確定適用稅率和速算扣除數：54,000/12=4,500，稅率10％，速算扣除數105

應納所得稅=54,000×10％－105=5,295元

員工實際收入=54,000－5,295=48,705元

若該外籍人士1月底發放年終獎金54,001元，則該外籍人士實際所得的年終獎金如下：

確定適用稅率和速算扣除數：

54,001/12=4,500.08元，稅率20％，速算扣除數555

應納所得稅=54,001×20％－555=10,245.20元

員工實際收入=54,001－10,245.20=43,755.80元

從計算結果可以看出：該外籍人士寧可少拿1元年終獎，他實際所得反而更多。

另外，依國家稅務總局《關於雇主為雇員承擔全年一次性獎金部分稅款有關個人所得稅計算方法問題的公告》（國家稅務總局公告2011年第28號）規定，雇主為雇員負擔全年一次性獎金部分個人所得稅款，屬於雇員又額外增加了收入，應將雇主負擔的這部分稅款併入雇員的全年一次性獎金，換算為應納稅所得額後，按照規定方法計徵個人所得稅。

【85】企業給予員工非現金物質獎勵會計稅務處理

　　企業在經營過程中會發生以非現金方式給予員工獎勵的情況，對於這種情況，稅務上要注意哪些事項？如何進行會計處理？

　　首先，非現金形式的發放，要區分兩種情況：一種是用自產產品給予員工獎勵的；其次是外購商品給予員工獎勵的。我們對此分別進行說明。

一、用自產產品給予員工物質獎勵

　　根據《增值稅暫行條例》第四條規定：單位或者個體工商戶的下列行為，視同銷售貨物：「……（五）將自產、委託加工的貨物用於集體福利或者個人消費；……」

　　同時，該實施細則第十六條還具體規範了視同銷售時，計算增值稅的計稅價格確認方法（按下列順序確定銷售額）：

　　1、按納稅人最近時期同類貨物的平均銷售價格確定

　　2、按其他納稅人最近時期同類貨物的平均銷售價格確定

　　3、按組成計稅價格確定。組成計稅價格的公式為：組成計稅價格＝成本×（1＋成本利潤率）。公式中的成本是指：銷售自產貨物的為實際生產成本，銷售外購貨物的為實際採購成本。公式中的成本利潤率由國家稅務總局確定。

　　對於這種方式下增值稅的計算和帳務處理，舉例說明如下：

　　2009年某紡織工廠以自產紡織品作為員工的月度獎金發放，成本7,000元，當月該型號產品不含稅售價為10,000元。則領用發放時帳務處理如下（按照新《企業會計準則》）：

　　借：生產成本（費用）　　　　　　　　　　　　　　11,700

　　　　貸：應付職工薪酬　　　　　　　　　　　　　　11,700

　　借：應付職工薪酬　　　　　　　　　　　　　　　　11,700

貸：主營業務收入　　　　　　　　　　　　　　10,000

　　應交稅費－應交增值稅（銷項稅額）　　　　1,700

借：主營業務成本　　　　　　　　　　　　　　7,000

　　貸：庫存商品　　　　　　　　　　　　　　7,000

如果企業是執行舊的企業會計制度，則為視同銷售而非確認收入，其帳務處理如下：

借：生產成本（費用）　　　　　　　　　　　　8,700

　　貸：應付職工薪酬　　　　　　　　　　　　8,700

借：應付職工薪酬　　　　　　　　　　　　　　8,700

　　貸：應交稅費－應交增值稅（銷項稅額）　　1,700

　　貸：庫存商品　　　　　　　　　　　　　　7,000

上述處理，在所得稅方面還須特別注意。根據《國家稅務總局關於企業處置資產所得稅處理問題的通知》（國稅函[2008]828號）規定，將自產產品用於員工獎金或福利時，因資產所有權屬已發生改變而不屬於內部處置資產，應按規定視同銷售確定收入，這樣，確認的收入與存貨成本之間的差額，在年末企業匯算清繳時，應在繳納所得稅時，做納稅調增計入應納稅所得額中，計算繳納企業所得稅。本案例中，企業在匯算清繳時，應調增應納稅所得額10,000－7,000=3,000元，計繳企業所得稅。

二、將外購商品用於員工獎勵

根據《增值稅暫行條例》第十條規定，下列項目的進項稅額不得從銷項稅額中抵扣：「（一）用於非增值稅應稅項目、免徵增值稅項目、集體福利或者個人消費的購進貨物或者應稅勞務；……（五）本條第（一）項至第（四）項規定的貨物的運輸費用和銷售免稅貨物的運輸費用。」

　　同樣，我們對於增值稅的計算和帳務處理舉例說明如下：

　　2009年某貿易公司購入某品牌紡織品作為員工的月度獎金發放，購入價10,000元（不含稅），取得增值稅專用發票，進項稅額1,700元，則帳務處理如下：

借：庫存商品	10,000
應交稅金－進項稅額	1,700
貸：銀行存款（應付帳款）	11,700
借：費用－獎金	11,700
貸：應付職工薪酬	11,700
借：應付職工薪酬	11,700
貸：庫存商品	10,000
應交稅費－應交增值稅－進項稅額轉出	1,700

　　同時，依據國稅函[2008]828號規定，上述屬於外購的資產，可按購入時的價格確定銷售收入。另外，上述發放的實物獎金，應該按照公允價值計入應交個人所得稅的計稅基數，繳納個人所得稅。

【86】職工福利費稅前列支規定及最新財稅重點

　　2009年國稅總局和財政部分別頒布《國家稅務總局關於企業工資薪金及職工福利費扣除問題的通知》及《關於企業加強職工福利費財務管理的通知》，從稅務和財務兩個角度，規範「職工福利費」所得稅前列支處理以及會計核算細節。

一、國稅總局和財政部規定內容比較

	關於企業加強職工福利費財務管理的通知	國家稅務總局關於企業工資薪金及職工福利費扣除問題的通知	備註
（一）定義	除下列外的現金及非現金福利：職工工資；獎金；津貼；納入工資管理的補貼；職工教育經費；社保及補充社保費；住房公積金。	採用列舉法	
（二）應列入福利費項目	1.福利部門設備、設施及人員費用、食堂補貼或未辦職工食堂統一供應午餐支出、困難補貼、喪葬補助費、探親假路費、撫恤費等。	基本一致	

	2.職工交通、通訊、住房補貼。	已實行貨幣化改革，且按月、按標準發放或支付的應做工資管理；反之則做福利費管理。	職工交通補貼，以及為職工住房所發放的各項補貼和非貨幣性福利，可列入福利費（不區分是否進行貨幣化改革，也未對通訊補貼做規定）。
	3.按獨生子女費、職工療養費用。	應列入福利費	未做規定
（三）非福利費項目	節日補助、未統一供餐而按月發放的午餐費補貼。	明確不可做福利費，應計入工資總額。	未做規定
（四）核算要求	帳冊管理及披露	單獨設置帳冊，採取不溯及既往原則，即企業在2009年10月底以前開支的工資和福利費，不需要做調整，同時要求在報表附註中披露。	單獨設置帳冊

二、分析

　　（一）福利部門設備、設施及人員費用，一般包括職工食堂、集體宿舍等集體福利部門設備、設施的折舊、維修保養費用，以及集體福利部門工作人員的工資薪金、勞務費等人工費用。此項內容為首次明確，而以前的相關財務制度對此並沒有明確。

（二）有關職工交通、通訊補貼特別說明：

1、企業生產經營發生的，或者為管理和組織經營活動而發生，不定時間、不定金額、據實報銷的市內交通或通訊等費用，既不具有工資性質，也不屬於職工福利費，仍按原有規定列入企業成本或費用的相關項目，像差旅費便是最好的例子。

2、是否實行貨幣化改革：

（1）對實行貨幣化改革即以現金形式，按月、按標準發放或支付的住房補貼、交通補貼或者車改補貼、通訊補貼，無論是直接發放給個人，還是個人提供票據報銷後支付的，由於已形成對勞動力成本進行「普惠制」定期按標準補償的機制，具有工資性質，因此，應當納入職工工資總額，不再納入職工福利費管理。最常見的，如在企業制定的財務報銷制度中，明確員工的手機費、餐費、房貼、車貼的報銷標準等，並且按月發放。

（2）未實行貨幣化改革，即以非現金形式發放且實報實銷上述費用的，可做福利費處理。

另外，企業發生的職工福利費在計算應納稅所得額時，與稅收法律規定不一致的情況下，應當依照稅收法律的有關規定計算納稅。

【87】工會經費的計提和使用

依據《工會法》規定，凡經上級工會批准建立工會組織的外商投資企業，應自批准建立工會的月份起，於每月15日以前按照上月份企業全部職工工資總額的2％，向工會撥交當月份的工會經費。外商在計提以及使用工會經費時應重點關注：

一、工會經費計提

工會經費應依據企業工資總額予以計提，因此，工資總額統計是否準確，將直接影響工會經費的計提。國家統計局規定職工工資總額包括計時工資、計件工資和獎金、津貼和補貼、加班加點工資、特殊情況下支付的工資等。出差伙食補助費、誤餐補助不屬於工資總額，特殊情況下支付的工資是指職工因病、工傷、產假、計畫生育假、婚喪假、事假、探親假等情況下取得的工資。

除上述工會經費來源外，還可以由職工個人繳納的工會會費及政府補助等。工會會員每月應向工會組織繳納本人每月基本收入（不包含獎金和津貼等）0.5％的會費，無需上交到上級工會。

二、工會經費使用

工會經費主要用於為職工服務和工會活動。基層工會要按照所在省級工會確定的經費分成比例，及時足額上解經費。留成經費支出包括：

1、職工活動支出。指工會為會員及其他職工開展教育、文體、宣傳等活動發生的支出。基層工會應將會員繳納的會費全部用於會員活動支出。

2、維權支出。指工會直接用於維護職工權益的支出。包括工會協調勞動關係和調解勞動爭議、開展職工勞動保護、向職工群眾提供

法律諮詢、法律服務等、對困難職工幫扶、向職工送溫暖等發生的支出，及參與立法和本單位民主管理等其他維權支出。

3、業務支出。指工會培訓工會幹部、加強自身建設及開展業務工作發生的各項支出。包括開展工會幹部和積極分子的學習和培訓所需教材資料和講課酬金等；評選表彰優秀工會幹部和積極分子的獎勵；組織勞動競賽、合理化建議、技術革新和協作活動；召開工會代表大會、委員會、經審會以及工會專業工作會議；開展外事活動、工會組織建設、建家活動、大型專題調研；經審專用經費、基層工會辦公、差旅等其他專項業務的支出。

4、資本性支出。指工會從事建設工程、設備工具購置、大型修繕和資訊網路購建而發生的支出。包括房屋建築物購建、辦公設備購置、專用設備購置、交通工具購置、大型修繕、資訊網路購建等資本性支出。在行政方面承擔資本性支出的經費不足，並且基層工會有經費結餘的情況下，工會經費可以用於必要的資本性支出。

5、事業支出。指對工會管理的為職工服務的文化、體育、教育、生活服務等獨立核算的附屬事業單位的補助，和非獨立核算的事業單位的各項支出。

6、其他支出。指工會以上支出項目以外的各項開支。如用會費對會員的特殊困難補助、由工會組織的職工集體福利等方面的支出。

必須注意的是，工會經費必須及時、足額收繳，不得截留、挪用，不得用於非職工服務和工會以外的開支；不得支付社會攤派或變相攤派的費用；不得為單位和個人提供資金拆借、經濟擔保和抵押。工會經費開支實行工會委員會集體領導下的主席負責制，重大開支集體研究決定。

三、工會經費核算

企業計提的工會經費計入應付職工薪酬，並根據受益對象計入

相關資產成本或當期費用。工會組織應根據《工會會計制度》的相關要求，設置會計科目並單獨核算工會經費的取得、使用。

　　根據《關於工會經費企業所得稅稅前扣除憑據問題的公告》（國家稅務總局公告2010年第24號）規定，自2010年7月1日起，企業撥繳的職工工會經費，不超過工資薪金總額2%的部分，憑工會組織開具的「工會經費收入專用收據」，在企業所得稅稅前扣除。

【88】勞保用品會計核算重點

勞保用品是指保護勞動者在生產過程中的人身安全與健康所必備的一種防禦性裝備，對於減少職業危害起著相當重要的作用。稅法也對符合國家標準或者行業標準的勞動防護用品准予全額稅前扣除。勞保用品會計核算重點如下：

一、勞保用品範圍

要正確界定與核算勞保用品，準確把握哪些物品屬於勞保用品至關重要，勞保用品具體包括如下內容：

1、安全帽類。是用於保護頭部，防撞擊、擠壓傷害的護具。主要有塑膠、橡膠、玻璃、膠紙、防寒和竹藤安全帽。

2、呼吸護具類。是預防塵肺和職業病的重要護品。按用途分為防塵、防毒、供養三類，按作用原理分為過濾式、隔絕式兩類。

3、眼防護具。用以保護作業人員的眼睛、面部，防止外來傷害。分為焊接用眼護具、爐窯用眼護具、防衝擊眼護具、微波防護具、鐳射防護鏡以及防X射線、防化學、防塵等眼護具。

4、聽力護具。長期在九十分貝（A）以上或短時在一百一十五分貝（A）以上環境中工作時，應使用聽力護具。聽力護具有耳塞、耳罩和帽盔三類。

5、防護鞋。用於保護足部免受傷害。目前主要產品有防砸、絕緣、防靜電、耐酸鹼、耐油、防滑鞋等。

6、防護手套。用於手部保護，主要有耐酸鹼手套、電工絕緣手套、電焊手套、防X射線手套、石棉手套等。

7、防護服。用於保護職工免受勞動環境中的物理、化學因素的傷害。防護服分為特殊防護服和一般作業服兩類。

8、防墜落具。用於防止墜落事故發生。主要有安全帶、安全繩

和安全網。

　　9、護膚用品。用於外露皮膚的保護。分為護膚膏和洗滌劑。

二、勞保用品核算常見錯誤

（一）非勞保用品性質支出作為勞保用品核算

　　如某公司每月發放給全體職工洗衣粉一袋，作為員工的勞保支出。由於洗衣粉不屬於勞保用品列示的範圍，因此不能作為勞保用品支出，而就作為職工福利費進行核算。

　　再如辦公室人員西服支出，只是為了塑造公司的形象，不是從勞動防護的功能出發的，因此對這類支出應視為對員工的福利性質支出。

　　上述非因工作需要和國家規定以外的帶有普遍福利性質的勞動保護支出，應界定為福利費支出，在規定的限額內列支。

（二）勞保用品支付形式影響對勞保用品認定

　　勞動保護用品應由企業採購實物並取得發票，據實列支，對於發放現金性質的勞保支出，無論是否為勞保支出，均會被稅務部門界定為工資薪金支出，以避免企業巧立名目來避稅。

三、勞保用品的會計核算

　　企業勞保用品的科目設置，一般是在成本費用科目下設立類似「勞動保護費」等字樣的二級科目，一級科目是根據勞動者所屬部門進行歸集和分配的。

　　1、管理人員領用勞保用品時，借記「管理費用」，貸記「原材料」（適用於採購統一入庫後再領用）、銀行存款（適用於採購後直接領用）等科目。

　　2、車間管理人員領用勞保用品時，借記「製造費用」，貸記「原材料」等科目。

3、生產人員領用勞保用品時，借記「生產成本」，貸記「原材料」等科目。

4、開辦期企業領用勞保用品時，借記「管理費用－開辦費」或「長期待攤費用－開辦費」，貸記「銀行存款」等科目。

5、自產自用的勞保用品視同銷售，借記「生產成本」、「製造費用」等科目，貸記「主營業務收入」、「應交稅費—應交增值稅—銷項稅額」，同時將其生產成本結轉主營業務成本中，借記「主營業務成本」，貸記「庫存商品」。

四、勞保用品進項稅

一般納稅人購入的勞保用品，其進項稅額可以抵扣，會計分錄為借記「原材料」、「生產成本」、「應交稅金—應交增值稅—銷項稅額」等科目，貸記「銀行存款」等科目。

對專用於增值稅非應稅項目領用的勞保用品，則應做進項稅額轉出。

第六篇

商業秘密、
競業限制及服務期

【89】商業秘密的定義及特徵

　　大陸《反不正當競爭法》規定，商業秘密是指不為公眾所知悉、能為權利人帶來經濟利益、具有實用性並經權利人採取保密措施的技術資訊和經營資訊。一般來說，技術資訊可包括製造方法、技術訣竅、生產方案、工藝流程、製作工藝、設計圖紙、配方、技術指標等，可以是一項完整技術，也可以是一項完整技術中的一個或若干個相對獨立的技術要素，經營資訊可包括經營方法和經驗、管理訣竅、產銷策略、貨源情報、客戶名單、財務狀況、投融資計畫、標底及標書內容等，可以是一個完整的經營方案，也可以是經營方案中若干相對獨立的經營要素。比如在產銷策略中所包含的成本核算、銷售管道、廣告方案、價格方案等要素，都可以單獨作為商業秘密存在。

　　台資企業若希望某一資訊獲得商業秘密的法律保護，則該資訊必須具備以下四個特徵：

一、秘密性

　　即指資訊不能從公開管道直接獲取，不為公眾普遍知悉，同時並非容易獲得。由於商業秘密的秘密性是一個消極事實，因此實務中一般採用排除法，即在出現以下情形時，則視為資訊不具有秘密性：

　　1、該資訊為其所屬技術或者經濟領域的人的一般常識或者行業慣例。

　　2、該資訊僅涉及產品的尺寸、結構、材料、部件的簡單組合等內容，進入市場後，相關公眾通過觀察產品即可直接獲得。

　　3、該資訊已經在出版物或者其他媒體上公開披露。

　　4、該資訊已通過報告會、展覽等方式公開。

　　5、該資訊可以從其他公開管道獲得。

　　6、該資訊無需付出一定的代價而容易獲得。

　　需要說明的是，所謂的「秘密性」並非要求絕對的從其他途徑無法獲得，而只是要求從其他途徑獲得需要付出一定的代價。

二、價值性

　　指資訊具有現實的或者潛在的商業價值，能為企業帶來競爭優勢。也就是說，商業秘密的價值體現在企業使用商業秘密時所帶來的經濟利益，將高出公有資訊所能帶來的利益，能夠對企業的經營活動和競爭力產生有益的、實質性的影響。

　　實務中，在認定資訊的價值性時，一般還會參考企業在為獲得該項資訊以及維持該項資訊的秘密性時，所投入的人力、物力及資金等成本。

三、實用性

　　指資訊具有確定的可應用性，是有用的具體方案或資訊，而不是大概的原理和抽象的概念。故此，企業應能說明商業秘密的組成、各部分內容和相互關係，以及和公有資訊間的區別。

四、保密性

　　指企業已經對該資訊採取了合理的保密措施。法律並不要求企業採取的保密措施是萬無一失的，只要採取措施可以表明企業要求保密的意圖和外人通過正常手段不能輕易獲取即可。

　　一般來說企業可採取的常見保密措施有：

　　1、和員工簽署保密協議，明確違反保密協議須承擔的責任。

　　2、制定保密規章制度。

　　3、在涉密資訊的載體上標有保密標誌等都是較為常見的。

　　4、對秘密資訊的存放、使用、轉移等環節採取了合理、有效的管理辦法。

【90】客戶名單的認定及保護

　　客戶名單是公司重要的經營資源，是公司通過長期投入以及資訊收集而取得，能為公司帶來現實的或者潛在的經濟利益或者競爭優勢。然而一些員工離職後，往往利用在職期間獲得的原公司的客戶名單，或自己非法使用謀取利益，或披露給企業的競爭者使用，嚴重侵犯了客戶名單所有人的合法權益。

　　但並非公司所有的「客戶名單」都會得到法律的保護。根據《最高人民法院關於審理不正當競爭民事案件應用法律若干問題的解釋》第十三條規定：商業秘密中的客戶名單，一般是指由客戶的名稱、位址、聯繫方式以及交易的習慣、方式、內容、合同價格等構成的區別於相關公知資訊的特殊客戶資訊，包括彙集眾多客戶的客戶名冊，以及保持長期穩定交易關係的特定客戶。顯然客戶名單要成為受法律保護的經營資訊，應當具備商業秘密的基本要件，即秘密性、新穎性、價值性和實用性。

　　所謂客戶名單的新穎性，是指該客戶名單並非為同行業普遍知悉的資訊，或不為通常從事有關工作的人員所普遍了解和掌握，需要經過獨特的收集、積累、加工、整理等努力後才能得到。若僅僅是公共管道收集的電話號碼名冊，或者僅是對同行業眾所周知的企業名稱、通信地址、廠商名錄的簡單羅列、複製，這樣的客戶名單顯然不具有新穎性，不能成為法律意義上的客戶名單。

　　須說明的是客戶名單涉及到的範圍，不是普通社會公眾，而是指處於同一領域、從事同一行業的競爭者，包括準備進入這個行業或者有可能從商業秘密的利用中得到經濟利益的人。

　　所謂客戶名單的實用性是指，客戶名單確實能夠用於解決經營過程中的現實問題，能為公司帶來經濟利益或競爭優勢。客戶名單中

的客戶是公司的穩定客戶群，是公司開拓市場、增強競爭力的重要依據，應當在一定時期內相對固定，不會輕易改變。業務雙方有時會簽訂長期供貨合同，或者雖無合同，但客戶一旦有需求，就會選擇該經營者供貨，而不是選擇他人，購銷雙方之間已形成一種一一對應的關係。這種關係會給經營者帶來穩定的利潤。而偶然的、臨時的、一次性的客戶不具備長期性和穩定性的特徵，不具有實用性。

　　客戶名單的價值性，是指該客戶名單中必須蘊含一定的信息量，例如應包含與客戶名單中的客戶的交易習慣、意向、內容等細節，是一個資訊的集合體。故此客戶名單中的內容應當是明確具體，而不是抽象模糊的概念，從而有別於普通客戶，內容如果不確定，法律就無從保護。

　　所謂客戶名單的秘密性，並不是指客戶自身具有秘密性，而是指經營者與客戶的具體交易關係具有秘密性。其他經營者並不知道客戶需要這一類產品或服務。同時為了維護客戶名單的秘密性，公司已採取了相應的保密措施，對客戶名單的存放、使用、轉移等各環節進行了控制和保護，例如簽訂保密協議、制定保密制度、資訊載體加鎖等。

【91】雇傭關係下商業秘密的歸屬

任何公司的商業秘密都源自於公司員工在工作過程中研究、開發、反覆的積累、實驗而得，而在中國就商業秘密歸屬問題缺乏明文規定，因此，實務中就易發生爭議。員工完成的所有秘密成果不一定都是公司的商業秘密，但公司所有的商業秘密一定是通過員工而取得的。

由於大陸並無類似於台灣地區《營業秘密法》對此進行特別規定，故此只能依據大陸的《專利法》和《著作權法》中，關於職務發明和職務作品歸屬問題進行類推適用。

大陸《專利法》第六條第一款規定：「執行本單位的任務或者主要是利用本單位的物質技術條件所完成的發明創造為職務發明創造。職務發明創造申請專利的權利屬於該單位；申請被批准後，該單位為專利權人。」

大陸《著作權法》第十一條規定：「著作權屬於作者，本法另有規定的除外。創作作品的公民是作者。由法人或者非法人單位主持，代表法人或者非法人單位意志創作，並由法人或者非法人單位承擔責任的作品，法人或者非法人單位視為作者。如無相反證明，在作品上署名的公民、法人或者非法人單位為作者。」

因此雇傭關係下商業秘密的歸屬也分兩種情況，即職務上研究或開發的商業秘密和非職務上研究或開發的商業秘密。

職務上研究或開發的商業秘密，是指員工在執行、完成公司工作任務，或利用公司的物質技術條件所研究或開發的商業秘密，或者一項商業秘密的研究開發是由公司所主持，代表公司的意志，並由公司承擔最終責任，則職務上研究或開發的商業秘密就屬於公司所有，員工未經公司允許不得擅自使用。

　　而非職務上研究或開發的商業秘密，是指員工研究或開發的商業秘密與員工的工作任務和責任範圍沒有直接關係，而且不是利用本公司的物質技術條件完成的非職務上研究或開發的商業秘密屬於員工個人所有，其使用權、轉讓權由員工個人擁有和行使。

　　實務中，在確定某項商業秘密是否屬於職務上研究或開發的商業秘密時，往往要充分結合勞動合同中的有關約定，如勞動合同中有關員工工作內容、參與範圍及勞務支出程度等、員工的專業知識背景、公司經營內容與商業秘密關係等，因此雙方的約定也就非常重要了。

　　例如：一名員工進入某公司工作的目的就是要完成某一特定產品開發、某一工藝流程設計、某一資訊的搜集整理，那麼由此而產生的商業秘密一般應當確定為職務上研究或開發的商業秘密。相反，如果勞動者所從事的工作與商業秘密的產生沒有任何關聯，那麼也很難將該商業秘密認定為職務上研究或產生的商業秘密，而公司在此情況下就無法主張是該商業秘密的所有人。

【92】如何建立保密制度

　　由於在使用商業秘密的過程中，公司的商業秘密不可避免的為
一部分員工所知悉，因此如何在公司與員工之間建立保護商業秘密的
合理制度，以維持商業秘密的秘密性，以及在訴訟中的舉證責任，就
顯得尤為重要。

　　一般來說，公司在制定保密制度時應至少包括以下幾方面，同
時保密制度一經建立應向所有員工公開，以使其了解到相關的規定。

一、商業秘密的範圍

　　由於在大陸司法實務中，對於諸如要求員工對公司的所有技術
資訊和經營資訊都進行保密，不得對外洩漏等，會被認定為不合理、
不公平，從而得不到法院的支持。故此公司首先應明確作為商業秘密
保護的資訊的範圍，使得員工清楚知道哪些資訊是公司的秘密資訊，
一旦外洩須承擔相應責任。

　　商業秘密範圍包括技術資訊和經營資訊，技術資訊是指應用於
工業目的沒有得到專利保護的、僅為有限的人所掌握的技術和知識，
經營資訊是指符合商業秘密定義的有關經營管理方面的方法、經驗和
策略等。

　　公司在界定商業秘密範圍時，除充分考慮該資訊是否具有保密
的必要性以及保密的可能性外，還應對公司商業秘密範圍的完整性進
行檢查，例如檢查範圍中是否包括了：

　　1、研發文件，如研發記錄、檢測報告、實驗資料、改進步驟
等。這些資料中往往記錄一項新技術、新產品的研究和開發活動的所
有資訊，哪怕這些資訊是失敗的記錄，對於公司來說也極具價值，因
此也屬於商業秘密。

　　2、工藝流程：一般幾個不同的設備，就其單個設備本身並無秘

密性，但經過公司特定組合後，產生新工藝或操作方法，就可作為商業秘密。

3、設備改進：公司若對從購買的機器或設備進行技術改進，使得該機器或設備具有更多性能或產能更高，那麼這種改進也是商業秘密。

4、客戶名單：商業秘密中的客戶名單，一般是指客戶的名稱、位址、聯繫方式以及交易的習慣、意向、內容等構成的區別於相關公知資訊的特殊客戶資訊，包括彙集眾多客戶的客戶名冊，以及保持長期穩定交易關係的特定客戶。

5、內部文件：與公司各種重要經營活動有關聯的文件，也可能會構成商業秘密。如採購計畫、供應商清單、銷售計畫、銷售方法、會計財務報表、分配方案等都是企業的商業秘密。因為這些重要資訊能使公司在競爭中擁有或保持一定優勢，這些資訊若被競爭對手知道，都會對公司產生不良後果。

6、第三方商業秘密：公司在業務往來中對第三方的商業秘密負保密責任，比如在雙方商業合作中了解到的其他企業的商業秘密。倘若公司員工洩漏了第三方的商業秘密，則公司也可能按照法律和協議承擔侵權和賠償責任。

二、涉密員工的管理

保密制度中應限定涉密資訊的知悉範圍，只對必須知悉的相關人員告知其內容。非有權直接接觸秘密的員工，如果需要利用公司其他部門的秘密，或自身非有權直接能接觸的本部門的秘密，應在履行必要的程序並得到公司的同意後方能知悉。

與員工簽訂保密協議，對於其中的高級管理人員還應簽訂競業禁止協議。這不僅是保護商業秘密的最好方法之一，也往往是執法機關判斷保密措施是否合理的一項重要因素。

健全涉密員工人事資料，詳細記載員工的職務範圍，一方面可以避免將來在是否構成職務技術成果上的爭議，另一方面也可在發生商業秘密爭議時，向有關部門據以認定員工究竟有無創作能力，及是否竊取公司機密等問題的證據。

涉密員工離職時，除履行正常的交接手續外，應重申員工在離開本公司之後，應繼續保護商業秘密的義務，同時要求員工就商業秘密載體的移交簽署切結書。必要時，可對離職員工採取離職前的脫密隔離措施等。

三、商業秘密載體的管理

商業秘密的載體是指以文字、圖表、音像及其他記錄形式記載商業秘密內容的資料，包括公文、書刊、函件、圖紙、報表、磁片、膠片、幻燈片、照片、錄音帶等。

公司在管理這些載體時，首先應當根據商業秘密對公司的重要性，將之進行密級劃分。密級的劃分有利於突出重點、確保公司核心秘密的安全。

其次，對於涉密載體應加以標示，標示的方式包括：

1、加蓋保密標識。

2、設置密碼或許可權。

3、不能加蓋標識或設置密碼的，應用專門文件加以確認，並將文件隨涉密載體送達負有保密義務的有關人員進行簽收。

再次，建立完善的製作、收發、傳遞、使用、複製、摘抄、保存、外借、登記和銷毀制度。在未經公司許可和非為業務上必要，不得對涉密載體進行複印、複製、拷貝U盤、移動硬碟、光碟或其他任何存儲設備、照相、錄音、錄影。因工作需要使用商業秘密資料，應向商業秘密管理責任人提出申請，服從其指示。商業秘密管理責任人對使用情況應進行書面登記、記錄。此外，涉密載體銷毀時應由專人

以燒毀、粉碎和其他合適方法進行。銷毀時，應由兩人同時在場。

四、保密義務

員工的保密義務一般來說包括：保守商業秘密的義務；正確使用商業秘密的義務；獲得商業秘密職務成果及時彙報的義務；不得利用單位的商業秘密成立自己企業的義務；不得利用商業秘密為競爭企業工作的義務，等等。

在公司保密制度中應當對員工的保密義務進行明確的羅列，使員工清楚知悉什麼是應該做的，什麼不應該做，例如包括：

1、員工隨時向甲方彙報遵守使用商業秘密情況的義務。

2、保證因執行本職工作且經過規定程序而持有、保管或使用的公司的商業秘密，不得為本職工作之外的其他任何目的而使用商業秘密的義務。

3、除因執行本職工作且按照規定的程序取得和使用商業秘密外，不得打探或持有與本職工作或者業務無關的商業秘密的義務。

4、不得以洩漏、告知、公布、發布、出版、傳授、轉讓、贈與或其他任何方式，使任何第三方知悉屬於公司的商業秘密的義務。

5、不得以出借、贈與、出租、轉讓等任何方式，協助任何第三人使用公司商業秘密的義務。

6、積極保護公司的商業秘密，不得以不作為的方式使公司商業秘密發生洩密危險的義務。

7、對於公司任何時候提出的其涉嫌侵權之行為調查，予以配合並做出書面解釋的義務。

五、洩密責任

規定員工侵犯商業秘密時的責任，有利於對員工起到警示和教育的作用，也是保密制度中的重要組成部分。

　　根據大陸《刑法》的規定，任何人實施侵犯商業秘密的行為，給商業秘密的權利人造成重大損失的，處三年以下有期徒刑或者拘役，並處或者單處罰金；造成特別嚴重後果的，處三年以上七年以下有期徒刑，並處罰金。

　　員工洩密時，除可能承擔上述刑事責任外，公司還可要求員工承擔：

　　1、停止侵害的責任，具體包括：（1）立即停止侵權行為；（2）要求侵權人將商業秘密載體退還或銷毀；（3）要求銷毀使用公司商業秘密生產的、流入市場將會造成商業秘密公開的產品。

　　2、在指定的媒體上公開賠禮道歉、消除影響的責任。

　　3、賠償公司損失的責任。

　　4、消除公司商業秘密可能被披露或被擴散危險的責任。

　　此外，公司還可以通過規章制度的形式，對員工應承擔的勞動管理上的責任，例如降職、降薪等處罰措施予以明確。

【93】保密協議的簽訂重點

公司除了建立必要的保密制度外，簽訂一份完善的、合法的保密協議，亦是公司保護商業秘密的重要法律手段，而且保密協議的簽訂同時可以作為認定對商業秘密採取保密措施的要件，因此，公司有效地利用保密協議，對保護公司商業秘密非常重要。

實務中，為了充分發揮保密協議應有的作用，公司在簽署保密協議時應當注意如下幾個重點：

一、保密範圍

有些公司在約定保密條款時，只是籠統地約定員工負有保守商業秘密的義務，卻沒有對具體的保密範圍、禁止性行為等做出具體約定，故此一旦出現問題，就會產生保密協議無法適用的風險，例如：對是否屬於洩漏商業秘密的行為發生爭議，進而不能有效地保護商業秘密。因此，保密協議應明確約定要求勞動者保守哪些商業秘密。

首先，盡量列舉所有屬於公司內商業秘密的內容，並按秘密的不同性質進行分類，例如：分為技術秘密、經營秘密、其他秘密等。其中經營資訊，一般是指與生產、經營、銷售有關的保密資料、情報、方案、方法、程序、經營決策等，以及組織生產與經營管理的秘密。技術資訊，是指技術秘密或技術訣竅。技術秘密一般是指在生產品的生產和製造過程中的技術訣竅或秘密技術、非專利技術成果、專有技術。

其次，對員工所在崗位涉及的技術資訊或經營資訊做進一步的詳細規定，例如，銷售人員涉及的經營資訊，一般為客戶名單，包括客戶名稱、客戶的聯繫方式、交易習慣。

最後，對於公司與第三方進行交易而承擔保密義務的資訊，這些資訊雖不構成公司的商業秘密，但倘若洩漏，則公司亦將承擔違約

責任，故此也應列入員工的保密範圍。

二、保密主體

需要簽署保密協議的員工一般僅限於涉密崗位和技術崗位的員工，公司可要求前述員工不得披露、公開、出借、贈與、出租、轉讓、處分或者協助第三人侵犯公司的商業秘密。

三、保密期限

對於公司的商業秘密，無論是員工在任職期間還是離職之後，都應當得到充分的保護，這既是員工的法定義務，也正是簽署保密協議的目的之所在。故此，保密協議中，尤其應明確合同期滿後，員工繼續承擔保密義務，已達到防止員工到另一單位重新就業洩漏商業秘密，或若擅自公開或使用，給公司造成不可彌補的經濟損失。

實務中，很多公司通常約定員工的保密期限為任職期間及離職後二至三年，這樣的約定會給員工造成誤解，即離職後過了二至三年，即可公開或使用商業秘密了，故此，保密協議中約定的商業秘密保密期限，應為任職期間及離職後直至商業秘密進入公知領域為宜。

四、保密義務

保密協議中應把法定的、默示的保密義務明示為約定義務，且應對保密的具體內容進行明確，倘若僅籠統的規定「保密」卻不具有可操作性，也易引起爭議。

員工保密義務的具體描述。如：

1、除因執行本職工作且按照規定的程序取得和使用前述商業秘密外，不得打探或持有與本職工作或者業務無關的商業秘密。

2、非經公司書面同意，不得以洩漏、告知、公布、發布、出版、傳授、轉讓、贈與或其他任何方式，使任何第三方（包括按照公

司規章制度的規定，不應知悉該項商業秘密的公司其他員工）知悉屬
於公司或者雖屬於他人但公司負有保密義務的商業秘密。

3、非經公司書面同意，不得以出借、贈與、出租、轉讓等任何
方式，協助任何第三人使用公司的商業秘密。

4、因執行本職工作且經過規定程序而持有、保管或使用的公司
商業秘密，未經公司書面同意，不得擅自以影印、拷貝磁片或其他磁
性記錄物、照相、錄音、錄影或其他任何方式，自行記錄或持有甲方
或其所屬／所投資公司的商業秘密，更不得以上述方式將商業秘密洩
漏給任何第三人。

5、不得為牟取自己或者任何第三人利益，或為損害公司利益之
目的，以任何方式使用或者洩漏公司的商業秘密。

6、員工應採取積極的措施保護公司的商業秘密，不得以不作為
的方式使公司商業秘密發生洩密危險，如發現公司的商業秘密被洩
漏，或者自己過失洩漏了公司的商業秘密，應當立即採取有效措施防
止洩密進一步擴大，並及時向公司彙報。

五、對第三人合同義務

公司在聘用新員工時，應調查其在進入本公司前，是否承擔了
對原公司的保密義務及競業禁止義務。如未承擔此類義務，應在保密
協議中明確聲明或保證，如「乙方保證在甲方工作期間使用任何資訊
均與之前公司無關，乙方為甲方工作，均不會侵犯之前公司的商業秘
密」。如新員工對之前公司負有保密義務，則應要求該員工保證在本
公司工作期間不利用之前公司商業秘密為本公司服務，若有違反，則
應當承擔相應的責任，包括本公司由此而受到的索賠等。

六、秘密載體的移交

保密協議中，還應對公司有權隨時要求員工立即將其所持有的

商業秘密資料和文件，包含該商業秘密資料任何形式的載體，如郵件、文件、磁片、其他磁性記錄物、錄音帶、錄影帶等（包括但不限於正本、影本、複製品），以及日常用於摘抄或記錄的紙張或其他載體，向公司移交的權利進行明確規定。

七、脫密措施

由於大陸《勞動合同法》第三十五條規定：「用人單位與勞動者協商一致，可以變更勞動合同約定的內容。」故此對於掌握公司重要商業秘密的技術人員和管理人員，可在保密協議中對公司因保密需要可合理調換崗位的問題進行明確的規定。這樣的規定有利於公司保護商業秘密，並可避免因崗位調整而產生的不必要的勞動爭議。

八、違約責任

違約責任的約定一方面可督促員工切實履行保密義務，另一方面也可解決發生員工洩密事件時，公司無法舉證洩密行為對公司的損失究竟有多大之問題。

但對違約金數額的約定，由於大陸法律規定違約金的數額不應大於實際損失和數額，所以違約金數額的確定，也應以法律規定的賠償範圍為限度，不應約定過高的違約金，以免無法實際履行或被認定為過高。實務中，一般可以公司商業秘密的許可使用價格為參考。

【94】違反保密義務的法律責任

　　保密義務一般是法律直接規定的義務或是勞動合同的附隨義務。不管公司和員工之間是否有簽訂保密協議，員工均有義務保守公司的商業秘密。倘若員工違反保密義務，即員工在保密期內，將在工作過程中所掌握的商業秘密和與知識產權相關等事項，披露給保密範圍以外的人、在保密範圍以外使用，或者允許保密範圍以外的人使用時，則須承擔以下法律責任：

一、民事責任

　　若員工和公司之間就保密事宜沒有簽署過任何協議，則員工的洩密行為侵犯了公司對商業秘密的所有權，屬於侵權行為，公司可追究員工的侵權責任。若員工和公司有簽署保密協議或保密條款，則員工的洩密行為就構成違約行為，公司可以追究員工的違約責任。無論是哪種責任基礎，都可以要求員工：（1）立即停止洩密行為。（2）賠償損失。

　　根據《勞動法》第一○二條的規定，勞動者違反本法規定的條件解除勞動合同，或者違反勞動合同中約定的保密事項，對用人單位造成經濟損失的，應當依法承擔賠償責任。根據《勞動合同法》第九十條的規定，勞動者違反本法規定解除勞動合同，或者違反勞動合同中約定的保密義務或者競業限制，給用人單位造成損失的，應當承擔賠償責任。

　　1995年5月10日勞動部頒布的《違反「勞動法」有關勞動合同規定的賠償辦法》，對勞動者違反《勞動法》規定或勞動合同約定，給用人單位造成損失應賠償的範圍做了規定。勞動者違反法律規定或勞動合同的約定解除勞動合同，對用人單位造成損失的，勞動者應賠償用人單位下列的損失：

1、用人單位招收錄用其所支付的費用。

2、用人單位為其支付的培訓費用，雙方另有約定的按約定辦理。

3、對生產、經營和工作造成的直接經濟損失。

4、勞動合同約定的其他賠償費用。

二、刑事責任

倘若員工違反保密義務的行為對公司造成的損失超過50萬以上，則根據大陸《刑法》的第二一九條的規定，將構成「侵犯商業秘密罪」，依法承擔如下刑事責任：

有下列侵犯商業秘密行為之一，給商業秘密的權利人造成重大損失的，處三年以下有期徒刑或者拘役，並處或者單處罰金；造成特別嚴重後果的，處三年以上七年以下有期徒刑，並處罰金：

（一）以盜竊、利誘、脅迫或者其他不正當手段獲取權利人的商業秘密的。

（二）披露、使用或者允許他人使用以前項手段獲取的權利人的商業秘密的。

（三）違反約定或者違反權利人有關保守商業秘密的要求，披露、使用或者允許他人使用其所掌握的商業秘密的。

明知或者應知前款所列行為，獲取、使用或者披露他人的商業秘密的，以侵犯商業秘密論。

本條所稱商業秘密，是指不為公眾所知悉，能為權利人帶來經濟利益，具有實用性並經權利人採取保密措施的技術資訊和經營資訊。本條所稱權利人，是指商業秘密的所有人和經商業秘密所有人許可的商業秘密使用人。

【95】發生洩密時，公司的救濟途徑

　　商業秘密的價值就在於它的秘密性，一旦秘密遭到員工或任意第三方的破壞，再通過其他途徑進行彌補，無論如何都難恢復到圓滿的狀態。因此，當發現商業秘密遭到侵害時，公司應立即採取有效的措施，將公司的損失降低至最小程度。

　　由於採取民事、行政、刑事等救濟途徑，都難免會在不同程度上造成公司商業秘密的進一步擴散，也即「二次污染」，故此，倘若侵權人的資產情況較好，持續經營，且有實際賠付能力，則「和解」應是發生洩密時的首選方案。但是應當注意的是，即便進行「和解」，也應在正式啟動「和解」程序之前，按照訴訟的要求，充分完整的收集好侵權方的侵權證據，避免侵權方利用「和解」之便而毀滅證據，這不但對和解不利，對於下一步的訴訟，也將帶來不可彌補的損失。

　　通過民事訴訟的方式，要求洩密員工或透過洩密員工非法使用商業秘密的公司（以下稱「侵權公司」），立即停止使用公司的商業秘密並進行賠償，是最為普遍的一種救濟途徑。一般來說，可採取以下三種訴訟方案：

　　1、將洩密員工以及侵權公司列為共同被告，優點在於：能更好的獲得賠償，並能夠比較徹底的解決問題；缺點是：容易讓洩密員工與侵權公司聯合，從而增強侵權方的對抗力。

　　2、只列洩密員工為被告。優點在於：能較好的將洩密員工孤立，利於在適當的時候與其和解或調解；缺點是，洩密員工個人的賠償能力有限，且不足以讓侵權公司停止使用公司的商業秘密。

　　3、僅將侵權公司列為被告。如果洩密員工受聘的原因在於侵權公司不正當的勸誘，則此時僅將侵權公司列為被告，洩密員工出於利害關係，往往會做有利於公司的陳述。

　　實務中，若洩密員工尚未離職，則有關商業秘密糾紛往往會遇到勞動仲裁部門以「涉及商業秘密侵權糾紛應該由法院管轄」不予受理，法院又以「涉及勞動糾紛」也不予受理的尷尬局面。對此，一般的做法是，單純涉及商業秘密糾紛而不涉及其他勞動糾紛的案件，應由法院直接受理；涉及商業秘密糾紛也同時涉及其他勞動糾紛的，應由勞動仲裁部門受理。

　　通過向侵權公司所在地的工商管理部門進行舉報，公司可採取行政救濟的方式，保護其商業秘密。若工商管理部門查證屬實，則根據國家工商行政管理局《關於禁止侵犯商業秘密行為的若干規定》第七條，可責令侵權公司停止違法行為，並可以根據情節處以1萬元以上20萬元以下的罰款。

　　此外，工商管理部門在依照前款規定予以處罰時，對侵權物品可以做如下處理，但權利人同意收購、銷售等其他處理方式的除外：

　　1、責令並監督侵權人將載有商業秘密的圖紙、軟體及其他有關資料退還權利人。

　　2、監督侵權人銷毀使用權利人商業秘密生產的、流入市場將會造成商業秘密公開的產品。

　　倘若洩密人員和／或侵權公司的行為對公司造成的損失超過50萬以上，則公司亦可根據大陸《刑法》第二一九條的規定，向公安機關報案，追究洩密人員和／或侵權公司的刑事責任。

【96】涉密人員離職時的操作實務

　　涉密人員離職時，往往是公司商業秘密最容易遭到侵犯的時候。如何做好涉密離職員工的交接工作，預防離職員工對公司商業秘密的侵犯，本文簡單介紹如下：

一、脫密措施

　　脫密措施具體指涉密員工在離職前（無論是勞動合同自然終止，還是一方明確要解除勞動合同）調離原先崗位，在接觸不到商業秘密的新崗位（例如行政等內勤部門）工作一定時間，才與公司解除勞動關係的特殊措施。

　　脫密措施在員工從原工作轉換到新公司新工作的敏感期間設定緩衝區，可以在對公司利益影響最小的情況下，有效保護公司對商業秘密享有的合法利益。

　　脫密期規定最早見於原勞動部《關於企業職工流動若干問題的通知》（勞部發[1996]355號）第二條：「用人單位與掌握商業秘密的職工在勞動合同中約定保守商業秘密有關事項時，可以約定在勞動合同終止前或該職工提出解除勞動合同後的一定時間內（不超過六個月），調整其工作崗位，變更勞動合同中的相關內容」。

　　《上海市勞動合同條例》第十五條對此也有明確規定：「對負有保守用人單位商業秘密義務的勞動者，勞動合同當事人可以就勞動者要求解除勞動合同的提前通知期，在勞動合同或者保密協議中做出約定，但提前通知期不得超過六個月。在此期間，用人單位可以採取相應的脫密措施。」

　　但須提醒注意的是，自2008年1月1日《勞動合同法》生效後，因該法第三十七條：「勞動者提前三十日以書面形式通知用人單位，可以解除勞動合同。勞動者在試用期內提前三日通知用人單位，可以

解除勞動合同」的規定,使得脫密期是否可繼續適用六個月的期限,產生了爭議。而在實務中,因各地的理解不同,也存在一定的落差。

二、交接手續

涉密人員除了應正常的離職交接手續外,針對其工作中可能接觸或知悉的商業秘密,還至少應採取如下措施:

1、將包含該商業秘密資料任何形式的載體,如郵件、文件、磁片、其他磁性記錄物、錄音帶、錄影帶等(包括但不限於正本、影本、複製品),以及涉密人員日常用於摘抄或記錄的紙張或其他載體,向公司指定的員工移交,不得留存,且公司應保留相關資料的移交手續。

2、對於留存在電腦中無法移交的商業秘密資訊,應當在公司的監督下進行刪除。

3、通過公司郵件伺服器系統的檢查,確認該員工在離職前是否有轉移公司秘密的資訊。

三、離職保密承諾

對接觸過商業秘密、即將解職的員工進行離職檢查,除要求其履行有關的交接手續,還應重申員工在離開公司之後,應繼續保護商業秘密的義務。最好根據員工掌握商業秘密的具體情況,再簽訂一份詳細、具體的離職切結書,避免員工產生離職後就不再承擔保密義務的誤解。故此切結書上重點內容應為:員工應對不再持有公司商業秘密的任何載體,繼續履行其與公司之間簽訂的「保密協議」約定的保密義務做出承諾。

此外在離職保密承諾中,對於違反保密義務可能涉及的民事、行政、刑事等責任再次進行明確,尤其是對刑事部分責任的強調,往往可以起到防患於未然的效果。

四、離職調查

　　主動了解離職涉密員工去向及未來職業規劃，必要時，還要與此員工未來的雇主進行溝通，分別或一併向離職員工及其新雇主闡明有關保守商業秘密的法律責任。

【97】競業限制制度的利弊分析

現階段商業秘密糾紛主要表現為雇員帶走雇主的商業秘密，與雇主從事競爭性生產經營的行為，競業限制制度成為企業保護商業秘密，保持競爭優勢的一個較好的選擇。

競業限制制度是指公司與知悉商業秘密的人員約定在解除勞動關係或終止勞動關係後一定時間內，該員工不得到與本公司生產或經營同類產品、從事同類業務的有競爭關係的其他公司任職，或者自己開業生產或者經營同類產品而公司給予一定補償的協議。

競業限制是基於誠實信用原則而產生對員工的基本職業道德要求，也是世界各國法律及實踐中廣泛採取的做法。

通過競業限制制度，可以防止競爭者引誘本公司員工跳槽，從而避免員工帶走公司的商業秘密。因此競業限制制度是對公司商業秘密保護的一種重要手段，通過訂立競業限制協議，可以減少和限制公司商業秘密被洩漏的概率，從而有效地保護公司在市場競爭中，不因其商業秘密洩漏而遭受損失。

《勞動合同法》第二十五條明確規定：除本法第二十二條（即違反服務期規定）和第二十三條（即違反競業限制協議）規定的情形外，用人單位不得與勞動者約定由勞動者承擔違約金。因此，通過競業限制協議中違約金的約定，也可在員工違反競業限制義務時，或者侵犯公司商業秘密時，以違約金的方式向公司賠償損失，較好的解決了公司因商業秘密被洩漏，公司舉證損失困難的問題。

但競業限制制度是通過對員工自由擇業的限制，來保護用人單位的利益，在此情況下由於員工擇業自由遭限制，同時，公司也可能從員工的擇業限制中獲得商業利益，故公司理應給予員工相應的補償，即公司需要付出一定的對價來換取對員工擇業的限制。而關於補

償金的標準，目前國家無統一規定，主要由雙方合理約定，實務中通常是勞動者此前正常工資的20％至60％。

　　而且根據大陸《勞動合同法》第二十三條規定：「用人單位與勞動者可以在勞動合同中，約定保守用人單位的商業秘密和與知識產權相關的保密事項。對負有保密義務的勞動者，用人單位可以在勞動合同或者保密協議中，與勞動者約定競業限制條款，並約定在解除或者終止勞動合同後，在競業限制期限內按月給予勞動者經濟補償。勞動者違反競業限制約定的，應當按照約定向用人單位支付違約金」，公司必須按月支付競業限制補償金，不得在員工履行競業限制義務的期限屆滿之後一次性支付。大陸《勞動合同法》之所以規定必須按月支付，其立法之本意在於：競業限制義務的履行，可能導致員工產生生存上的壓力，有可能激化社會矛盾，不利於和諧勞動關係的構建。且按月支付競業限制補償金更有利於制約員工按約定履行競業限制的義務，避免公司一次性支付競業限制補償金後，員工未履行相應義務。

　　此外，競業限制協議並不能代替保密協議，保密協議中的保密義務要求員工不得洩漏商業秘密，側重的是不能「說」，而競業限制協議要求員工不能到競爭單位任職或自營競爭業務，側重的是不能「做」，且中國的競業限制制度限制員工擇業期限，最長不得超過二年。而對於保密義務卻沒有任何期限規定。因此，僅有競業限制制度不足以達到保護公司商業秘密之目的，競業限制制度必須結合保密制度一起，才能發揮作用。

【98】競業限制協議的簽訂重點

對負有保密義務的員工，公司可以在勞動合同或保密協議中，與員工約定競業限制條款來達到保護公司商業秘密的目的，競業限制協議的制定適用意思自治原則，可以由公司和員工協商確定，但一份完整的競業限制協議至少應當具備以下主要條款：

一、競業限制的具體範圍

競業限制的具體範圍，包括人員範圍和地域範圍。

一般來說，競業限制協議簽訂對象，主要涉及公司的高級管理人員、高級技術人員和涉密人員（即指知悉公司商業秘密和核心技術的人員），並不適用於公司的全體員工。

由於競業限制協議限制了員工的擇業權，因此從立法本意來說，法律並沒有賦予公司可任意限制員工就業地域範圍的權利。實務中，對於競業限制協議適用的地域範圍，通常以能夠與公司形成或實際形成競爭關係的地域為限。

二、競業限制的期限

《勞動合同法》第二十四條第二款規定：「在解除或者終止勞動合同後，前款規定的人員到與本單位生產或者經營同類產品、從事同類業務的有競爭關係的其他用人單位，或者自己開業生產或者經營同類產品、從事同類業務的競業限制期限，不得超過二年。」因此在大陸，競業限制期限是自員工離職之日起計算，公司僅可與員工在法定的二年競業限制期限內協商具體的限制期限，若超過二年的期限，則超出部分不受大陸法律的保護。

三、補償費的數額及支付方法

　　競業限制協議屬於雙務合同，員工簽署競業限制協議後，因受到競業限制協議的約束，因此員工的就業範圍大幅減少，甚至可能失業，故此公司應當支付競業限制補償金，作為對員工承擔競業限制義務的補償。

　　《勞動合同法》及相關的《勞動合同法實施條例》中，對於競業限制補償金的支付標準均沒有做出明確的規定，因此，一般情況下可以由公司和員工之間協商確定，除非地方政府有特別規定最低標準，實務中通常是勞動者此前正常工資的20％至60％，例如：

　　（1）《上海市關於適用「勞動合同法」若干問題的意見》規定，補償金數額不明的，雙方可以繼續就補償金的標準進行協商；協商不能達成一致的，用人單位應當按照勞動者此前正常工資的20％至50％支付。

　　（2）《江蘇省勞動合同條例》第十七條規定：競業限制補償金年經濟補償額，不得低於該勞動者離開用人單位前十二個月，從該用人單位獲得的報酬總額的三分之一。

　　（3）《深圳經濟特區企業技術秘密保護條例》第二十四條規定：競業限制協議約定的補償費，按月計算不得少於該員工離開企業前最後十二個月月平均工資的二分之一。約定補償費少於上述標準或者沒有約定補償費的，補償費按照該員工離開企業前最後十二個月月平均工資的二分之一計算。

　　（4）《浙江省技術秘密保護辦法》第十五條規定：競業限制補償費的標準由權利人與相關人員協商確定。沒有確定的，年度補償費按合同終止前最後一個年度，該相關人員從權利人處所獲得報酬總額的三分之二計算。

　　故此，在有地方法律規定競業限制補償金最低標準的情況下，

公司和員工協商確定的競業限制補償金支付標準不能低於法定標準。

競業限制補償金的支付期限必須是按月支付，屬於法律強制性規定，因此不得在員工履行競業限制義務的期限屆滿之後一次性支付，公司應在員工履行競業限制義務之前支付。

四、違約責任

公司可與員工約定違反競業限制協議後，員工應向公司承擔的違約責任。大陸法律並沒有對競業限制的違約金標準做出明確規定，因此公司可與員工具體協商。實務中，一般可參照公司商業秘密的許可使用價格。司法實踐中，通常會參考員工原工資收入號、補償金的金額、員工因違約而獲得的利益等因素綜合判斷。

【99】競業限制補償金的理解與適用

競業限制限制員工在離職後繼續從事同類業務的自由擇業權，但倘如這些員工不從事同類業務，可能根本無法找到新的工作，因此，公司就必須對員工的競業限制行為做出相應的經濟補償，以保證員工的基本生活利益。

大陸《勞動合同法》對「競業限制補償金」做出了較為明確的規定，該法第二十三條規定：「用人單位與勞動者可以在勞動合同中約定，保守用人單位的商業秘密和與知識產權相關的保密事項。對負有保密義務的勞動者，用人單位可以在勞動合同或者保密協議中，與勞動者約定競業限制條款，並約定在解除或者終止勞動合同後，在競業限制期限內，按月給予勞動者經濟補償。勞動者違反競業限制約定的，應當按照約定向用人單位支付違約金。」

通過上述法律規定分析可以得出，競業限制補償金具有如下法律特徵：

1、競業限制補償金產生的前提條件：

（1）公司與支付對象曾經是雇傭與被雇傭的關係，建立過勞動關係。但之後因一方或雙方的原因，雙方間的勞動關係被解除或終止，員工已離職。

（2）員工離職後，由於其在職期間所接觸或知悉的公司商業秘密或信息對公司極為重要，公司為了保障競爭優勢，限制員工至與公司生產或者經營同類產品、從事同類業務的有競爭關係的其他公司工作，或者限制員工自己開業生產或者經營同類產品、從事同類業務。

2、競業限制補償金支付對象，僅僅限於負有保密義務的離職員工。

《勞動合同法》第二十四條針對競業限制補償金支付對象，做

出了進一步的說明，即，僅限於公司的高級管理人員、高級技術人員和其他負有保密義務的人員。

3、競業限制補償金的支付期限必須是按月支付，屬於法律強制性規定，因此，公司不得約定在員工履行競業限制義務的期限屆滿之後再一次性支付。

4、若地方法規對競業限制補償金數額沒有明確規定，則考慮到大陸法院或勞動仲裁委員會比較傾向保護員工的利益，為避免員工對競業限制補償金支付標準提出異議後的敗訴，建議雙方協商確定的競業限制補償金支付標準應公平合理，不宜約定過低。

實務中比較常見的是，公司和員工之間在競業限制協議或條款中，對競業限制補償金的支付標準沒有做出任何約定。在此情況下，員工仍有權要求公司支付競業限制補償金。倘若此時由於雙方無法就競業限制補償金支付標準達成一致，故此公司不予支付的，則員工可以解除競業限制協議。也就是，在沒有約定競業限制補償金的情況下，根據權利和義務一致原則，員工同樣有權要求公司支付競業限制補償金，否則，員工就有權不履行競業限制協議或條款約定的競業限制義務。

5、在員工履行競業限制義務的情況下，公司支付競業限制補償金是法定義務。

有些公司在勞動合同或者競業限制協議中，約定員工在職期間的工資中，已包括了未來該員工履行競業限制義務的補償金，或者規定公司無需支付競業限制補償金，實務中，類似條款往往被法院或勞動仲裁委員會依據《勞動合同法》第二十六條：「下列勞動合同無效或者部分……（二）用人單位免除自己的法定責任、排除勞動者權利的；……」之規定，而判定為無效條款，進而影響到整個競業限制協議或條款的效力，即公司無權再主張或要求員工遵守競業限制協議。

　　當然，倘若員工確實履行了競業限制義務，即便公司在競業限制協議或條款中免除自身支付競業限制補償金的義務，員工仍可以依法行使自己的權利，包括要求公司支付競業限制補償金，以維護自己的合法權益。

【100】違反競業限制協議的法律責任

「競業限制協議」係公司和員工之間自願簽訂，是雙方的真實意思表示，只要該協議沒有違反《勞動合同法》及其他法律、法規的規定，該協議就合法有效，因此無論是公司還是員工，都應當遵守。

員工違反「競業限制協議」時，需要承擔如下法律責任：

一、根據公司的要求繼續履行競業限制協議

「競業限制協議」是公司與員工協商一致達成的協議，屬於合同的一種，根據《合同法》的規定，其繼續履行合同義務是承擔違約責任的一種方式。只要公司繼續支付競業限制補償金，就可以要求員工繼續履行競業限制的義務，直至競業限制期限屆滿。但此種情況在實務中較難操作，由於合同繼續履行涉及第三方，且該合同的履行涉及的是非金錢的給付義務，難以強制執行。故即便法院判決，往往亦難以達到目的。

二、根據約定向公司支付違約金

《勞動合同法》第二十三條規定：「勞動者違反競業禁止限制約定的，應當按照約定向用人單位支付違約金。」因此如果競業限制協議中有約定的違約金，則在員工違約時，就一般不以公司實際受到的損失為依據，直接適用違約金條款。當員工僅僅從事了競業行為，未給用人單位造成實際損失或是實際損失低於約定的違約金數額時，員工須按照約定承擔違約金，具有明顯的懲罰性質。

三、若向公司支付的違約金不足以支付公司損失的，還應賠償公司的損失

損害賠償是違約責任的常見形式，勞動合同也不例外。各國的

法律都規定了違反勞動合同的損害賠償責任。大陸《勞動合同法》第九十條規定：「勞動者違反本法規定解除勞動合同，或者違反勞動合同中約定的保密義務或者競業限制，給用人單位造成損失的，應當承擔賠償責任。」若員工僅有競業行為，不涉及侵犯公司的商業秘密時，一般不存在損害賠償責任。當員工違反競業限制義務以致洩漏公司的商業秘密，給公司造成損失時，才產生損害賠償責任。商業秘密「一旦失去就永遠失去」，因此恢復原狀是不現實的。因此員工應以金錢賠償的方式賠償公司的損失。至於損害之數額，由用人單位負舉證責任。

　　若公司違反「競業限制協議」時，實務中最為常見的情形是：公司沒有根據競業限制協議向員工按時足額支付競業限制補償金，則公司需要承擔如下法律責任：

　　1、無權要求員工繼續履行競業限制的義務，即員工可以自由擇業，但公司仍有義務支付已經履行的競業限制期間的補償金。

　　2、根據「競業限制協議」約定向員工支付違約金，賠償員工所遭受的損失。

　　值得一提的是，考慮到要求員工競業限制是公司的權利，如果公司放棄要求員工履行競業限制義務，應至少提前一個月通知勞動者，並支付勞動者已經履行期間的競業限制補償金。在此種情況下，公司只要履行了法定的單方解除競業限制的程序，並依法支付了已經履行期間的競業限制補償金，則公司就無需承擔違約責任。

【101】招聘競爭對手員工的法律風險及防範

競爭對手的員工，尤其是高級技術人才和高級管理人員，因其具有本行業豐富的實務經驗、客戶資源、技術情報等，而往往受到公司的青睞。招聘競爭對手的員工固然能迅速為公司創造經濟利益，但倘若擬招聘的員工對原單位負有競業限制義務或保密義務，則新公司往往會被認定為侵權，從而導致承擔如下法律責任：

一、民事責任

一旦公司招用的員工應對原公司負有競業限制義務及保密義務，則原單位可能提出該員工洩漏了其商業秘密並且給其造成了損失，這時原單位就有可能將員工與新公司一起告到法庭，要求承擔連帶賠償責任。

大陸《最高人民法院關於審理不正當競爭民事案件應用法律若干問題的解釋》第十七條規定：「確定《反不正當競爭法》第十條規定的侵犯商業秘密行為的損害賠償額，可以參照確定侵犯專利權的損害賠償額的方法進行。」

《專利法》第六十條規定，侵犯專利權的賠償數額，按照權利人因被侵權所受到的損失或者侵權人因侵權所獲得的利益確定；被侵權人的損失或者侵權人獲得的利益難以確定的，參照該專利許可使用費的倍數合理確定。

二、刑事責任

倘若員工違反保密義務的行為，給原工作單位造成損失數額在50萬元以上的，屬於造成重大損失」；數額在250萬元以上的，屬於造成特別嚴重後果。均須承擔刑事責任。

大陸《刑法》第二二〇條規定：「單位犯本節第二一三條至第

二一九條規定之罪的，對單位判處罰金，並對其直接負責的主管人員和其他直接責任人員，依照本節各該條的規定處罰。」

　　故此，公司招用競爭對手的技術、經營骨幹時，必須進行一定的調查，主動了解擬招聘人員在原單位所承擔的保密義務和競業限制義務，具體的方法包括但不限於：

　　1、審閱員工與原單位簽訂的勞動合同，確認擬招聘的員工不負上述義務。

　　2、要求員工出具切結書，保證其和原工作單位間不存在任何保密協議及競業限制協議。

　　3、向原單位致函進行調查及確認，並保留相關寄送憑證。

　　其次，要求員工提供原單位的「退工證明」，確認擬招聘的員工是否與原工作單位解除了合同或者辦理合法辭職手續。

　　再次，在沒有合法依據的情況下，避免使用受聘職工帶來的原單位的商業秘密。使用受聘人員提供的資訊前，應充分了解其資訊的來源，並要求提供者出具來源合法的書面「說明」。

　　最後，一旦發現員工涉嫌違反保密義務和競業限制義務的，公司可依據《勞動合同法》第二十六條：「勞動者在簽訂勞動合同時存在欺詐行為，屬於無效合同」的規定，立即解除與該員工的勞動關係。

【102】簽訂培訓協議須注意的事項

在大陸地區，用人單位常常會為表現良好的員工提供專項培訓的機會，並承擔相應的費用。而該等員工提前離職的，將會使用人單位遭受一定的損失。因此，法律允許用人單位在提供專項培訓費用的前提下，與員工另行簽訂書面協議，約定服務期。若違反服務期的約定提前離職的，員工需要承擔違約責任。這種協議，一般被稱作「培訓協議」。

一、簽訂培訓協議必須符合法定的條件

根據《勞動合同法》的相關規定，用人單位與員工簽署培訓協議約定服務期的前提條件有兩個：（1）提供「專項培訓」的費用；（2）專項培訓必須是「專業技術培訓」。

從這兩個前提條件中，我們可以看出，用人單位提供的費用，必須用於專業技術培訓。以往，什麼樣的培訓才算「專業技術培訓」，有過很多爭議，要根據具體案件來處理。根據《江蘇省高級人民法院江蘇省勞動爭議仲裁委員會關於審理勞動爭議案件的指導意見》，人民法院、仲裁機構應對用人單位是否為勞動者提供專項培訓費用、對其進行專業技術培訓進行審查。用人單位對勞動者進行的上崗前培訓，以及日常業務培訓，不應認定為專業技術培訓。

專業技術培訓指的是以提高勞動者職業技能而進行的培訓，比如送員工出國培訓，或者到外地學習，或到高校進修學位等。

另外，勞動者接受專項培訓期間的基本工資，不應認定為專項培訓費用。所以，勞動者要支付的違約金，不包含崗前和日常的培訓費用。

上海法院在司法實務中認為，《勞動合同法》對專業技術培訓

概念並未明確，實務中應包括專業知識和職業技能的培訓，一般的上崗職業培訓則不包括在內。但應對專業技術培訓做廣義的理解，可以是脫產的，半脫產的，不脫產的，某案中員工被派駐國外公司期間，屬於工作還是培訓？法院認為，通常說來，培訓時，用人單位開展的為提高勞動者素質、能力、工作績效等，而實施的有計畫的培養和訓練活動，目的在於改善和提高勞動者的知識、技能、工作方法和工作態度以及工作的價值觀等。因此培訓形式不局限於課堂教育，還包括具體崗位上的能力培養。某員工從國外回來後，公司明確其在國外是完成海外培訓，提升其職位和工資，並重申了服務要求，員工沒有異議，並且，員工在國外的工資、住房津貼、生活補貼和安家費等，都是公司支付的，最終法院認定，該員工在國外是進行海外培訓，應按照約定履行自己的義務。

另外，《勞動合同法》實施之前，上海法院認可提供住房、車輛等特殊福利待遇可簽服務期協議，但《勞動合同法》已將培訓以外的一些福利待遇，如福利住房、購車、大額借款、補充保險等，排除在可以簽訂培訓協議的情形之外，上海高院明確此類待遇屬於預付性質，用人單位也只能以勞動者未完全履行勞動合同為由，要求勞動者按照相應比例退還，而不能主張另外的違約金賠償。實務中，解決提供住房和購車福利待遇同時對員工有約束力的較好辦法是，簽訂借款合同，在約定勞動合同期限屆滿前，合同終止或解除的，員工應清償借款。

二、培訓協議應當對培訓項目的細節進行明確的約定

用人單位在與員工簽訂培訓協議時要注意寫清培訓名稱、培訓的具體起止時間以及培訓後的服務期限。

另外，為保證員工能夠在培訓中獲得實際的能力提高，用人單

位可在培訓協議中，要求員工向用人單位定期提交培訓心得報告或學習總結，同時，也可明確約定用人單位有權根據培訓結束後的考核情況，調整工作的權限或給予有關職位。一方面，可以促使員工積極的參加培訓，另一方面，也可以及時掌握員工培訓的進展情況。

三、培訓協議中約定的服務期限應與勞動合同期限保持一致

勞動合同期限是勞動合同確定的，用人單位與員工享有、履行各自勞動權利義務關係的期限，在該期限內，用人單位與員工雙方的權利義務關係一般是明確的、具體的，在勞動合同期限內，勞動者可以依法解除勞動合同，且不需要承擔違約責任。

而服務期限主要是勞動者根據培訓協議的約定，應當為用人單位提供服務的期限，其重點是保證勞動者在用人單位提供服務須達到約定年限，保證用人單位能收回其對勞動者的投資，在服務期內，勞動者是不能任意解除、終止服務期，否則將承擔違約責任。

但是，在實務中，勞動合同期限與服務期限往往存在不一致的情況。在服務期限長於勞動合同期限時，如何避免糾紛和爭議是實務中經常會遇到的問題。為了解決該問題，在簽訂勞動合同時，儘管這時用人單位往往還未提供專業培訓，也並未簽訂培訓協議，但是，用人單位應當在勞動合同中明確約定，將來一旦需要簽署培訓協議，且服務期限長於勞動合同未履行部分的期限，用人單位有權與員工重新簽署勞動合同，或者勞動合同期限自動延長至服務期限終止。

四、培訓協議對於培訓費用的範圍要明確

根據法律的規定，培訓費用的金額與員工違反服務期約定的違約金密切相關。但是，法律上對於培訓費用的範圍並無明確規定。因此，在實務中，培訓費用的範圍大都以培訓協議中的約定為準。

因此，對於培訓費用範圍的約定應當明確。例如，在培訓協議

中明確約定，培訓費用應當包括異地或出國期間的補貼、工資福利、保險、住宿費用、培訓費、材料費以及交通費等。必須注意的是，在培訓協議中應當寫明培訓費包括什麼費用，不包括什麼費用，以防在員工違約時不致引起爭議。

需要說明的是，江蘇省高院頒布的相關文件中明確，員工在培訓期間的基本工資不屬於培訓費用。因此，對於江蘇省範圍內的用人單位，應當明確將員工的工資劃分為基本工資和其他支出（如詳細列明為進行培訓支出的各項費用）。

五、培訓協議應明確違約責任

按照法律的規定，員工違反服務期約定的，應當按照約定向用人單位支付違約金。必須注意的是，《勞動合同法》對於違約金的數額做出了限制。根據《勞動合同法》的規定，在用人單位與員工約定違反服務期的違約金時，約定的金額不得超過用人單位提供培訓的費用。這也是我們在上文中提到的約定培訓費用範圍重要性的原因之一。

但是，這個約定的違約金數額並不一定是最終實際發生的數額。根據《勞動合同法》的規定，員工在違反服務期約定時所應支付的違約金，不得超過服務期尚未履行部分應分攤的培訓費用。

因此，若員工違反了服務期的約定，服務期已經履行了一部分，則應當將培訓費用予以分攤計算。在培訓協議約定的違約金高於分攤計算後的違約金的，員工實際應支付的違約金應當以分攤計算後的金額為準。

【103】特殊福利待遇協議制定時應注意事項

在2008年1月1日《勞動合同法》生效之前，很多企業通過為員工提供特殊待遇並簽訂相關協議的方式，約定員工的服務期義務或者違約金，從而防止核心員工流失。常見的特殊待遇有配車、提供借款、提供專項培訓等等。這樣的實際操作雖無法律上的明確規定，但各地均通過地方性法規的方式對此做出了認可。

而《勞動合同法》生效之後，企業再通過上述方式與員工約定服務期義務或者違約金，可能會存在一定的障礙。因為，《勞動合同法》將約定服務期限定為「企業為員工提供專項培訓費用」，言下之意，如果用人單位為員工提供的其他特殊福利待遇，用人單位也無權與員工約定服務期義務。另外，《勞動合同法》明確規定，除依法約定的服務期義務以及競業限制義務外，用人單位不得與員工約定違約金。

《勞動合同法》的上述規定，給用人單位帶來了相當大的困擾。一方面，用人單位希望通過提供特殊福利待遇的方式留住人才，另一方面，用人單位以往的留任計畫、服務期約定或者違約金條款，與《勞動合同法》的規定相悖，那麼用人單位提供的特殊福利待遇後，用人單位的此項合法權益如何得到保障呢？

為此，上海市的高級人民法院在2009年頒布的《關於適用「勞動合同法」若干問題的意見》中特別規定，用人單位給予勞動者價值較高的財務，如汽車、房屋或住房補貼等特殊待遇，而勞動者未按照約定期限付出勞動的，用人單位有權以勞動者未完全履行勞動合同為由，要求勞動者按照相應比例退還。

從上述規定我們可以看出，在上海地區，用人單位若提供了價值較高的特殊福利待遇，可通過與勞動者變更勞動合同期限的方式，實現其要求員工服務一定期限的目的。若勞動者違反約定提前解除勞

動合同的，用人單位可要求勞動者，按照其未履行部分依比例退還已
給予之特殊福利待遇金額。江蘇也有類似的規定。

　　如果企業所在地方還沒有類似於《關於適用「勞動合同法」若
干問題的意見》中關於服務期的規定，用人單位也可以考慮將特殊福
利待遇轉化為借款的方式來進行。具體來說，在2008年之前，用人
單位提供特殊待遇的方式為提供實物，如提供車輛、住房等，而在
2008年之後，用人單位可將此類實物轉為現金。也就是說，用人單
位向員工提供借款，並約定員工將此等借款用於購買車輛、住房或作
為住房補貼等。同時，在借款協議中明確約定員工須為用人單位工作
的年限。若員工提前解除勞動合同的，用人單位有權要求員工立即全
部退還借款。若員工在用人單位工作年限達到約定的工作年限的，則
該筆借款不用退還。通過這樣的方式，用人單位也可在一定程度上實
現其留住人才之目的。

第七篇

社會保險、工傷
與住房公積金

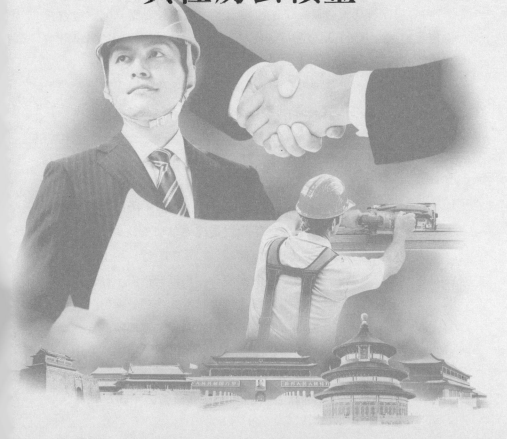

【104】大陸社會保險制度介紹

　　社會保險是指由國家立法強制實施，由政府、用人單位和勞動者等社會各方面籌集資金建立專門基金，在勞動者年老、失業、患病、工傷、生育或者喪失勞動能力時，從國家或社會獲得物質幫助的制度。

　　大陸的社會保險制度是由企業職工基本養老保險制度、基本醫療保險制度、失業保險制度、工傷保險制度和女職工生育保險制度等五項重要保險制度共同架構而成的。所有社會保險制度都具有以下基本特徵：

　　1、強制性。社會保險是法律規定並由國家強制實施的，社會保險覆蓋範圍內，所有單位和個人都必須參加，並按規定履行繳納社會保險費的義務。

　　2、互濟性。參加社會保險並履行了繳費義務的用人單位和個人並不都必然得到償付，往往只有部分單位和個人受益，社會保險的互濟性表現為均衡企業和個人的負擔，並分散其風險。

　　3、普遍性。社會保險是為分散企業和個人風險、為企業和個人提供幫助而設立的，因此其覆蓋範圍應該是全部企業和個人。

　　4、非營利性。因為社會保險實行強制性原則，所以必須堅持非營利性，才能避免其成為社會保險經辦機構的牟利工具。

　　大陸的工傷保險制度是由政府向社會籌集資金，為在工作中遭受事故傷害或患職業病的員工提供醫療救治和經濟補償，在保障工傷員工基本生活的同時，分散用人單位工傷風險的一項社會保險制度。其主要內容包括工傷保險制度的適用主體範圍、工傷保險基金、職業病診斷和鑒定、工傷認定、勞動能力鑒定、工傷保險待遇以及用人單位的法律責任等重要方面。

　　生育保險是指女性勞動者因懷孕、分娩而暫時中斷勞動時，獲

得生活保障和物質幫助的一種社會保險制度，其基本內容包括生育保險的適用範圍、生育保險基金籌集、生育保險待遇標準、女員工「三期」待遇等。

所謂「失業保險」是指，對勞動年齡內有就業能力並有就業願望的人，由於非本人原因而失去工作，無法獲得維持生活所必需的工資收入，在一定期間內由國家和社會為其提供基本生活保障的社會保險制度。

所謂的「基本養老保險制度」是指，政府通過立法強制實施，在企業員工達到法定退休年齡，或者因年老而喪失勞動能力時，為其提供基本生活保障的一項社會保險制度。

大陸醫療保險制度全稱是「城鎮職工基本醫療保險制度」，是大陸官方實行醫療保險制度改革，保障職工基本醫療而在全國範圍內推行的醫療保險制度。為了全方位、有步驟順利推行城鎮職工基本醫療保險制度，大陸官方明確公布了醫療保險的基本原則，即所有職工參加醫療保險的原則、用人單位和職工雙方共同負擔醫療保險費用的原則，和社會統籌和個人帳戶相結合的原則。

【105】《社會保險法》重點分析

日前頒布的《社會保險法》是大陸首次針對社會保險制度進行立法，正式施行日期為2011年7月1日。隨著新法的頒布施行，社會保險制度的統一化、規範化將成為必然趨勢，例如上海就已經對小城鎮職工社會保險與外來從業人員綜合保險，實施統一過渡到城鎮職工社會保險的政策，另外，新法還將在以下幾方面影響台資企業的成本和決策。

一、減輕工傷員工對企業的負擔

原《工傷保險條例》規定，五到十級傷殘員工在勞動合同終止或解除時，單位應支付一次性醫療補助金和一次性傷殘就業補助金（簡稱「兩金」）。而新法則規定，一次性醫療補助金改由工傷保險基金支付。目前，兩金具體補償標準各地不一，以25歲五級傷殘員工2012年終止勞動合同為例，新法和原《工傷保險條例》進行比較，企業負擔可減輕如下：

地區	一次性傷殘就業補助金（企業支付）	一次性醫療補助金（工傷保險基金支付）（原為企業支付）	2012年公布的當地上一年度職工月平均工資
上海	18個月當地平均工資的一次性傷殘就業補助金	18個月當地平均工資的一次性醫療補助金	4,331元
江蘇	30個月當地平均工資的一次性傷殘就業補助金	70個月當地平均工資的一次性醫療補助金	3,832元
浙江	30個月當地平均工資的一次性傷殘就業補助金	30個月當地平均工資的一次性醫療補助金	3,888元

二、交通事故等第三人侵權導致工傷，企業代墊醫藥費不再無從追償

實務中經常發生例如交通事故等第三人侵權造成的工傷，司法實務中對此類工傷，上海的工傷保險不重複支付受傷員工在民事案件中已獲判的賠償；江蘇則採取相對折中的作法，即對於醫療、交通等實際發生的費用，禁止雙重賠償，對於一次性工傷醫療補助金、一次性傷殘就業補助金等項目，則允許雙重賠償。

因受傷害員工的醫療費大都先由單位墊付，如果單位墊付的費用，法院判決由侵權第三人支付，而侵權第三人實際無支付能力時，工傷保險限制重複賠付的規定就導致了單位利益的犧牲。對此，新法規定「由於第三人的原因造成工傷，第三人不支付工傷醫療費用或者無法確定第三人的，由工傷保險基金先行支付」，這就意味著單位墊付的費用不再無處追償，但應當注意的是，新法規定工傷保險基金先行支付的部分僅為醫療費用，不包括一次性工傷醫療補助金、一次性傷殘就業補助金等項目。

三、企業欠繳社會保險費，可強制劃帳

新法還增加了社會保險費強制征繳的內容，若用人單位未依照規定繳納社會保險費，社保管理部門可以查詢其銀行存款帳戶，並申請縣級以上行政部門書面通知其開戶銀行或其他金融機構劃撥社會保險費；社保管理部門還可以申請人民法院扣押、查封、拍賣其價值相當於應當繳納社會保險費的財產，以拍賣所得抵繳社會保險費。

另外，新法在養老、醫療、失業、生育保險方面亦有所突破。在養老保險方面，明確規定基本養老保險參保不足十五年，既可以自行繳費至滿十五年，也可以轉入新型農村社會養老保險或城鎮居民社會養老保險。在生育保險方面，首次規定由生育保險基金承擔職工未就業配偶的生育醫療費用。

【106】基本養老保險制度介紹

《勞動法》明確規定，勞動者和用人單位應當依法參加社會保險。大陸在推行《社會保險法》之前，各地均已逐步開展社會保險統籌，而基本養老保險，即社會保險中的一項重要內容。所謂的「基本養老保險制度」是指，政府通過立法強制實施，在企業員工達到法定退休年齡，或者因年老而喪失勞動能力時，為其提供基本生活保障的一項社會保險制度。本文擬就大陸基本養老保險制度的主要內容做一介紹。

一、基本養老保險費率和繳費基數

目前，全國大部分地區已經規定企業繳納的養老保險金全部納入社會統籌基金，不再劃入個人帳戶，企業繳納養老保險的比例，一般不得超過本企業工資總額的20％，具體比例由各省級人民政府確定；參保人員個人按本人繳費工資的8％繳納基本養老保險費，並全部記入個人帳戶。以上海市為例，目前上海的企業基本養老保險費繳費比例為22％，個人繳費比例為8％。

至於基本養老保險的繳費基數，用人單位為本單位的工資總額、員工個人為本人全部工資。此外，為了平衡員工之間領取基本養老保險金水準的差距，在具體實施過程中，員工工資高於當地職工平均工資300％的，按當地職工平均工資的300％繳費；低於當地職工平均工資60％的，按當地職工平均工資的60％繳費。

二、基本養老保險待遇

基本養老金由基礎養老金和個人帳戶養老金組成。其中，基礎養老金的計算標準，也大都以參保人員退休時上一年度當地職工月平均工資（原行業統籌單位按全省職工月平均工資計算，下同）和本人

指數化月平均繳費工資的平均值為基數，繳費每滿一年發給1％。計算公式為：基礎養老金＝（參保人員退休時上一年度當地職工月平均工資＋本人指數化月平均繳費工資）÷2×個人累計繳費年限×1％；個人帳戶養老金月標準為個人帳戶儲存額除以規定的計發月數。上海市政府的規定略有不同，自2007年9月1日起，上海市企業職工基礎養老金標準，以辦理申領基本養老金手續時的上年度全市職工月平均工資為基數，繳費年限每滿一年發給1％。

三、享受基本養老保險的條件

領取基本養老保險金須具備三個條件：一是退休前本人按規定參加了基本養老保險；二是達到了法定的退休年齡或符合退休條件；三是本人按時足額繳納養老保險費滿十五年。

實務中存在分歧和誤解比較多的是，如何理解「員工本人按時足額繳納養老保險費滿十五年」。有觀點認為參保員工只要繳滿十五年，就不必再繼續繳納養老保險金了，其實不然，按照上述第二項所述養老金計發辦法來看，參保人員退休時領取養老金的高低，與繳費年限長短、個人帳戶總額是緊密相連的。基礎養老金月標準以退休時上年度全省在崗職工月平均工資和本人指數化月平均繳費工資的平均值為基數，繳費每滿一年發給1％。也就是說，如果參保人員繳費年限為十五年，那麼其基礎養老金部分，就是退休時上年度全省在崗職工月平均工資和本人指數化月平均繳費工資的平均值乘以15％，但是如果參保人員在繳費年限滿十五年後繼續繳費，那麼隨著繳費年限每增加一年，基礎養老金部分就會相應增加1％。當然，如果個人累計繳費不滿十五年的，退休後不享受基礎養老金，個人帳戶儲存額一次性支付給本人。

【107】工傷保險制度介紹

　　大陸的工傷保險制度是由政府向社會籌集資金，為在工作中遭受事故傷害或患職業病的員工提供醫療救治和經濟補償，在保障工傷員工基本生活的同時，分散用人單位工傷風險的一項社會保險制度。其主要內容包括工傷保險制度的適用主體範圍、工傷保險基金、職業病診斷和鑒定、工傷認定、勞動能力鑒定、工傷保險待遇以及用人單位的法律責任等重要方面。

　　目前，參加工傷保險社會統籌的主體主要分為三類：

　　1、包括國有企業、集體企業、外商投資企業、民營企業、私營企業、鄉鎮企業等在內的各類企業。

　　2、有雇工的個體工商戶。

　　3、事業單位、社會團體、民間非營利組織。

　　上述參加工傷保險的用人單位，應按其支出的員工工資的一定比例繳納工傷保險費，該工傷保險費及其利息構成了工傷保險基金的主要來源。此外，工傷保險基金還包括少量的政府財政撥付，以及民間組織和個人的捐助等。工傷保險基金是支付工傷保險待遇、勞動能力鑒定費用的資金來源，是大陸工傷保險制度得以建立和實施的基礎。

　　工傷保險費只由參加工傷保險社會統籌的用人單位繳納，員工個人無需繳納。工傷保險的具體繳費比例，是根據不同行業的工傷風險程度確定行業的差別費率，並根據工傷保險費使用、工傷發生率等情況，在每個行業內確定若干檔次，實行浮動費率，由直轄市或設區的市實行全市統籌。

　　首先，根據不同行業的工傷風險程度，將行業風險劃分為三個類別：一類為風險較小行業，二類為中等風險行業，三類為風險較大行業。三類行業分別實行三種不同的工傷保險繳費率。統籌地區社會

保險經辦機構根據用人單位的工商登記和主要經營生產業務等情況，分別確定各用人單位的行業風險類別。

其次，各省、自治區、直轄市工傷保險費平均繳費率，原則上控制在員工工資總額的1％左右。在這一總體水準下，各統籌地區三類行業的基準費率，分別控制在用人單位職工工資總額的0.5％左右、1.0％左右、2.0％左右。基準費率的具體標準，由各統籌地區勞動保障部門會同財政、衛生、安全監管部門，根據工傷保險費使用、工傷發生率、職業病危害程度等情況提出，並在報統籌地區人民政府批准後實施。

最後，用人單位屬一類行業的，按行業基準費率繳費，不實行費率浮動。用人單位屬二、三類行業的，費率實行浮動。用人單位的初次繳費費率，按行業基準費率確定，以後由統籌地區社會保險經辦機構根據用人單位工傷保險費使用、工傷發生率、職業病危害程度等因素，一至三年浮動一次。費率浮動的具體辦法，由各統籌地區勞動保障行政部門會同財政、衛生、安全監管部門制定。

關於職業病診斷和鑒定、工傷認定、勞動能力鑒定以及工傷保險待遇等方面的內容，由於在本章節的其他文章中會專門述及，本文便不再贅述。但是，關於用人單位違反工傷保險規定可能承擔的法律責任，有必要提請用人單位注意：

1、用人單位應參加而未參加工傷保險的，由勞動保障行政部門責令改正；未參加工傷保險期間，用人單位發生工傷的，由該用人單位負責承擔工傷員工按照國家規定可以享受的全部工傷保險待遇。

2、用人單位瞞報工資總額或者員工人數的，由勞動保障行政部門責令改正，並處瞞報工資數額一倍以上三倍以下的罰款。

3、用人單位騙取工傷保險待遇的，由勞動保障行政部門責令退還，並處騙取金額一倍以上三倍以下的罰款；情節嚴重，構成犯罪的，還可能被追究刑事責任。

【108】工傷保險待遇介紹

所謂「工傷保險待遇」是指，員工在工作中遭受事故傷害或者患職業病的情況下，由工傷保險基金和用人單位共同承擔的一種對員工人身健康或者生命損害的救濟和補償。工傷保險待遇是大陸工傷保險制度不可或缺的重要環節，也是台資企業在處理工傷過程中必須正視的課題。

根據工傷事故或患職業病的具體情況和不同階段，我們把工傷保險待遇大致分為三個部分：工傷醫療待遇、工傷傷殘待遇和因工死亡待遇，以下分別就這三部分工傷保險待遇進行簡單的介紹。

員工發生工傷事故或者患職業病後，首先可以享受工傷醫療待遇。醫療過程中發生的診療費、醫藥費、住院費、康復性治療費、輔助器具安裝費、住院期間伙食補助費、外地就醫的交通、食宿費用等，均可由工傷保險基金按照國家和地方的工傷保險診療項目目錄、工傷保險藥品目錄、工傷保險住院服務標準及其他國家規定的標準予以支付。員工需要暫停工作接受工傷醫療的，在停工留薪期內，員工享受原工資福利待遇。這裡的「原工資」究竟如何計算，2011年11月8日，江蘇省高級人民法院和江蘇省勞動人事爭議仲裁委員會頒布了《關於審理勞動人事爭議案件的指導意見（二）》，明確「原工資」按照工傷職工因工作遭受事故傷害或者患職業病前十二個月的平均月工資計算。停工留薪期原則上不超過十二個月，但傷情嚴重或者情況特殊，經設區的市級勞動能力鑒定委員會確認，最多可以再延長十二個月。

在傷殘等級評定後，員工轉而適用傷殘待遇。首先，傷殘員工可依其經鑒定後確定的傷殘等級，取得七至二十七個月的本人工資的一次性傷殘補助金。其次，六級以上（含）傷殘的員工還可依其傷殘

等級，按月領取相當於本人工資60％至90％的傷殘津貼（五至六級傷殘員工傷殘津貼，在保留勞動關係，但單位無法安排工作情況下發放），直至達到法定退休年齡並享受基本養老保險待遇為止。以上一次性傷殘補助金、一至四級傷殘津貼由工傷保險基金支付，五至六級傷殘津貼由單位發放。此外，用人單位還應按照工傷員工按月享受的傷殘津貼為繳費基數，給一至四級傷殘的員工繳納基本醫療保險費；給五至六級傷殘的員工繳納各項社會保險費。對於一至四級傷殘的員工，用人單位不得解除或終止其勞動關係；而五至十級傷殘的員工，在勞動合同終止或解除後（因退休或者死亡終止勞動關係的除外），用人單位應向其支付一次性傷殘就業補助金，工傷保險基金支付一次性工傷醫療補助金。由於各地支付標準不同，這裡僅就江、浙、滬三地的情況列表說明。

	一次性工傷醫療補助金	傷殘就業補助金
江蘇	按統計部門最近一次公布的當地人口平均預期壽命與解除、終止勞動關係時的年齡之差計算，依傷殘等級每滿一年發給〇・二至一・四倍的當地上年度職工月平均工資（職業病患者在此基礎上加發40％）	一次性傷殘就業補助金。以當地職工平均工資為基數，按照傷殘等級和解除、終止勞動關係時的年齡，分別發給一至三十六個月的一次性傷殘就業補助金。
浙江	依傷殘等級發給二至三十個月的當地上年度職工月平均工資	依傷殘等級發給二至三十個月的當地上年度職工月平均工資
上海	五級傷殘：十八個月；六級傷殘：十五個月；七級傷殘：十二個月；八級傷殘：九個月；九級傷殘：六個月；十級傷殘：三個月。標準為上年度全市職工月平均工資。	五級傷殘：十八個月；六級傷殘：十五個月；七級傷殘：十二個月；八級傷殘：九個月；九級傷殘：六個月；十級傷殘：三個月。標準為上年度全市職工月平均工資。

　　另外，根據解除勞動合同時距離退休年齡的不同，會影響到實際領取的「兩金」，例如，上海市規定，經工傷人員本人提出與用人單位解除勞動關係，且解除勞動關係時距法定退休年齡不足五年的，不足年限每減少一年，全額一次性工傷醫療補助金和一次性傷殘就業補助金遞減20%，但是屬於《勞動合同法》第三十八條規定情形的除外。

　　員工因工死亡，其直系親屬可以從工傷保險基金領取喪葬補助金、供養親屬撫恤金和一次性工亡補助金。喪葬補助金的支付標準為六個月的統籌地區上年度職工月平均工資。供養親屬撫恤金按照員工本人工資的一定比例，發給由因工死亡員工生前提供主要生活來源、無勞動能力的親屬，其標準為配偶每月40%，其他親屬每人每月30%，孤寡老人或者孤兒每人每月在上述基礎上增加10%，但累計不得超過因工死亡員工生前的工資。一次性工亡補助金的支付標準為上一年度全國城鎮居民人均可支配收入的二十倍。

【109】職工基本醫療保險制度介紹

　　職工基本醫療保險的基本原則是所有職工參加醫療保險、用人單位和職工雙方共同負擔醫療保險費用，以及社會統籌和個人帳戶相結合。

　　結合上述原則及各地區的不同情況，在《社會保險法》推行之前，各地針對職工實施的基本醫療保險制度大致如下：

一、規定所有職工參加醫療保險

　　要求城鎮所有用人單位，包括企業（國有企業、集體企業、外商投資企業、私營企業等）、國家機關、事業單位、社會單位、民辦非企業單位以及其職工都要參加基本醫療保險，並實行屬地化管理。

二、醫療保險費用的支付由用人單位和職工雙方共同負擔

　　由於各地城市化程度的不一及實施的難易程度不同，各地對醫療保險費用的繳付基數規定並不相同。以上海為例，根據滬勞保養發[2000]23號文件有關規定，醫療保險費由用人單位和職工本人共同繳納。職工本人應繳的醫療保險費用為其月工資的2％，用人單位則應當按該員工月工資的12％為員工繳納醫療保險費。兩方面繳納的費用合計成為基本醫療保險基金，基本醫療保險基金分為統籌基金和個人帳戶兩部分。職工個人繳納的基本醫療保險費部分，全部計入個人帳戶。用人單位繳納的基本醫療保險費分為兩部分，一部分用於建立統籌基金，一部分劃入個人帳戶。劃入個人帳戶的比例一般為用人單位繳費的30％左右。

三、醫療保險費用的使用

　　對職工醫療保險費帳戶的使用，國家規定實行社會統籌和個人

帳戶相結合的辦法，即統籌基金和個人帳戶有各自的支付範圍，分別核算：

1、職工個人可全額使用個人帳戶中的醫療保險費用：根據上述規定，個人帳戶的金額來源於個人工資中應納的醫療保險費用，及社會統籌基金帳戶中的30％部分，這些費用可金額用於個人就診。一旦超出，除非該金額已達到國家規定的可使用統籌基金的數額，否則，其中的差額只能由個人承擔。

2、職工就診費用如達到國家規定的標準，即可使用統籌基金帳戶：在職工就診過程中，並非所有超出個人醫保帳戶的醫療費用都可由社會統籌基金支付。這裡有一個標準額度的限制。也就是說，國家對一般的醫療費用，鼓勵個人相對承擔一部分；對高額度的醫療費用則予以共同分擔，但這種分擔也有最高金額的限制。

【110】生育保險待遇介紹

　　生育保險是指女性勞動者因懷孕、分娩而暫時中斷勞動時，獲得生活保障和物質幫助的一種社會保險制度，其基本內容包括生育保險的適用範圍、生育保險基金籌集、生育保險待遇標準、女員工「三期」待遇等。

一、生育保險基金籌集

　　目前，生育保險基金只由參加社會統籌的企業繳納，員工個人不繳納。大多數地區的繳費比率為職工工資總額的0.6％至0.8％之間，最高不超過1％。生育保險費率測算的依據包括計畫生育指標數、上年度生育職工平均工資、醫療消費情況以及流產概率和計畫生育手術概率所造成的費用支出。仍以上海市為例，目前上海市的生育保險繳費比率為職工工資的0.8％。

二、生育保險待遇

　　用人單位已經繳納生育保險費的，其員工享受生育保險待遇；員工未就業配偶按照國家規定享受生育醫療費用待遇。所需資金從生育保險基金中支付。生育保險待遇包括生育醫療費用和生育津貼。

（一）產假

　　產假又稱生育假，是指女員工在分娩前、後一定時間內所享受的有薪或有津貼的假期。目前，法定的產假是九十八天，其中產前假為十五天，產後假期為七十五天，難產的增加產假十五天。若懷孕未滿四個月流產的，享受十五天產假；懷孕滿四個月流產的，享受四十二天產假。各地對晚育的女員工產假還有不同程度的增加，比如上海市政府規定晚育的婦女產假增加三十天，其配偶享受晚育護理假三天；江蘇則規定晚育的婦女產假增加三十天，其配偶享受晚育護理

假十天。

（二）生育津貼

　　生育津貼，是指女員工因生育而離開工作崗位，失去工資收入，由社會保險機構定期向其提供的現金補助。生育津貼由機構採取社會化發放等方式支付，支付期限通常和產假期限一致，支付標準和支付方式由當地規定。例如，上海市規定：

　　1、從業婦女的月生育生活津貼標準，為本人生產或者流產當月所在用人單位上年度職工月平均工資。從業婦女生產或者流產時所在用人單位的上年度職工月平均工資高於本市上年度全市職工月平均工資300%的，按300%計發；低於本市上年度全市職工月平均工資60%的，按60%計發；但低於人力資源社會保障局規定的生育生活津貼最低標準的，按最低標準計發。 2009年起生產或流產的生育婦女的月生育生活津貼最低標準按2,892元計發。

　　2、從業婦女生產或者流產時所在用人單位的上年度職工月平均工資高於本市上年度全市職工月平均工資300%以上的，高出部分由用人單位補差。

　　3、從業婦女生產或者流產前十二個月內變動工作單位的，其月生育生活津貼按照其生產或流產前十二個月內所工作的各用人單位上年度職工月平均工資的加權平均數計發。

　　符合享受生育保險待遇條件的生育婦女，可自生產或流產後直接到就近的區、縣社保中心辦理申領生育保險待遇手續。

（三）生育醫療費用

　　生育醫療費用包括下列各項：生育的醫療費用；計劃生育的醫療費用；法律、法規規定的其他項目費用。上海市規定，按照以下固定標準支付生育醫療費補貼：妊娠七個月（含七個月）以上生產或者妊娠不滿七個月早產的，生育醫療費補貼為3,000元；妊娠三個月（含三個月）以上、七個月以下自然流產的，生育醫療費補貼為

500元；妊娠三個月以下自然流產或者患子宮外孕的，生育醫療費補貼為300元。

三、女員工違反計畫生育規定的情況

實務中經常遇到有女員工違反計畫生育規定的情況，《婦女權益保障法》第二十五條明確規定：「任何單位均應根據婦女的特點，依法保護婦女在工作和勞動時的安全和健康，不得安排不適合婦女從事的工作和勞動。婦女在經期、孕期、產期、哺乳期受特殊保護。」可見婦女生育期間的產假是法定的，不管其生育是否符合計畫生育政策，員工提出休產假要求時，企業都應當無條件地批准。國家規定九十八天產假，目的是為了能夠保障產婦有足夠的時間恢復身體健康，享受產假不以是否符合計畫生育政策為前提條件，只要有生育的事實，就應當享受九十八天的合法產假。

但是，《人口與計畫生育法》第四十一條中又規定：「不符合本法第十八條規定生育子女的公民，應當依法繳納社會撫養費。」

另外，違反計畫生育規定的女員工，不得享受除產假以外的生育保險待遇。

【111】失業保險制度介紹

所謂「失業保險」是指，對勞動年齡內有就業能力並有就業願望的人，由於非本人原因而失去工作，無法獲得維持生活所必需的工資收入，在一定期間內，由國家和社會為其提供基本生活保障的社會保險制度。大陸的失業保險制度的主要內容如下：

一、失業保險制度的適用範圍

根據大陸現行法律、法規的規定，城鎮企業事業單位及其員工都必須參加失業保險，這裡所說的城鎮企業包括國有企業、城鎮集體企業、外商投資企業、城鎮私營企業等。因此，外商投資企業必須按照法定的費率，按時足額繳納失業保險費，這是法律的強制性規定，台資企業應尤為注意。

此外，由於大陸各地區經濟發展水準差異較大，人員流動性較高，各地區在實行失業保險制度的過程中也存在一定的差異。以上海為例，上海不要求非城鎮戶籍外來從業人員參加上海市的失業保險。

二、失業保險基金及其繳費費率

失業保險基金是為維持失業保險制度的實施，保障失業人員基本生活而設立和儲備的專項基金，其構成主要來自於：

1、城鎮企業事業單位、城鎮企業事業單位職工繳納的失業保險費。

2、失業保險基金的利息。

3、財政補貼。

4、依法納入失業保險的其他資金，如滯納金等。

根據有關法律的規定，城鎮企業、事業單位按照本單位工資總額的一定比例繳納失業保險費用；而城鎮企業事業單位職工按照本人

工資的一定比例繳納失業保險費用。這裡所說的工資總額，是指各單位在一定時期內直接支付給員工的勞動報酬，包括計時工資、計件工資、獎金、津貼、補貼、加班加點工資及特殊情況下支付的工資。上海的失業保險繳費費率分別為企業1.7%，個人1%。

三、失業保險金標準及申領條件

失業保險金的標準，按照低於當地最低工資標準、高於城市居民最低生活保障標準的水準，由省級人民政府確定。失業人員失業前所在單位和本人按照規定累計繳費時間滿一年不足五年，領取失業保險金的期限最長為十二個月；累計繳費時間滿五年不足十年的，領取失業保險金的期限最長為十八個月；累計繳費時間十年以上的，領取失業保險金的期限最長為二十四個月。重新就業後，再次失業的，繳費時間重新計算，領取失業保險金的期限，可以與前次失業應領取而尚未領取的失業保險金的期限合併計算，但是最長不得超過二十四個月。

領取失業保險金，必須同時具備以下條件：

1、失業前用人單位和本人已經繳納失業保險滿一年的。

2、非因本人意願中斷就業的。

3、已辦理失業登記，並有求職要求。

這裡所說的「非因本人意願中斷就業」是指，被用人單位解除或終止勞動合同、被用人單位開除、除名，以及因用人單位以暴力、威脅或者非法限制人身自由的手段強迫勞動，或未按勞動合同約定支付勞動報酬或提供勞動條件等法定情形，被迫解除勞動合同的情況。

用人單位未依法參加失業保險的，按照《社會保險法》相關規定處罰。

四、拒不繳納失業保險費的處罰辦法

對於繳費單位未按規定申報應當繳納的社會保險費數額，因偽造、變造、故意毀滅有關帳冊、材料或不設帳冊等違法行為，造成社會保險費遲延繳納的；以及拒絕提供與繳納社會保險費有關的用人情況、工資表、財務報表等違法行為的，對繳費單位可以處以加收滯納金，對其直接負責的主管人員和其他責任人員，可以分別處以從1,000元至20,000元的罰款。

【112】上海市城保、鎮保、綜保統一

　　2011年7月1日起《社會保險法》正式實施，未來大陸各地社會保險制度也將逐步統一規範。以上海為例，上海市人力資源和社會保障局在2011年6月就針對小城鎮職工社會保險（以下簡稱鎮保）與外來從業人員綜合保險（以下簡稱綜保），要如何向城鎮職工社會保險（以下簡稱城保）的過渡，及過渡期內的待遇等問題做出規定。

　　據規定，鎮保及綜保在2011年7月1日之後取消，企業須統一為員工繳納城保，但在繳費基數以及繳費比例上，新規定設置了三年及五年兩個過渡期。具體來說，原先為員工繳納鎮保的企業，在2011年7月至2014年3月之間實行三年過渡期，繳費基數及比例逐年過渡至與現行城保一致的水平；原先為員工繳納綜保的企業，對於其中城鎮戶籍的外來從業人員，在2011年7月1日以後不設置過渡期，繳費內容與比例完全與現行城保一致；而對非城鎮戶籍的外來從業人員，新政不僅規定了從2011年度至2015年度實行五年優惠過渡期，而且相比城保須繳納的五險，其只須繳納養老、醫療、工傷三險。

　　由於企業雇用具有上海戶籍員工的用工成本較高，特別是一些從事生產製造的外商投資企業，往往雇用外來人員，也就是非上海戶籍員工，達到降低用工成本的目的。此次在新規定實施後，將面臨不小衝擊，每月僅就社保這一項就會增加不少支出。以300位外來非城鎮戶籍員工為例，新規定實施前，企業每月須繳納的綜保費用為87,675元，而在新政實施後的第一年過渡期，企業每月就將繳納城保費用133,209元，淨增45,534元，等於增加原先綜保費用的50%以上。隨著過渡期推進及結束，加上上海職工工資每年基本以10%以上的增幅在增長，可以預見台商人事成本將進一步加重。此外，之前的綜保僅是用人單位單方繳納，外來員工本人並不承擔，但在新規定實施後，外來員工本人也須負擔養老保險及醫療保險兩部分費用。實務

中，很多外來從業人員出於各種因素考慮而不願意繳納社保，並與企業簽訂了自願不繳納社保的協議，在這種情況下，企業應注意此類協議並不能免除企業繳費義務，企業如果欠繳或不按時繳納，不僅面臨被員工起訴要求補繳的風險，同時還有被相關部門責令限期補繳、徵收滯納金甚至罰款的問題。

對象	過渡期	月繳費基數	公司月繳納比例					個人月繳納比例		
參加綜保的非城鎮戶籍外來從業人員	2011.7 ～ 2012.3	上年度全市職工月平均工資 ×40%	養老	醫療	工傷	失業	生育	養老	醫療	失業
	2012.4 ～ 2013.3	上年度全市職工月平均工資 ×45%								
	2013.4 ～ 2014.3	上年度全市職工月平均工資 ×50%								
	2014.4 ～ 2015.3	上年度全市職工月平均工資 ×55%	22%	6%	0.5%	／	／	8%	1%	／
	2015.4 起	上年度職工本人月平均工資（上限300％，下限60％）								

對象	過渡期	月繳費基數	公司月繳納比例					個人月繳納比例		
參加小城鎮社會保險的具有上海市戶籍的從業人員	2011.7〜2012.3	上年度全市職工月平均工資×60%	17%	7%	0.5%	1.7%	0.8%	5%	1%	1%
	2012.4〜2013.3		19%	9%	0.5%	1.7%	0.8%	8%	2%	1%
	2013.4〜2014.3		22%	12%	0.5%	1.7%	0.8%	8%	2%	1%
	2014.4起	上年度職工本人月平均工資（上限300%，下限60%）	22%	12%	0.5%	1.7%	0.8%	8%	2%	1%

【113】協議不參加社會保險是否有效

實務中，員工與用人單位約定雙方均不繳納社會保險金的情況非常普遍，本文擬就這類約定的法律效力，以及用人單位因此可能面臨的法律風險，做一分析。

首先，這種約定違反了法律的強制性規定，所有旨在不繳納社會保險或以現金形式補償代替辦理社會保險的協議均為無效，不具有法律效力。《勞動法》第七十二條中規定：「用人單位和勞動者必須依法參加社會保險，繳納社會保險費」。國務院發布的《社會保險費徵繳暫行條例》也規定，繳費單位必須向當地社會保險經辦機構辦理社會保險登記，並按月向社會保險經辦機構繳納社會保險費。

綜上所述，對於用人單位來說，為勞動者繳納各項社會保險費是強制性的法律義務，必須履行，即使用人單位與員工在自願、協商一致的基礎上，簽訂了不繳納社會保險或以現金補償代替辦理社保的協議，但由於協議中有關社會保險約定的內容，違反了國家現行法律、行政法規的強制性規定，該約定最終也會被認定無效，對雙方均沒有約束力。

其次，既然這類約定無效，自然導致用人單位面臨相當的法律風險。

1、員工依然可以隨時要求用人單位為其補辦社保手續，繳納社保費用。

因為協議無效，所以用人單位為員工辦理社保的義務仍然存在，員工可以隨時要求用人單位履行該義務，用人單位不能以雙方已有約定作為抗辯。

2、如果被社保機構查出企業沒有參保，企業同樣面臨補交和被罰款的後果。

國務院發布的《社會保險費徵繳暫行條例》規定，繳費單位必

須向當地社會保險經辦機構辦理社會保險登記，並按月向社會保險經辦機構繳納社會保險費。用人單位向社保機構為員工繳納社會保險費，將在社保機構有詳細的記錄，該記錄是證明用人單位履行了社保費繳納義務的重要憑證。用人單位若不向社保機構為員工繳納社保費，而是與員工另外達成不繳納社保或以現金補償代替辦理社保的協議，社保機構一旦查獲該情形，將有權對用人單位以「不履行為員工繳納社會保險費的法定義務」的名義進行查處。最新頒布的《社會保險法》也做了此類規定。

3、未參加工傷保險期間職工發生工傷的，由該用人單位按照《工傷保險條例》規定的工傷保險待遇項目和標準支付費用。

根據《工傷保險條例》的相關規定，用人單位應當參加工傷保險而未參加的，未參加工傷保險期間職工發生工傷的，由該用人單位按照《工傷保險條例》規定的工傷保險待遇項目和標準支付費用。從《工傷保險條例》的規定中我們可以看出：繳納社會保險是公司的法定義務，並不因為有員工的認可或承諾而減輕其法律責任。

4、員工有可能以此為由解除勞動合同，並要求用人單位支付經濟補償金。

目前為止，全國僅有江蘇省高級人民法院和江蘇省勞動爭議仲裁委員會於2009年聯合頒布的《關於審理勞動爭議案件的指導意見》第十六條：「因勞動者自身不願繳納等不可歸責於用人單位的原因，導致用人單位未為其繳納或未足額繳納社會保險費，或者未參加某項社會保險險種，勞動者請求解除勞動合同，並主張用人單位支付經濟補償的，不予支持。」其他地方均未就此做出明確規定，這也就意味著員工有可能以此為由解除勞動合同，並要求用人單位支付經濟補償金。

【114】欠繳、少繳、未繳社會保險的法律後果

根據國務院《社會保險費徵繳暫行條例》（國務院令[1999]259號）的有關規定：「繳費單位、繳費個人應當按時足額繳納社會保險費」。用人單位在履行繳納社會保險的義務時，經常發生欠繳（即未按時繳納）、少繳（即未足額繳納）以及未繳三種違法違規行為。

如果用人單位發生上述違規行為，那麼用人單位將面臨相應的法律後果。按照《勞動法》第一○○條的規定：「用人單位無故不繳納社會保險費的，由勞動行政部門責令其限期繳納；逾期不繳的，可以加收滯納金」。《社會保險費徵繳暫行條例》第二十六條規定：「繳費單位逾期拒不繳納社會保險費、滯納金的，由勞動保障行政部門或者稅務機關申請人民法院依法強制徵繳」。新頒布實施的《社會保險法》已經明確此類糾紛可以向社會保險徵繳部門主張，通過行政途徑解決，也可通過仲裁訴訟解決。

此外，欠繳、少繳、未繳社會保險費，對用人單位而言還會產生如下法律後果：

一、勞動者據此解除勞動合同並主張經濟補償金

根據大陸《勞動合同法》第三十八條的規定：「用人單位有下列情形之一的，勞動者可以解除勞動合同：（一）未按照勞動合同約定提供勞動保護或者勞動條件的；（二）未及時足額支付勞動報酬的；（三）未依法為勞動者繳納社會保險費的……」可見，勞動者可以用人單位未依法為勞動者繳納社會保險費為由解除勞動合同。同時，《勞動合同法》第四十六條規定：「勞動者依據本法第三十八條解除勞動合同的，用人單位應向勞動者支付經濟補償。」但也有地區，對此種情況下企業承擔補償義務規定了前提條件。

比如，江蘇省高級人民法院和江蘇省勞動爭議仲裁委員會於

2009年聯合頒布的《關於審理勞動爭議案件的指導意見》第十六條就規定：「因勞動者自身不願繳納等不可歸責於用人單位的原因，導致用人單位未為其繳納或未足額繳納社會保險費，或者未參加某項社會保險險種，勞動者請求解除勞動合同，並主張用人單位支付經濟補償的，不予支持。」

二、用人單位欠繳、少繳、未繳社會保險費，導致勞動者不能享受工傷、失業、生育、醫療保險待遇

《北京市勞動和社會保障局北京市高級人民法院關於勞動爭議案件法律適用問題研討會會議紀要》就規定：「由於用人單位未按規定為勞動者繳納社會保險費，導致勞動者不能享受工傷、失業、生育、醫療保險待遇，勞動者要求用人單位按照相關規定支付上述待遇的，應予受理。」江蘇省勞動和社會保障廳實施《勞動人事爭議仲裁辦案規則》中也規定：「勞動者與用人單位之間因增加社會保險險種、補足社會保險繳費基數及變更參保地發生的爭議」，「不作為勞動爭議處理」，但「勞動者因用人單位未為其繳納社會保險費，而與用人單位就賠償養老、醫療、工傷、失業、生育保險待遇損失發生的爭議」，「應作為勞動爭議處理」。因此，目前大部分地區對因用人單位一方未履行繳費義務造成的後果，一般都規定由用人單位承擔。

2011年11月8日，江蘇省高級人民法院和江蘇省勞動人事爭議仲裁委員會頒布了《關於審理勞動人事爭議案件的指導意見（二）》，規定員工達到法定退休年齡後，若以用人單位未及時、足額為其繳納養老保險為由，要求用人單位賠償養老保險待遇損失，且確實不能補繳或者繼續繳納養老保險費的，如果該員工在該用人單位連續工作滿十五年，該用人單位應按月向該員工支付養老保險待遇；如果不滿十五年，則應一次性支付養老保險賠償，並規定了如何計算前述養老保險待遇、養老保險待遇賠償。

　　另外在一些特殊情況下，國家和地方在政策上也有可能適當放
寬尺度。比如，在2008年金融危機的背景下，為幫助受金融危機影
響較大的困難企業渡過難關，人力資源和社會保障部、財政部、國家
稅務總局聯合發文，允許困難企業經省級人民政府批准，在一定期限
內緩繳社會保險費，緩繳執行期為2009年之內，緩繳期限最長不超
過六個月。經核准緩繳社會保險費的企業，應與社會保險費徵收機構
簽訂緩繳及補繳社會保險費的協議，社會保險費徵收機構可以要求企
業提供擔保、抵押。

【115】工傷認定與勞動能力鑒定介紹（上）

　　員工在工作中遭受事故傷害或者患職業病後，必須依法進行工傷認定和勞動能力鑒定，並在明確傷殘等級後，依法享受相應的工傷保險待遇。其中，工傷認定是勞動能力鑒定的前提，勞動能力鑒定則是為業已認定工傷的員工提供據以享受工傷保險待遇的標準。本文擬就工傷認定和勞動能力鑒定的程序、時效、舉證責任等方面，簡要介紹如下。

　　首先，申請工傷認定的義務在用人單位一方。根據有關法律的規定，用人單位應於事故傷害發生之日或者被診斷、鑒定為職業病之日起三十日內，向當地勞動保障行政部門提出工傷認定申請。除遇特殊情況，報經勞動保障行政部門同意外，不得延長該申請時限。其次，如果用人單位在上述法律規定的時限內未提出工傷認定申請，那麼工傷員工或者其直系親屬、工會組織在事故傷害發生之日或者被診斷、鑒定為職業病之日起一年內，也可以直接向當地勞動保障行政部門提出工傷認定申請。也就是說，在用人單位沒有履行其申請工傷認定的法定義務時，員工或者其直系親屬、工會組織也有權利提出工傷認定申請，並且在此情況下，員工一旦被認定為工傷，期間發生的一切工傷待遇等有關費用均由用人單位承擔。因此，用人單位應在法定期限內積極申請工傷認定，這樣才有可能借助工傷保險基金，減輕用人單位在工傷事件中的經濟損失。

　　用人單位在向勞動保障行政部門申請工傷認定時，通常應提交下列材料：

　　1、「職工工傷認定申請表」（一般是一式四份）。

　　2、職工與單位簽訂的勞動（聘用）合同或者事實勞動關係、人事關係證明材料。

　　3、搶救醫院或定點醫療機構初次（當天及連續治療）診斷證

明，當地衛生行政部門批准具有職業病診斷資格的醫療機構出具的職業病診斷證明。

　　4、受傷人員的身分證、單位證明。

　　5、交通事故傷害或暴力傷害的，提交公安部門的責任裁定書和相關處理證明，下落不明的，提交司法部門裁定書。

　　6、復轉軍人舊傷復發的，提交本人的「革命傷殘軍人證」。

　　7、見義勇為的，提交民政部門的證明材料。

　　8、工傷證明材料。

　　9、營業執照影本。

　　在材料齊全的情況下，勞動保障行政部門會在受理工傷認定申請之日起六十日內做出認定或不認定工傷的意見書。如果提供的材料不完整，勞動保障行政部門則會一次性書面告知用人單位需要補正的全部材料。

　　工傷認定實務中經常發生的爭議主要集中在兩個方面：一是員工所受傷害是否屬於工傷認定的範圍；二是勞動關係存在與否。對於員工所受傷害是否屬於工傷認定範圍的舉證責任由用人單位承擔，除非用人單位能夠舉證證明，員工所受傷害是因法定工傷或視同工傷情形以外的其他原因造成的。但是受傷害員工對於存在勞動關係的事實負有舉證責任，如果不能提供勞動合同的，也可以提供存在事實勞動關係的證明材料，如工資報酬的領取證明、工友同事的書面證明等。

　　員工發生工傷，經治療傷情相對穩定後存在殘疾、影響勞動能力的，即在一定程度上喪失了謀生能力，亟需通過工傷保險待遇給予補償，而補償額度的大小，則應視傷殘程度而定，這就要求對工傷員工進行勞動能力鑒定。

【116】工傷認定與勞動能力鑒定介紹（下）

所謂勞動能力鑒定是指，勞動功能障礙程度等級鑒定（即「傷殘鑒定」）和生活自理障礙程度等級鑒定（即「護理鑒定」）。勞動功能障礙分為十個傷殘等級，最重的為一級，最輕的為十級。生活自理障礙分為三個等級，即生活完全不能自理、生活大部分不能自理和生活部分不能自理。工傷員工經鑒定確定其傷殘等級和生活自理障礙等級後，才可據以享受相應的工傷保險待遇。

在大陸，主管勞動能力鑒定的部門是設區的市級勞動能力鑒定委員會（以下稱「市級勞動能力鑒定委員會」）和省、自治區、直轄市勞動能力鑒定委員會（以下稱「省級勞動能力鑒定委員會」）。各級勞動能力鑒定委員會分別由同級的勞動保障行政部門、人事行政部門、衛生行政部門、工會組織、經辦機構代表以及用人單位代表組成。其中，市級勞動能力鑒定委員會負責工傷員工勞動能力的初次鑒定，省級勞動能力鑒定委員會負責工傷員工勞動能力的再次鑒定。

有權提山勞動能力鑒定申請的主體，即申請人，包括用人單位、工傷員工或者其直系親屬。申請勞動能力鑒定，一般應提交下列材料：

1、工傷認定決定書（或工傷證）。

2、工傷診斷證明。

3、醫院記載的有關負傷職工的病情、病誌、治療情況等資料。

市級勞動能力鑒定委員會根據規定建立醫療衛生專家庫，並在收到申請人提出的勞動能力鑒定申請後，從其建立的醫療衛生專家庫中，隨機抽取三名至五名相關專家組成專家組，由專家組提出鑒定意見，市級勞動能力鑒定委員會將根據專家組的鑒定意見，做出工傷員工勞動能力鑒定結論。市級勞動能力鑒定委員會做出勞動能力鑒定結論的期限，是自收到勞動能力鑒定申請之日起六十日，必要時，可以

延長三十日。

　　申請人對初次鑒定結論不服的，可以在收到初次鑒定結論之日起十五日內，向省級勞動能力鑒定委員會提出再次鑒定的申請。根據這一時效性規定，如果申請人超過了十五日才向省級勞動能力鑒定委員會提出申請，省級勞動能力鑒定委員會可以以超過時效為由不予受理。省級勞動能力鑒定委員會做出的勞動能力鑒定結論是最終結論，申請人無權就此進一步提起訴訟。之所以在勞動能力鑒定中設立兩級鑒定的機制，是因為在勞動能力鑒定過程中，有可能出現鑒定有失公允，或者申請人主觀認為鑒定結論缺乏客觀公正性的情況，於是法律賦予申請人申請再次鑒定的機會，以保障勞動能力鑒定程序的科學性和公正性。

　　考慮到在勞動能力鑒定委員會做出鑒定結論後，工傷員工的傷殘程度有可能通過醫療康復得到減輕，也有可能進一步惡化。在此情況下，法律賦予工傷員工或者其直系親屬、所在單位或者經辦機構（即工傷保險基金的管理機構），在勞動能力鑒定結論做出之日起一年後，申請勞動能力複查鑒定的權利。之所以規定為期一年的觀察期，是為了避免當事人過於頻繁地提出複查鑒定，干擾正常的鑒定工作。實務中，有用人單位提出勞動能力複查鑒定，但工傷員工拒絕配合的情況，根據《工傷保險條例》的有關規定，工傷員工拒不接受勞動能力鑒定的，可以停止其應享受的工傷待遇。

【117】工傷認定範圍

　　工傷待遇糾紛是當今社會經濟生活中比較常見的法律問題。因此，準確界定工傷認定的範圍，對於解決因工傷產生的糾紛具有重要的意義。本文擬就工傷認定的範圍，以及在工傷認定工作中常見的疑難問題，簡要介紹如下。

一、工傷認定的範圍簡述

（一）工傷的含義

　　通用的工傷定義是由於工作直接或者間接引起的事故。所謂直接事故是指企業職工在生產崗位上從事與生產勞動有關係的工作中，發生的人身傷害事故、急性中毒事故；間接事故是指由於企業設施不安全或勞動條件作業環境不良引起的人生傷害事故。職工只有在勞動部門認定工傷之後，才可以依據法律法規享受相應的工傷保險待遇。

（二）工傷認定的範圍

　　2010年12月30日修訂並於2011年1月1日起施行的《工傷保險條例》第十四條、第十五條明確規定了工傷認定的範圍：

　　1、在工作時間和工作場所內，因工作原因受到事故傷害的。

　　2、工作時間前後在工作場所內，從事與工作有關的預備性或者收尾性工作受到事故傷害的。

　　3、在工作時間和工作場所內，因履行工作職責受到暴力等意外傷害的。

　　4、患職業病的。

　　5、因工外出期間，由於工作原因受到傷害或者發生事故下落不明的。

　　6、在上下班途中，受到非本人主要責任的交通事故，或者城市捷運交通、客運輪渡、火車事故傷害的。

7、法律、行政法規規定應當認定為工傷的其他情形。

此外，視同工傷的情形還包括：

1、在工作時間和工作崗位，突發疾病死亡或者在四十八小時內經搶救無效死亡的。

2、在搶險救災等維護國家利益、公共利益活動中受到傷害的。

3、職工原在軍隊服役，因戰、因公負傷致殘，已取得革命傷殘軍人證，到用人單位後舊傷復發的。

應當注意的是，職工有上述第一項、第二項情形的，可以依法享受工傷保險待遇；而職工有上述第三項情形的，則只能依法享受除一次性傷殘補助金以外的工傷保險待遇。

最後，還有一些除外情形，即不得認定工傷的情形：

1、故意犯罪的。

2、醉酒或者吸毒的。

3、自殘或者自殺的。

二、疑難問題解析

下列情形是否可以認定為工傷？

1、職工在單位集體的宿舍、食堂等非工作場所受傷害。

職工在集體食堂就餐發生中毒事件，在宿舍因設施不安全等造成職工受傷害的情形，通常視為工傷。當然，亦可請求人身損害賠償。無論怎樣均由企業承擔全部責任。

2、職工在單位自殺身亡。

職工因自殺死亡不能按工傷死亡處理，《工傷保險條例》第十六條明確規定，職工有自殘或者自殺的行為，不得認定工傷或視同工傷，不論該行為是否發生在工作的時間和工作的區域。

3、職工在工作過程中存在違章操作等過錯行為。

工傷保險實行無過錯補償原則（亦稱無責任補償原則）。即當

勞動者發生工傷事故時，無論其本人是否負有事故責任，受傷者均應
無條件的獲得一定的經濟補償（也即無條件的享受工傷保險待遇）。
但是，如果已經構成故意犯罪，或者醉酒行為所致本人受傷、自殘、
自殺等情形則屬例外。

4、工作時突發疾病受傷致殘或死亡。

雖然《工傷保險條例》規定，職工在工作時間突發疾病死亡，
才能認定（視同）工傷。但實務中，卻有依據勞動部《企業職工工傷
保險試行辦法》規定的：「由於工作緊張突發疾病造成死亡，或第一
次搶救治療後全部喪失勞動力的」，認定為工傷的情況。

【118】利用「人身保險」彌補工傷保險的不足

　　工傷賠付是在大陸的台資生產加工企業無法迴避的問題。而工傷保險並不能涵蓋企業的所有用工風險，佔賠償額較大比例的一次性傷殘就業補助金，及五、六級傷殘津貼賠付責任，仍由企業承擔。此外，退休返聘人員、未畢業實習生等不能參加工傷保險，但與企業構成雇傭關係的，一旦在工作中發生人身傷亡事故，按照《最高人民法院關於審理人身損害賠償案件適用法律若干問題的解釋》（法釋[2003]20號），「雇員在從事雇傭活動中遭受人身損害，雇主應當承擔賠償責任」。此外，員工或雇員在工作中導致協力廠商損害的，企業仍應承擔賠償責任。

　　在此情況下，很多企業選擇為員工投保團體人身意外傷害險，但在發生人身傷亡事故後，保險公司理賠的對象是員工，並非企業，並且企業也不能以員工獲得的商業保險賠付抵減應承擔的工傷賠付。這涉及到企業為員工投保人身意外傷害險的法律問題：企業能否為員工投保人身意外傷害險？

　　最新修訂的《保險法》（大陸第十一屆全國人民代表大會常務委員會第七次會議於2009年2月28日修訂通過，2009年10月1日起施行）規定，投保人對與之有勞動關係的勞動者存在保險利益，但不得指定被保險人及其近親屬以外的人為受益人。換言之，按照《保險法》，企業可以為員工投保人身保險，但不能成為受益人。

　　但大陸保險監督管理委員會（以下簡稱「保監會」）對此做了更為嚴格的規定：保監會於2010年3月20日公布的《關於單位能否為員工投保個人保險產品的覆函》（保監廳函[2010]111號）明確：「個人人身保險只能由個人投保，保險公司不得接受機關、社會團體、企事業單位作為投保人，用個人人身保險條款為個人投保。」

　　我們認為，保監會上述發函目的是規範保險公司的行為，該覆

函雖不足以否定企業為員工投保人身保險之合同的效力，但至少說明，保監會已經從行業管理角度，對保險公司開展此項業務持否定態度。

　　總之，無論按照《保險法》還是保監會的覆函，企業最終無法從人身保險賠付中降低工傷賠付風險。

　　那麼，企業能否轉而選擇其他險種呢？按照《保險法》，保險分為人身險和財產險兩大類，人身意外傷害險屬人身險，企業投保屬於財產險的雇主責任險，才能對工傷保險予以補充，真正起到降低用工風險作用。

　　雇主責任險被保險人和受益人應當是企業，員工在受雇過程中遭受意外或患職業病，所致傷、殘或死亡，企業作為被保險人，根據勞動法規和勞動合同應承擔的醫藥費用及死亡賠償金、傷殘賠償金、誤工費用等，包括應支出的訴訟費用，由保險公司在規定的賠償限額內負責賠償。保費是根據被保險人估計，在保險單有效期內付給員工工資／薪金、加班費、獎金及其他津貼的總數，計算預付。有的保險公司的雇主責任險，還可附加第三者責任險，對員工從事工作時，由於意外或疏忽，造成第三者人身傷亡或財產損失，以及所引起的對第三者的撫恤、醫療費和賠償費用，依法應由企業因雇主責任賠付的金額，擴大承保。

【119】工傷私了協議的法律效力

一些台資企業在發生工傷事故後，通過與員工協商簽訂私了協議的方式予以解決。之所以產生這樣的情況，用人單位主要出於節省經費的考慮，當然也有一些是擔心企業形象受到破壞。那麼，這種私了協議是否具有法律效力呢？本文擬就此簡單介紹如下。

1、工傷發生後，如果用人單位既未向主管部門上報，又未向勞動保障部門申請認定工傷，在這種情況下的協議是無效的。

因為該行為屬隱瞞不報，逃脫了勞動監管部門的監管，最終破壞了國家的勞動安全制度，違反了法律強制性和禁止性規定，該協議自始無效。此外，根據有關法律法規的規定，「國家建立傷亡事故和處理制度，縣級以上各級人民政府勞動行政部門、有關部門和用人單位應當依法，對勞動者在勞動過程中發生的傷亡事故和勞動者的職業病狀況進行統計、報告和處理」。該法條規定用人單位對待工傷的行為標準是「應當……進行統計、報告和處理」，是強制性的。

2、工傷發生後，如果用人單位及時向行政主管部門上報，並啟動工傷認定程序，這種情況下的私了協議是有效的，因為《勞動法》賦予用人單位與勞動者自行和解的權利，這種權利的行使是在遵守國家安全勞動制度的前提下完成的。

根據有關法律法規的規定，「用人單位與勞動者發生勞動事故，當事人可以依法申請調解、仲裁，也可以協商解決。企業與用人單位發生工傷待遇方面的爭議，按照處理勞動爭議的有關規定處理。」

從以上規定可以看出，法律是允許用人單位和勞動者對勞動糾紛（自然包括工傷糾紛）協商調解；法律之所以允許協商調解，是因為這種協商既體現了雙方當事人的意思自治原則，又節省大量的仲裁或訴訟成本，節約社會資源，對社會的進步發展是有利的；同時《民

法通則》第五十五條規定：民事法律行為應當符合以下條件：

（1）行為人具有相應的民事行為能力。

（2）意思表達真實。

（3）不違反法律或者社會公共利益。

因此說，只要雙方具有完全民事行為能力，協議的內容又是真實的，在用人單位上報告主管部門的前提下，工傷私了協議是合法且有效的。

3、工傷發生後，如果用人單位及時向行政主管部門上報，並啟動工傷認定程序，這種情況下達成的賠償協議，如果賠償金額低於法定工傷待遇標準的，此協議是可以申請變更或撤銷的；申請變更或撤銷前協議是有效的。如：勞動者發生工傷後，法定工傷待遇應是15萬元，協議賠償金額是10萬元，那麼勞動者可以申請法院或仲裁機構變更或撤銷，追要應該得到而沒有得到的另外5萬元。因為根據《合同法》第五十四條規定：「下列合同當事人一方有權請求人民法院或者仲裁機構變更撤銷的有，（一）因重大誤解訂立的，（二）在訂立合同時顯失公平的」；同時最高人民法院司法解釋《關於審理勞動爭議案件若干問題的解釋》第二十二條規定：「對於追索勞動報酬、養老金、醫療費及工傷保險待遇、經濟賠償金及其他相關費用等案件，給付數額不當的，人民法院予以變更。」由此可見，同樣一份工傷私了協議，可能出現有效、無效、可變更或撤銷三種情況。

但司法實務中，有仲裁機構或法院認為，工傷私了協議中，明確了員工應享受的工傷待遇、告知傷殘等級、實際支付了補償金額，基本上還是會認定協議是有效的。

【120】第三人侵權賠償與工傷賠付的關係

因第三人侵權造成的工傷賠償糾紛案件中，受傷害員工能否同時獲得人身損害侵權賠償和工傷保險賠償這一問題，在大陸司法實務中存在較大的爭議。

目前，最高人民法院的觀點是支持雙重賠償，也就是，如果人身傷害是用人單位以外的第三人侵權所致，那麼受傷害員工既有權向用人單位主張工傷保險賠償，也有權向第三人主張人身損害賠償，用人單位和侵權人應當依法承擔各自所負的賠償責任，兩者之間不具有可替代性。

最高人民法院是在2006年第八期《最高人民法院公報》公布的《楊文偉訴寶二十冶公司人身損害賠償糾紛案》中，闡述了上述觀點。在大陸，《最高人民法院公報》對全國各地的法院具有審判指導作用，但是在司法實務中，有些地方人民法院並沒有完全參照最高人民法院的觀點審判此類案件，其中比較典型的有上海和江蘇兩地。

2004年上海市人民政府頒布實施的《上海市工傷保險實施辦法》第四十四條明確規定：「因機動車事故或者其他第三方民事侵權引起工傷，用人單位或者工傷保險基金按照本辦法規定的工傷保險待遇先期支付的，工傷人員或者其直系親屬在獲得機動車事故等民事賠償後，應當予以相應償還」。由此可見，在上海的司法實踐中，民事賠償與工傷賠償之間是一種互相補充的關係，即對受傷害員工在民事賠償中已經獲得的賠償，在主張工傷賠償時不得重複主張。這是因為侵權損害賠償範圍所包含的醫療費用、交通費用、誤工損失、殘疾賠償金等項目，與用人單位承擔的工傷賠償中的醫療費用、交通費用、傷殘津貼及一次性傷殘補助金等項目，存在交叉重疊，如果允許雙重賠償，勢必造成受傷害員工因受傷取得「不當得利」，同時也增加了用人單位的賠償負擔。

　　完全支持雙重賠償與完全不支持雙重賠償，二者均趨於極端。事實上，對於賠償項目中的醫療費用、交通費用等實際發生的費用，禁止雙重賠償更為合理；但對於傷殘津貼、一次性傷殘補助金等項目，基於「人身（生命、健康）無價」的理念，允許雙重賠償更為合理。江蘇省高級人民法院在《關於在當前宏觀經濟形勢下妥善審理勞動爭議案件的指導意見》中的規定，正是體現了這種觀點：「妥善處理工傷保險賠償與第三人侵權賠償的關係。對於勞動關係以外的第三人侵權造成勞動者人身損害，同時構成工傷的，如果勞動者已獲得侵權賠償，用人單位承擔的工傷保險責任中應扣除第三人已支付的醫療費、護理費、營養費、交通費、住院伙食補助費、殘疾輔助器具費和喪葬費等實際發生費用。用人單位先行支付工傷保險賠償的，可以在第三人應當承擔的賠償責任範圍內向第三人追償」。這樣，既可以防止受傷害員工因受傷而取得「不當得利」，又可以盡可能的保障受傷害員工及其撫養親屬的基本生活需要，有利於促進社會的穩定。

【121】工作中導致他人財產、人身損失的責任承擔

員工在工作中，難免會因為故意或者過失造成他人人身、財產損失，甚至造成用人單位自身的財產損失，此時這些賠償責任是由員工個人承擔，還是由用人單位承擔，或者雙方共同承擔連帶責任呢？

根據《侵權責任法》第三十四條的規定：用人單位的工作人員因執行工作任務造成他人損害的，首先由用人單位承擔侵權責任。對於勞務派遣的，被派遣的工作人員因執行工作任務造成他人損害的，由接受勞務派遣的用工單位承擔侵權責任；勞務派遣單位有過錯的，承擔相應的補充責任。

在用人單位首先承擔責任的情況下，或者員工的行為直接造成用人單位自己的財產損失的，用人單位是否可以要求員工承擔賠償責任呢？根據《工資支付暫行規定》第六條：因勞動者本人原因給用人單位造成經濟損失的，用人單位可按照合同的約定要求其賠償經濟損失。因此，只要員工存在過錯，無論是重大還是輕微過失、還是故意，用人單位都可以要求求員工承擔賠償責任。

但適用該規定，必須滿足兩個條件：

1、必須在勞動合同中明確約定損失賠償條款。

2、經濟損失的賠償，每月扣除的部分不得超過勞動者當月工資的20％。若扣除後的剩餘工資部分低於當地月最低工資標準，則按最低工資標準支付。

舉例來說：公司的司機因為疲勞駕車，造成交通事故，撞傷路人兩名、撞毀護欄若干，同時車輛毀損無法使用。

對於兩名路人的人身損害賠償及護欄的財產損失，由公司先行承擔賠償責任，如果已經投保的，則由保險公司支付；在沒有投保而由公司全額賠付情況下，或者保險公司賠付不足需要公司補充賠付的，或者保險公司賠付了，但造成公司第二年保費增加的部分，這些

公司承擔的損失，如果勞動合同有明確約定由司機賠償的，用人單位可以要求司機承擔賠償責任。

對於司機造成的公司自身車輛的毀損，如果已經投保的，先由保險公司進行賠付。在沒有投保情況下，或者雖投保但保險公司賠付不足部分，或者保險公司賠付了，但造成公司第二年保費增加的損失部分，如果勞動合同也有明確約定由司機賠償的，可以要求司機承擔賠償責任。

但上述由司機承擔的賠償，每月扣除額最高不超過月工資的20％，並且扣除後的剩餘工資部分不低於當地月最低工資標準。如果員工離職，但尚未賠償完畢的，可以要求一次性支付，員工不支付的，可以提起勞動仲裁。

由於用人單位和勞動者的地位和經濟能力的差異較大，因此，在司法實踐中，基於平衡雙方地位的考慮，通常勞動者對用人單位的經濟損失賠償一般只承擔適當賠償責任，也即並不是損失全部由勞動者承擔。企業雖然可以在勞動合同中約定由員工全額賠償，但並不一定會得到支持，而所謂的適當賠償，需要個案分析，根據勞動者的過錯程度和損失情況，由法官來綜合衡量確定比例。

【122】職業病介紹及用人單位注意事項

　　所謂職業病是指企業、事業單位和個體經濟組織（以下統稱用人單位）的勞動者在職業活動中，因接觸粉塵、放射性物質和其他有毒、有害物質等因素而引起的疾病。職業病的分類和目錄由國務院衛生行政部門會同國務院勞動保障行政部門規定、調整並公布。目前職業病分類依據的是國家衛生部、勞動保障部於2002年聯合印發的《職業病危害因素分類目錄》（衛法監發[2002]108號）。該目錄共列舉法定職業病十個大類共一百一十五種。其中：塵肺十三種；職業性放射性疾病十一種；職業中毒五十六種；物理因素所致職業病五種；生物因素所致職業病三種；職業性皮膚病八種；職業性眼病三種；職業性耳鼻喉口腔疾病三種；職業性腫瘤八種；其他職業病五種。職業病是由於職業活動而產生的疾病，但並不是所有在工作中得的病都是職業病。職業病必須是列在《職業病危害因素分類目錄》中，有明確的職業相關關係，按照職業病診斷標準，由法定職業病診斷機構明確診斷的疾病。

　　根據2012年修訂的《職業病防治法》規定，職業病診斷，應當綜合分析下列因素：（1）病人的職業史；（2）職業病危害接觸史和工作場所職業病危害因素情況；（3）臨床表現以及輔助檢查結果等。沒有證據否定職業病危害因素與病人臨床表現之間的必然聯繫的，應當診斷為職業病。職業病診斷、鑒定過程中，用人單位不提供工作場所職業病危害因素檢測結果等資料的，診斷、鑒定機構應當結合勞動者的臨床表現、輔助檢查結果和勞動者的職業史、職業病危害接觸史，並參考勞動者的自述、安全生產監督管理部門提供的日常監督檢查信息等，做出職業病診斷、鑒定結論。職業病等同於工傷，職業病患者可享受工傷待遇。

　　用人單位對於本企業中存在職業病風險的崗位，尤其應重點關

注以下幾方面：

1、注意保留告知職業危害的相關證據

《職業病防治法》第三十四條規定，用人單位與勞動者訂立勞動合同（含聘用合同，下同）時，應當將工作過程中可能產生的職業病危害及其後果、職業病防護措施和待遇等如實告知勞動者，並在勞動合同中寫明，不得隱瞞或者欺騙。即明確規定了用人單位應將職業危害如實告知勞動者，《職業病防治法》第七十二條並規定了違反該義務的罰則。對此，企業應當注意保留告知證據，比如在勞動合同中設計告知條款，或者要求員工出具書面聲明，證明用人單位已向其履行了告知義務。

2、事先做好工作場所職業病危害因素檢測

《職業病防治法》規定了「不提供工作場所職業病危害因素檢測結果等資料的，職業病診斷機構」可「參考勞動者的自述等做出職業病診斷鑒定結論」。為避免「參考勞動者的自述」被惡意濫用，用人單位應重視對己方有利證據的收集，聘請具有職業衛生技術服務機構資質證書的單位做出《工作場所職業病危害因素監測與評價報告》，並認真查看報告中對己方的不利之處，予以改善後，再出具「乾淨」的評價報告。

3、做好入職、在職及離職時的健康體檢

《職業病防治法》規定，對從事接觸職業病危害的作業的勞動者，用人單位應當按照國務院安全生產監督管理部門、衛生行政部門的規定組織上崗前、在崗期間和離崗時的職業健康檢查，並將檢查結果書面告知勞動者。職業健康檢查費用由用人單位承擔。用人單位不得安排未經上崗前職業健康檢查的勞動者從事接觸職業病危害的作業；不得安排有職業禁忌的勞動者從事其所禁忌的作業；對在職業健康檢查中發現有與所從事的職業相關的健康損害的勞動者，應當調離原工作崗位，並妥善安置；對未進行離崗前職業健康檢查的勞動者，

不得解除或者終止與其訂立的勞動合同。職業健康檢查應當由省級以上人民政府衛生行政部門批准的醫療衛生機構承擔。

對於不願意參加職業健康檢查的員工，用人單位應注意留下已要求進行健康檢查的證據。比如，向員工本人發出書面的健康檢查通知書，並由其簽收。

【123】職業病鑒定之法律分析

　　職業病診斷，是指經用人單位或者勞動者申請，由用人單位所在地或者勞動者本人經常居住地依法取得職業病診斷資質的醫療衛生機構，依據國家頒布的有關職業病診斷法規、規章、標準，對勞動者在職業活動中因接觸粉塵、放射性物質和其他有毒有害物質等因素而引起的疾病，所進行的專門診斷活動。

　　提起職業病診斷申請，應當提交如下材料：（1）職業史、既往史；（2）職業健康監護檔案複印件；（3）職業健康檢查結果；（4）工作場所歷年職業病危害因素檢測、評價資料；（5）診斷機構要求提供的其他必需的有關資料。職業病診斷機構將依據上述材料、結合職業病診斷標準、病人的臨床表現，綜合分析，做出診斷結論，並出具「職業病診斷證明書」。該證明書應一式三份，用人單位、勞動者、診斷機構各執一份。「職業病診斷證明書」的格式由衛生部統一規定，內容包括明確是否患有職業病，對患有職業病的，還應當載明所患職業病的名稱、程度（期別）、處理意見和複查時間。

　　有權提出職業病診斷申請的是用人單位或者勞動者；有權出具職業病診斷報告的，是用人單位所在地或者勞動者經常居住地依法承擔職業病診斷的醫療衛生機構。違反上述規定出具的「職業病診斷證明書」是無效的，無法作為未來申請工傷認定的依據。

　　如果用人單位或者勞動者對職業病診斷有異議的，在接到職業病診斷證明書之日起三十日內，可以向做出診斷的醫療衛生機構所在地區的市級衛生行政部門申請鑒定。

　　申請職業病診斷鑒定時，應當提供以下材料：（1）職業病診斷鑒定申請書；（2）職業病診斷證明書；（3）職業史、既往史；（4）職業健康監護檔案複印件；（5）職業健康檢查結果；（6）工

作場所歷年職業病危害因素檢測、評價資料；（7）其他有關資料。

如果因為用人單位沒有對勞動者進行職業健康監護，以及沒有開展工作場所職業病危害因素監測、評價，導致無法提供上述「職業健康監護檔案複印件」和「工作場所歷年職業病危害因素檢測、評價資料」的，職業病診斷與鑒定機構仍然可以受理職業病鑒定申請，並將根據當事人提供的自述材料、相關機構（包括衛生監督機構和取得資質的職業衛生技術服務機構等）和人員提供的有關材料，包括病人的職業史，臨床表現以及輔助檢查結果等，做出鑒定。

職業病診斷鑒定辦事機構應當自收到申請資料之日起十日內，完成材料審核，對材料齊全的發給受理通知書；材料不全的，通知當事人補充，職業病診斷鑒定委員會應當在受理鑒定之日起六十日內組織鑒定。鑒定委員會應當經認真審閱有關資料，依照有關規定和職業病診斷標準，獨立進行鑒定。在事實清楚的基礎上，進行綜合分析，做出鑒定結論，並製作鑒定書。

如果用人單位或者勞動者對職業病診斷爭議的首次鑒定結論不服的，在接到職業病診斷鑒定書之日起十五日內，還可以向原鑒定機構所在地省級衛生行政部門申請再鑒定，省級職業病診斷委員會的鑒定為最終鑒定。

另，依據最高人民法院的規定，勞動者對職業病診斷鑒定委員會的職業病診斷鑒定結論的異議糾紛，不屬於勞動爭議；也就是說，不能以勞動爭議為由向法院提起訴訟。但是當事人可以通過行政訴訟的途徑解決。

【124】新《工傷保險條例》變化分析

根據2010年12月20日國務院關於修改工傷保險條例的決定，《工傷保險條例》（以下稱《條例》）主要做了以下幾處修改，一是擴大工傷保險適用範圍；二是調整工傷認定範圍；三是簡化了工傷認定、鑒定和爭議處理方式；四是提高部分工傷待遇標準；五是減少了由用人單位支付的待遇專項內容、增加由工傷保險基金支付的待遇項目等。

其中，對工傷認定範圍有兩處調整，對用人單位影響較大，一是擴大上下班途中的工傷認定範圍，將上下班途中的機動車和非機動車事故傷害，以及城市軌道交通、客運輪渡、火車事故傷害都納入了工傷認定範圍，同時對事故做了「非本人主要責任」的限定，過去的規定只對上下班途中的機動車事故傷害認定為工傷；二是根據《社會保險法》的規定，調整了不得認定工傷的範圍，刪除了職工因過失犯罪、違反治安管理行為導致事故傷害不得認定為工傷的規定，增加了職工因吸毒導致事故傷害不得認定為工傷的規定。

醉酒不能認定為工傷的規定仍予以保留，但對醉酒的標準仍然沒有明確。飲酒是否達到醉酒程度的判定標準，目前只有交通管理法規中有規定，如按照「車輛駕駛人員血液、呼氣酒精含量閾值與檢驗」（GB19522——2004），車輛駕駛人員血液中的酒精含量大於或者等於80mg／100ml的駕駛行為界定為醉酒駕車。

醉酒的認定也沒有其他明文規定。即使參照交通管理法規標準，也由於傷害多發生於工作場所內、人力資源社會保障行政部門是事後調查等因素，無法進行判定。因此工傷認定中對於醉酒的判斷，不宜簡單按交通管理法規標準，而應當依社會公眾的認知度來判斷，也就是說須結合行為人的平時酒量和當日飲酒量、酒後的行為姿態等

情形來認定醉酒的事實。實務中曾有案例，某人力資源和社會保障局依據當事人前後陳述矛盾、周圍同事證詞、單位提供的一系列反證等依據，對當事人的醉酒的事實予以了確認。

其他值得用人單位加以注意的新變化還有：

1、增加了工傷認定簡易程序，規定對事實清楚、權利義務明確的工傷認定申請，應當在十五日內做出工傷認定決定；明確了再次鑑定和複查鑑定的時限須按照初次鑑定時限執行；取消了行政復議前置程序，規定發生工傷爭議時，有關單位或個人可依法申請行政復議，也可以直接依法向人民法院提起行政訴訟。

2、將一次性工亡補助金標準調整為上一年度全國城鎮居民可支配收入的二十倍。以2009年數據計算，約為34萬元。同時，為了避免工亡職工與傷殘職工待遇相差過大，根據工傷保險基金的承受能力，決定在提高一次性工亡補助金標準的同時，也適當提高了一次性傷殘補助金標準：一級至四級傷殘職工增加三個月的本人工資，五級至六級傷殘職工增加兩個月的本人工資，七級至十級傷殘職工增加一個月的本人工資。

3、原來由用人單位支付的一次性工傷醫療補助金、住院伙食補助費和到統籌地區以外就醫所需的交通、食宿費，改由工傷保險基金支付。

【125】員工非因工死亡待遇

員工非因工死亡在現實生活中時有發生，但《工傷保險條例》，只是對職工因工死亡的賠償做出了明確的規定，並沒有對職工非因工死亡的待遇做出明確規定。因此，對於非因工死亡的待遇，主要依據地方性法規或者政策執行。在沒有地方性法規或者政策的情況下，勞動仲裁機構、法院多選擇適用《勞動保險條例》及其實施條例來確定員工非因工死亡的待遇。

目前，江、浙、滬三地人力資源和社會保障部門均有相關員工非因工死亡待遇地方性規定，企業可在發生類似情況時參照執行。

三地中，江蘇省的規定最為明確。江蘇省勞動保障廳2004年發布的《關於企業職工和離退休人員因病或非因工死亡及供養直系親屬等有關問題的通知》（蘇勞社險[2004]2號）規定，自2004年1月1日起，企業職工非因工死亡，如其養老保險的繳費年限（含視同繳費）滿十五年，可以享受喪葬費、直系親屬一次性撫恤費和供養直系親屬定期救濟費；如其養老保險的繳費年限（含視同繳費）不滿十五年的，可以享受喪葬費、直系親屬一次性撫恤費和供養直系親屬一次性救濟費。上述各項費用，由養老保險個人帳戶個人繳納部分的儲存額以及養老保險統籌基金中列支。

其中，供養直系親屬救濟費的發放標準，依據死亡員工生前供養親屬人數不同而異。供養直系親屬定期救濟費發放標準為：供養一人的，按計發基數的20％發給；供養二人的，按計發基數的30％發給；供養三人及以上的，按計發基數的40％發給。供養直系親屬一次性救濟費的發放標準：供養一人的，計發基數乘 6；供養二人的，計發基數乘 9；供養三人的，計發基數乘12。

上述各項費用標準及計發基數金額，由省勞動保障廳根據職工平均工資的增長、城鎮居民基本生活消費指數的變動，以及城鎮居民

最低生活保障水準確定並不定期公布。目前江蘇省內實行的是2009年7月1日重新調整後的標準，幾個主要城市的標準如下：

市	喪葬費標準	直系親屬一次性撫恤費標準	供養直系親屬一次性或定期救濟費計發基數
南京	6,000	6,000	1,800
無錫	6,000	6,000	1,800
蘇州	6,000	6,000	1,800

企業需要在員工死亡之次月20日前，將「因病或非因工死亡人員待遇審批表」及其供養直系親屬的相關資料，報江蘇省社會保險基金管理中心進行審批和待遇審核。

而根據浙江省人力資源和社會保障廳、浙江省財政廳2010年2月3日頒布的《關於調整企業職工死亡後遺屬生活困難補助費標準的通知》，企業員工非因工死亡的，可以享受喪葬補助費、直系親屬一次性撫恤費和供養直系親屬生活困難補助費；其標準分別為：喪葬補助費2,000元，一次性撫恤費10,000元，供養直系親屬生活困難補助費非農業戶口的每人每月460元；農業戶口的每人每月390元。

上海市企業員工非因工死亡的，可以享受喪葬補助金、供養直系親屬一次性救濟金和遺屬生活困難補助費。其中喪葬補助金標準為二個月本企業平均工資；供養直系親屬一次性救濟金發放標準為：按死者在職時的原工資計發，供養一人的，為六個月；供養二人的，為九個月；供養三人或三人以上的，為十二個月；上述兩項費用由企業自行承擔。遺屬生活困難補助費自2006年7月1日起，統一由上海市養老保險統籌基金列支，列支標準為：每人每月450元，孤寡老人或者孤兒的，增加30%。

【126】住房公積金制度介紹（上）

　　住房公積金，是指國家機關、各類企事業單位、民辦非企業單位、社會團體（以下統稱單位）及其在職職工繳存的長期住房儲金。住房公積金的管理實行住房公積金管理委員會決策、住房公積金管理中心運作、銀行專戶存儲、財政監督的原則。

　　住房公積金由職工個人繳存和單位為其繳存兩部分組成，並且均歸職工個人所有。職工個人繳存的住房公積金，由其所在單位每月從其工資中代扣代繳。單位應當於每月發放職工工資之日起五日內，將單位繳存的和為職工代繳的住房公積金匯繳到住房公積金專戶內，由受委託銀行計入職工住房公積金帳戶。

　　每個職工都只能有一個住房公積金帳戶。如果職工從一個單位離職，前往另一個單位任職，則新單位應當自錄用之日起三十日內，到住房公積金管理中心辦理繳存登記及職工住房公積金帳戶的設立或者轉移手續。而老單位則須自勞動關係終止之日起三十日內，到住房公積金管理中心辦理變更登記，並到受委託銀行辦理職工住房公積金帳戶轉移或者封存手續。

　　住房公積金的月繳存額均以職工本人上一年度月平均工資為計算基數，並分別乘以職工住房公積金繳存比例和單位住房公積金繳存比例計算得出。各地對於公積金的繳存比例規定不盡相同，但均不得低於職工上一年度月平均工資的5％。以蘇、滬兩地的企業為例，上海目前職工與單位的繳存比例均為7％；蘇州轄區內（包括工業園區、昆山、太倉等）則為8％至12％，企業可以依據本企業實際情況選擇，但最終職工與單位的繳存比例是一致的。對於住房公積金的月繳存基數，依據建設部、財政部和人民銀行聯合下發的建金管[2005]5號文件規定，原則上，不得超過職工工作地所在設區城市統計部門公布的上一年度職工月平均工資的二倍或三倍。具體標準由各

地根據實際情況確定。實踐中，蘇州市2012年繳存基數最低不得低於蘇州市人力資源和社會保障局公布的最低工資標準1,370元，最高不得超過蘇州市2011年度職工月平均工資的三倍，即13,600元。而上海市則採用直接規定月繳存額上、下限的方式，2012年度住房公積金月繳存額上限為1,820元，下限為180元，繳存基數每年7月1日會調整一次。

在大蘇州地區，如果企業職工按照當地最低工資標準領取工資的，則其個人部分的住房公積金可以免繳，單位部分的住房公積金仍按照規定繳存。

依據現行《住房公積金管理條列》規定，單位不辦理住房公積金繳存登記，或者不為本單位職工辦理住房公積金帳戶設立手續的，住房公積金管理中心首先會責令單位限期辦理登記、帳戶設立手續；如過企業逾期仍不辦理的，將面臨 1 萬元以上 5 萬元以下的罰款。單位如果逾期不繳或者少繳住房公積金的，首先會被住房公積金管理中心責令限期繳存；逾期仍不繳存的，當事人可依據住房公積金管理中心的相關規定，向人民法院申請強制執行。

【127】住房公積金制度介紹（下）

　　依據國家《住房公積金管理條例》規定，職工有下列情形之一的，可以提取職工住房公積金帳戶內的存儲餘額：（1）購買、建造、翻建、大修自住住房的；（2）離休、退休的；（3）完全喪失勞動能力，並與單位終止勞動關係的；（4）出境定居的；（5）償還購房貸款本息的；（6）自住住房的房租超出家庭工資收入的規定比例的。其中，依照前款第（2）、（3）、（4）項規定，提取職工住房公積金的，須同時註銷職工住房公積金帳戶。職工死亡或者被宣告死亡的，職工的繼承人、受遺贈人可以提取職工住房公積金帳戶內的存儲餘額。

　　職工購買、建造、翻建、大修自住住房，未申請個人住房公積金貸款的，原則上職工本人及其配偶在購建和大修住房一年內，可以憑有效證明材料，一次或者分次提取住房公積金帳戶內的存儲餘額。但夫妻雙方累計提取總額不能超過實際發生的住房支出。

　　另，依據相關部門規章，職工享受城鎮最低生活保障；與單位終止勞動關係未再就業、部分或者全部喪失勞動能力以及遇到其他突發事件，造成家庭生活嚴重困難的，提供有效證明材料，並經管理中心審核，也可以提取本人住房公積金帳戶內的存儲餘額。

　　繳存住房公積金的職工，在購買、建造、翻建、大修自住住房時，可以申請住房公積金貸款。與一般的商業貸款不同，住房公積金貸款的決定權在住房公積金管理中心。受委託銀行無權自行決定公積金貸款事宜。職工必須先向所在地住房公積金管理中心申請貸款，並經其核准後，才能辦理貸款手續。辦理住房公積金貸款手續的是特定的銀行。只有住房公積金管理委員會指定的，與住房公積金管理中心簽訂委託協議的銀行，才能辦理住房公積金貸款手續。申請住房公積金貸款，仍然需要提供擔保。公積金貸款資金將由公積金銀行專戶直

接劃入售房單位（售房人）或者建房、修房承擔方在銀行開設的帳戶內，而不會劃入借款人帳戶或者支付現金給借款人。

職工申請住房公積金貸款的條件是：

（1）申請貸款前繳存住房公積金達到規定期限；

（2）自有資金支付購房款不低於規定比例；

（3）具有穩定的經濟收入和貸款償還能力；

（4）無尚未還清並可能影響貸款償還能力的債務。

前述（1）、（2）項中的規定期限與規定比例，均由當地公積金管理中心擬訂，並報經公積金管委會批准後執行。

住房公積金貸款利率是由住房和城鄉建設部參照同期人民銀行的人民幣存貸款基準利率規定，但低於商業銀行貸款基準利率。目前執行的利率是自2012年7月6日起個人住房公積金貸款利率為：五年期以下（含五年）為4％，五年期以上為4.5％。

【128】雇主責任險與人身意外險

依據現行《工傷保險條例》及各地的實施細則規定，員工發生五至十級工傷的，工傷保險基金只進行部分賠付（如工傷醫療待遇、一次性傷殘補助金），而佔賠償數額較大比例的一次性傷殘就業補助金和工傷醫療補助金，仍須由企業自行承擔。

為此，很多企業便選擇為員工投保人身意外傷害保險以期規避風險。但事實是，這樣做在很大程度上無法規避預期風險。

人身意外傷害保險是一種人身保險，法律對於其投保人和受益人有嚴格的限制。2009年10月1日修訂施行的《保險法》規定，投保人對與之有勞動關係的勞動者存在保險利益，但不得指定被保險人及其近親屬以外的人為受益人。由此可見，企業可為員工投保人身保險，但不能成為受益人。據此，如果員工因工傷亡的，則保險公司賠付的是員工本人或其近親屬，而不能用以沖抵企業應向員工支付的一次性傷殘就業補助金和工傷醫療補助金。企業為員工投保的人身意外傷害險只能被視為一種額外的員工福利。

另外，根據保監會於2010年3月20日公布的111號文《關於單位能否為員工投保個人保險產品的覆函》中，個人人身保險只能由個人投保，保險公司不得接受機關、社會團體、企事業單位作為投保人，並用個人人身保險條款為個人投保，也就是說，企業只能為員工投保團體性質的人身保險。又依據保監會《關於規範人身保險經營行為有關問題的通知》規定，團體性質的人身保險前提是：投保成員必須佔團體成員總數的75％以上，否則保險公司有權提前三十日書面通知投保人後解除合同。所以企業如果選擇投保團體性質的人身保險，則因投保成員數量受下限限制，可能支付了高額的保險費卻無法達到規避風險的目的。

但如果企業選擇投保的是雇主責任險，則可以在很大程度上實

現其減輕損失之目的。雇主責任險是一種責任保險，屬於財產保險範疇。投保人和被保險人均為雇主，其作用即在於轉移雇主對雇員賠償的風險。雇主為雇員投保雇主責任險後，一旦雇員受到傷害而雇主要承擔賠償責任時，相對應的保險賠償金將由雇主領取，即便是直接支付給受傷害的雇員，也屬於保險公司代雇主賠償的性質，仍可以減輕雇主的賠償責任，這就實現了雇主通過保險來減輕其作為雇主的責任之目的。

雇主責任險的費率受到幾項因素影響，包含被保險人的經營性質、管理情況及以往損失記錄；雇員的工種、技能、雇員人數；賠償限額、免賠額的高低等。有些保險公司的雇主責任險，還可附加第三者責任險，對員工從事工作時，由於意外或疏忽造成第三者人身傷亡或財產損失，以及所引起的對第三者的撫恤、醫療費和賠償費用，依法應由企業以雇主責任賠付的金額，擴大承保。

【129】補充養老保險及補充公積金介紹

補充養老保險，是指企業在滿足社會統籌的社會基本養老保險的基礎上，為補充基本養老保險的不足，幫助企業員工建立的超出基本養老保險以上部分的一種養老形式。企業補充養老保險也叫企業年金。企業年金具有這樣幾個基本特徵：一是由用人單位自願建立，政府並不承擔彌補缺口的責任；二是企業年金只是基本養老保險的一種補充，不能取代基本養老保險；三是企業年金也為參加者退休後提供長期或定期收入。

建立企業金年的企業須具備三個條件：一是依法參加了基本養老保險並履行了繳費義務；二是具有相應的經濟負擔能力；三是已建立了集體協商機制。建立企業年金，應當由企業與工會或職工代表通過集體協商確定，並制定企業年金方案（又稱企業年金計畫）。各類企業的企業年金方案應報送所在地區縣以上勞動保險行政部門。如果勞動保障行政部門自收到方案之日起十五日內未提出異議的，該企業年金方案即行生效。企業年金方案適用於企業試用期滿的職工。

自2008年1月1日新的《企業所得稅法》實施以來，企業繳納補充養老保險的金額不超過職工工資總額5％標準以內部分，在計算企業應納稅所得額時准予扣除；超過的部分，不予扣除。企業繳納的企業年金費用，在計入職工企業年金個人帳戶的當月，併入職工個人工資薪金收入計徵個人所得稅；職工個人繳納的企業年金費用，不得從納稅人的應納稅所得額中扣除。職工退休或出境定居按規定提取年金時，不再計徵個人所得稅。

職工在達到國家規定的退休年齡時，可以從本人企業年金個人帳戶中一次或定期領取企業年金。職工未達到國家規定的退休年齡的，不得從個人帳戶中提前提取資金。出境定居人員的年金個人帳戶資金，可根據本人要求一次性支付給本人。職工變動工作單位時，企

業年金個人帳戶資金可以隨同轉移。職工升學、參軍、失業期間或新就業單位沒有實行企業年金制度的，其企業年金個人帳戶可由原管理機構繼續管理。職工或退休人員死亡後，其企業年金個人帳戶餘額由其指定的受益人或法定繼承人一次性領取。

　　補充住房公積金制度是住房公積金制度的一種補充，兩者的基本特徵是相同的，都是一種長期的住房儲金，用於職工的住房消費，屬於職工個人所有。但兩者的區別在於：首先，住房公積金的繳存是強制的，而補充住房公積金的繳存是自願的；其次，從繳存範圍來看，補充住房公積金的繳存範圍在住房公積金繳存範圍的基礎上增加了限制，規定只有足額繳納稅款的企業和自收自支的事業單位及其所屬職工，可以參加補充住房公積金；再次，住房公積金的繳存比例為單位、個人各7％，其繳存額有上下限的限制，而補充住房公積金單位和個人的繳存比例，分別在不大於各8％不小於各1％的範圍內，由單位自行確定，其繳存額沒有上下限限制。參加補充住房公積金制度的單位，不得選擇性地為部分職工繳存補充住房公積金，而應為與其建立勞動關係的所有職工繳存補充住房公積金。

【130】補充養老保險及補充公積金會計稅務處理

所謂補充養老保險是指企業在基本養老保險基礎上，企業和員工共同出資，以資金積累和運作增值為主要特徵，以提高出資單位員工的養老待遇為主要特點的社會保險的重要組成部分。所謂補充公積金是指企業在完成法定公積金繳存比例後，再額外為員工繳納一部分錢，這部分錢和住房公積金一樣，只能在購房及修繕房屋時使用。企業在補充養老保險及補充公積金應關注會計、稅務的不同處理。

一、會計核算

大陸2006年頒布的《企業會計準則─職工薪酬》，明確醫療保險費、養老保險費、失業保險費、工傷保險費和生育保險費等社會保險費，應在職工薪酬中核算。企業發生的補充養老保險及補充公積金等，應按照該規定核算，其中：

1、應由生產產品、提供勞務負擔的職工薪酬，計入產品成本或勞務成本。

2、應由在建工程、無形資產負擔的職工薪酬，計入建造固定資產或無形資產成本。

3、上述之外的其他職工薪酬，計入當期損益。包括公司總部管理人員、董事會成員、監事會成員等人員相關的職工薪酬，難以確定直接對應的受益對象，均應當在發生時計入當期損益。

二、稅務處理

（一）企業所得稅

依據大陸《企業所得稅法實施條例》第三十五條規定，企業為投資者或者職工支付的補充養老保險費、補充醫療保險費，在國務院財政、稅務主管部門規定的範圍和標準內，准予扣除。同時，財稅

[2009]27號《關於補充養老保險費補充醫療保險費有關企業所得稅政策問題的通知》規定，自2008年1月1日起，企業根據國家有關政策規定，為在本企業任職或者受雇的全體員工支付的補充養老保險費、補充醫療保險費，分別在不超過職工工資總額5%標準內的部分，在計算應納稅所得額時准予扣除；超過的部分，不予扣除。

該規定二個重要的前提：

1、支付對象：

該文件規定，支付對象必須為「在本企業任職或者受雇的全體員工」時，該補充養老保險費、補充醫療保險費才可以稅前列支。

企業為部分員工支付的補充養老保險費、補充醫療保險費各地規定不同。如：遼地稅發[2010]3號《關於印發企業所得稅若干業務問題的通知》規定，如果企業僅為部分人支付上述保險費，則不得稅前扣除。大地稅函[2010]39號《大連市地方稅務局關於明確企業所得稅若干業務問題政策規定的通知》規定，如果企業僅為部分人員支付上述保險費，則不得稅前扣除。青國稅發[2010]9號《關於做好2009年度企業所得稅匯算清繳的通知》規定，如果不是全體員工都參加補充保險，那麼就不能使用全體職工工資總額作為扣除基數，只能以參加補充保險職工的工資總額作為扣除基數。

2、支付比例：

不超過職工工資總額5%標準內的部分，在計算應納稅所得額時准予扣除；超過的部分，不予扣除。

需要強調的是，現有所得稅法規均未允許補充公積金在所得稅前列支。在實際執行住房公積金政策時，由於各地繳納基本住房公積金比例有所不同，因此，只要在規定的基本住房公積金比例內是允許所得稅前扣除。上海浦東新區在2009年所得稅清算時規定，企業按本市規定的標準內繳納的住房公積金（7%）和補充住房公積金（8%）：可在2009年度稅前扣除。超過的部分不得稅前扣除。

（二）個人所得稅

財稅[2006]10號《關於基本養老保險費、基本醫療保險費、失業保險費、住房公積金有關個人所得稅政策的通知》明確規定：

1、企事業單位和個人超過規定的比例和標準繳付的基本養老保險費、基本醫療保險費和失業保險費，應將超過部分併入個人當期的工資、薪金收入，計徵個人所得稅。

2、單位和個人超過規定比例和標準繳付的住房公積金，應將超過部分併入個人當期的工資、薪金收入，計徵個人所得稅。

另外，財稅[2005]94號《關於個人所得稅有關問題的批覆》規定，單位為職工個人購買商業性補充養老保險時，在辦理投保手續時，應作為個人所得稅的「工資、薪金所得」項目，按稅法規定繳納個人所得稅；因各種原因退保，個人未取得實際收入的，已繳納的個人所得稅應予以退回。

第八篇

外籍員工

【131】外籍員工入職手續辦理須知

依據現行法律規定，大陸境內企業錄用外籍員工時，必須向有關勞動行政部門辦理就業審批手續方得聘雇。那麼首先需要確認的是哪些人屬於需要獲得審批的外籍員工？一般企業所指的外籍員工實際應分為兩類：

一類是與大陸境內的用人單位建立了勞動關係，或者與境外或台、港、澳地區用人單位建立勞動關係，並受其派遣到內地工作，並且在一年內（西曆年1月1日起至12月31日止），在同一用人單位累計工作三個月以上的台港澳人員。

另一類是沒有大陸國籍，且沒有取得定居權，但在大陸境內依法從事社會勞動並獲取勞動報酬的外國人，以及雖屬台港澳居民，但持有外國國籍並用外國人身分來大陸就業的人員。

對於屬於第一類別中的台港澳人員，大陸現行法律規定，對於境內企業聘雇或者接受被派遣台、港、澳人員，是實行備案制度。企業如果擬聘雇或者接受被派遣台、港、澳人員的，需要到企業所在地的地（市）級勞動保障局為其辦理「台港澳人員就業證」。辦理上述證件需要提交的資料包括：（1）「台灣香港澳門居民就業申請表」和下列有效文件：（2）企業營業執照，如果是外資企業，還要提供批准證書；（3）擬聘雇或者接受被派遣人員的個人有效旅行證件（包括內地主管機關簽發的台灣居民來往大陸通行證、港澳居民往來內地通行證等有效證件）；（4）擬聘雇或者接受被派遣人員的健康狀況證明（企業所在地出入境檢驗檢疫局體檢證明）；（5）聘雇意向書或者任職證明；（6）擬聘雇人員從事國家規定的職業（技術工種）的，提供擬聘雇人員相應的職業資格證書。

需要特別注意的是，一般企業擬聘雇或者接受派遣的台港澳人員，年齡須滿十八週歲且不得超過六十週歲，但對於直接參與經營的

投資者和內地急需的專業技術人員可超過六十週歲。

　　已辦理就業證的台港澳人員，應在入境後三十日內，持「就業證」到公安機關申請辦理居留證。居留證件的有效期限可根據就業證的有效期確定，一般分為不滿一年、一年以上不滿三年和三年以上不滿五年三種。

　　對於第二類別中的外國人，大陸實行就業許可制度。企業如須聘雇外國人，必須至企業所在地的勞動保障局申請「就業許可證書」。在上海市，對於勞動報酬來源於境外，但受派遣在上海市工作三個月以上的外國人，接受派遣的內地企業也須為其申請「就業許可證」。企業申辦「就業許可證」一般需要提交的文件包括：（1）申請表（可網上下載）；（2）企業營業執照、批准證書；（3）外國人履歷（含最終學歷和完整的經歷）；（4）外國人任職的相關資格證明（指相關資格或技術技能證書，如果沒有，應由其原工作單位出具從事與現聘雇崗位相關的工作經歷證明）；（5）與所從事的工作相適應的學歷證明；（6）有效護照複印件。

　　取得「就業許可證」之後，企業須至所在地外經貿管理部門辦理「簽證通知函」；隨後由擬聘雇外國人持上述「通知函」及其本國有效護照，到中國駐當地使領館申請「職業簽證（Z）」，並且在入境後，至大陸勞動保障局辦理「就業證」和至公安局出入境管理處辦理「中華人民共和國長期居留許可」，一般是一年。

【132】外籍員工需要簽訂勞動合同嗎？

外籍員工指沒有取得定居權，但在大陸境內依法從事社會勞動並獲取勞動報酬的外國人。用人單位是否需要與外籍員工簽訂勞動合同取決於以下幾個條件：

1、用人單位的性質：如果用人單位是外國企業常駐境內的代表機構，依據現行法律法規，外國公司辦事處不得招用雇員，必須通過合法的仲介機構派遣；此時，外籍員工是由合法的仲介機構派遣到外國公司辦事處的，外籍員工與仲介機構之間簽訂勞動合同並確立勞動關係，而與外國公司辦事處非勞動關係，僅僅是勞務關係，所以雙方之間不應簽訂勞動合同；如果用人單位是在境內註冊成立的企業，則其依據現行《外國人在中國就業管理規定》，企業直接招聘外籍員工時，應當依法與其簽訂書面勞動合同。

2、外籍員工的任職依據：如果用人單位使用的外籍勞動者是由其境外總部派遣來的，則該外籍員工實際是與該用人單位的境外母公司建立的勞動關係，只是暫被派遣於境內用人單位任職。此時，境內用人單位與該外籍員工之間不需簽訂書面勞動合同。境內用人單位應憑境外母公司簽發的派遣證明，為該外籍員工辦理就業許可手續。此時，境內用人單位與該外籍員工之間的權利義務並不適用大陸的勞動法律。但如果該外籍員工是境內企業直接招聘錄用的，則用人單位應當與外籍員工簽訂書面勞動合同，該勞動合同的期限最長不得超過五年。勞動合同期限屆滿即行終止，但履行審批手續後可以續訂。

必須注意的是，如果用人單位沒有為外籍員工辦理就業許可手續，即使雙方簽訂了勞動合同，未來雙方之間的爭議將不會受到勞動法律的保護，而是會被認定為勞務關係，相對應處理程序也就變成了上法院訴訟的解決方式，不能以勞動仲裁進行處理。相反的，如果境內企業為其直接聘雇的外籍員工辦理了就業證，但是雙方之間沒有簽

訂書面的勞動合同，雙方之間的勞動關係已經建立是受法律認可的。雙方之間如發生爭議，尤其涉及到薪資待遇、加班費、休息時間、公司規章制度的遵守、保密協議、競業限制協議、經濟補償金與賠償金等問題時，仍應適用大陸《勞動法》、《勞動合同法》等規定，其勞動爭議的處理也應同大陸員工一樣，遵從協商、調解、仲裁、訴訟等解決方式。

　　如果用人單位聘雇的是台、港、澳地區居民中的大陸公民，則依據現行法律規定，他們並不屬於外籍員工，具體法律適用上也採取了區別於外籍人員的管理辦法，在權益保障和程序安排方面，做了優於外籍人員管理的特別規定。用人單位直接聘雇台、港、澳地區居民中的大陸公民，應當與其簽訂書面合同，並應為其繳納社會保險。

【133】外籍員工個人所得稅申報及規劃

外籍員工在一個納稅年度內取得的工資薪金所得，應分以下幾類情況繳納個人所得稅：

1、如在大陸連續或累計居住不滿九十日，按照其實際在大陸工作期間，由大陸企業或個人雇主支付的，或者雖然是由其在母國或別國的企業或個人雇主支付的，但卻是由這些企業的個人在大陸的機構所負擔的工資薪金所得，全部應當申報繳納個人所得稅。如果在大陸工作期間，其工資薪金是由大陸以外的雇主支付，並且也不是由該雇主在大陸的機構負擔的，這部分收入就不需要申報繳納個人所得稅。

2、如連續居住超過九十日不滿一年的，按照其實際在大陸工作期間取得的，由大陸企業或個人雇主支付的，以及由大陸以外的企業或個人雇主支付的全部工資薪金所得，如實申報繳納個人所得稅。本納稅年度中，其在大陸以外的地區工作期間所取得的工資薪金所得，則不徵收個人所得稅。

但是，如果該境外人士擔任了大陸公司企業的董事或高層管理職務，則自其擔任該大陸企業董事或高層管理職務起，至其解除上述職務止，只要是在大陸工作期間所得，不論其是否在大陸履行職務，也不論其工資薪金是由大陸企業支付，還是由大陸以外地區的企業支付，都要徵收個人所得稅。

3、居住超過一年但不滿五年的，按照其在大陸實際工作期間取得的，由大陸企業或個人雇主支付的，和由大陸以外的其他企業或個人雇主支付的工資薪金所得，全部申報繳納個人所得稅。但是其來源於大陸以外的所得，即其實際在大陸以外的地區工作期間所取得的，由在大陸的企業或個人雇主支付的，以及由在大陸以外的其他企業或個人雇主支付的工資薪金所得，經大陸主管稅務機關批准，由大陸以外的企業或個人雇主支付的部分，可免予繳納所得稅，但由大陸企業

或個人雇主支付的部分，仍然需要申報繳納。

4、居住已經超過五年的，從第六年起的以後納稅年度中，如果在大陸工作滿一年的，其來源於大陸內外的全部所得，無論其是在大陸工作期間由大陸雇主支付或大陸以外的雇主支付的，還是在大陸以外的地區工作期間由大陸雇主或大陸以外的雇主支付的，都要申報繳納個人所得稅，跟大陸居民沒有任何區別。

此外，如果從第六年起的以後納稅年度中，在大陸工作沒滿一年的，那麼只要就該年度內，來源於大陸的所得，即其在大陸實際工作期間取得的，由大陸企業或個人雇主支付的，和由大陸以外的其他企業或個人雇主支付的工資薪金所得，須申報繳納個人所得稅。而其在大陸以外的地區工作期間所取得的，無論是由大陸雇主支付的還是由大陸以外的雇主支付的工資薪金，都不需要申報繳交個人所得稅。

如果從第六年起的某一納稅年度，在大陸工作不滿九十天的，其所取得的工資薪金收入申報繳納個人所得稅的方法，可以適用前面第一點所說的方法處理。並且對這類境外人士，其五年的居住期限，將從再次工作滿一年的年度起重新計算。

由此可見，連續在大陸工作還沒有超過五年的外籍員工，要利用一次離境三十天或累計離境九十天可中斷五年計算期的類似做法，好好規劃自己的個人所得稅。

附表：外籍個人所得稅納稅義務一覽表

		境內所得 境內支付	境內所得 非境內支付	境外所得 境內支付	境外所得 非境內支付
不超過90天	非居民	✓	✕	✕	✕
超90天 不滿1年	非居民	✓	✓	✕（高層人員要納稅）	✕
滿1年, 不滿5年	居民	✓	✓	✓	✕（經批准可以減免）
滿5年以後	居民	✓	✓	✓	✓

註：✓為有納稅義務，✕為無／免除納稅義務。

【134】外籍員工需要繳納社會保險嗎？

2011年7月1日起實施的《社會保險法》規定，外國人在中國境內就業也參照本法繳納中國本地的社會保險金，也就是通稱的「五金」（養老、醫療、工傷、失業、生育），到了2011年9月8日，人力資源和社會保障部又頒布了《在中國境內就業的外國人參加社會保險暫行辦法》（下稱《暫行辦法》），對外國人在中國參加社會保險的基本原則、適用範圍、參加險種和社保待遇等做出規定。

在這之前，是否強制外國人繳納中國社保，因無國家層面法律規定，在各地執行中也存在爭議，過去上海、蘇州等地，外國人繳納社保問題都是由企業和外籍員工自行選擇是否繳納，實務中絕大多數外籍員工都未參加社保。《社會保險法》和《暫行辦法》公布後，確定了外國人在中國就業須強制性入保的原則，但對於港澳台人員在中國就業是否適用此次《暫行辦法》，則尚未進一步明確，而根據之前《暫行辦法（徵求意見稿）》的規定，港澳台人員必須參照本辦法規定參加社會保險，此次《暫行辦法》刪除了徵求意見稿中的第十一條，也就是台港澳人員繳納社保問題，未來必定還會細則提出進一步規範。

另外，此次《暫行辦法》對外國人在中國繳納社保還有幾個重點值得關注：

一、參保對象

《暫行辦法》明確提出下述兩類外國人均應依法參加社保：（1）在中國境內依法註冊或登記的企業、事業單位等各類組織所依法招用的外國人；（2）與境外雇主訂立雇用合同後，被派遣到在中國境內註冊或登記的分支機構、代表機構工作的外國人。

《暫行辦法》還提出了外國人在中國境內參保須以在中國合法

就業為前提,並將繳納社保與取得就業證件掛鉤,明確今後只要是在中國領取了就業證的外國人,就應依法辦理社保。

二、社保項目

按照規定,外國人依法應參加中國五種社會保險,也就是職工基本養老保險、職工基本醫療保險、工傷保險、失業保險和生育保險,參保險種與中國籍員工相同。

三、辦理期限

《暫行規定》強調企業應當自辦理就業證件之日起三十日內,為該外籍員工辦理社會保險登記。另外,還建立了辦理外國人就業證件機構應向當地社會保險經辦機構進行信息通報機制,為未來徵管外國人社保繳費提供了有效監管。

四、社保待遇

參加社保的外國人,除依法享有等同中國籍員工的社保待遇外,若在達到規定的領取養老金年齡前離境,則其社會保險個人帳戶予以保留,再次來中國就業時,繳費年限累計計算;經本人書面申請終止社會保險關係情況下,也可將社會保險個人帳戶中的儲存額一次性支付給本人。

五、社保費用

外國人薪資收入普遍較高,繳納社保的基數與比例,與中國籍員工有何差別?《暫行條例》雖未就此特別強調,但一般性理解都是比照中國籍員工規定繳納社保。若以中國籍員工目前參加社保的比例來計算,以上海為例,上海企業須為外籍員工繳納的社保費率為37%,社保繳納封頂金額為上年度全市月平均工資的三倍,依此計算企業

要承擔12,993元×37%＝4,807.41元／月，而員工自行承擔比例為11%，也就是該外國人自己要承擔12,993×11%＝1,429.23元／月。

　　外國人繳納中國社保的《暫行辦法》於2011年10月15日實施，而台港澳人員繳納中國社保的問題還須等待進一步的細則（蘇州已規定，台港澳人員必須按照外國人一樣參加社會保險），中國已與德國和韓國簽有社保互免的雙邊協議，也就是在中國就業的德國籍和韓國籍員工比較幸運，不會發生重複參加社保和重複繳費的情形，但無論如何，大部分在中國工作的外國人都將必須開始繳納中國社保。

【135】台籍員工大陸薪資核算分析

台幹在大陸繳納的個人所得稅，回到台灣是可以抵扣的，問題是大部分台幹並未在台灣申報由大陸支領的薪水。

這種拆分台灣大陸兩地發放薪水的模式，由於台灣稅務局不認同台灣母公司該所承擔的已派駐大陸台幹的薪資成本，加上大陸稅務局也在加強查核外籍人士大陸繳納個人所得稅是否反映真實收入，使得台幹薪資改由在大陸100％發放，使得大陸台資企業完全負擔台幹的人事成本，已成為台商不得不面對的趨勢。

台幹薪資完全由大陸子公司發放，首先要面對台幹個人在台灣的社會保險問題，因為不在台灣領薪水所衍生出的健保投保問題還好解決，只要將個人健保帳戶轉移至戶籍所在地的區公所，便可以享受相同的健保福利。

但未達退休年齡台幹的勞保年資要如何連續計算，及勞退新制實施後，雇主須為員工提撥的退休金問題，至今仍無法解決，可以這麼說，勞保與退休金是改由大陸發放台幹所有薪資的最大障礙。

除此之外，一旦要將台幹薪資改由在大陸發放，還得考慮一些執行面的細節：

一、台灣與大陸的個人所得稅計算方法不同

台灣個人所得稅是由員工自己一年申報一次，大陸個人所得稅是每月由企業為員工代扣代繳。由於台灣個人所得稅有著類似扶養親屬扣抵額度的優惠，加上兩岸個人所得稅稅率計算基礎不同，使得相同薪資基礎下，台幹在大陸繳納個人所得稅的金額會超過台灣，這正是為什麼將台幹薪資移往大陸發放時，多是以人民幣稅後薪資作為勞資雙方認定的薪資依據。

如此一來，個人所得稅便是由公司承擔，類似情況也發生在派

駐大陸的其他外籍員工身上，因為各國社會保險與個人所得稅計算方法都不同，以稅後人民幣薪資作為外籍員工的薪資計算基礎，是異中求同的最好方法。

二、個人所得稅改由大陸子公司承擔的會計處理原則

台籍員工在大陸的個人所得稅改由公司承擔，會計處理有兩種做法，一是將薪資及個人所得稅分別進行帳務處理，問題是財簽（會計利潤）雖然承認，但稅簽（稅務利潤）並不認帳，也就是說，由公司所承擔的台籍個人所得稅，除了無法稅前列支外，還會降低會計利潤。

另一種會計處理方法是以台籍員工實拿的稅後薪資，依個人所得稅稅率反推回去得出的含稅薪資，並以含稅薪資作為會計上公司認列的薪資成本，以避免無法稅前列支的稅收損失。

三、稅後薪資可以匯回台灣

台幹在大陸納稅後的薪資，憑完稅證明可以至銀行結匯為美金匯回台灣，但也有台商不願為員工繳納個人所得稅，而以其他費用名義將薪資發給台籍員工。雖然實務中有些台幹利用黑市將人民幣結匯為美金，再利用外管局允許外籍個人每天可以自由匯出1萬美元不需審批的規定，將薪資匯回台灣，但還是須注意外匯上的法律風險。

【136】台籍員工支薪新趨勢

目前由台灣母公司聘雇，再派駐大陸子公司的台籍員工的薪資，每月多由台灣母公司與大陸子公司按一定比率分別發放，這種一來因為台籍幹部在台灣有勞保、健保、退休金等原因，使台籍幹部在台灣必須有薪資收入，另一個原因是依據大陸外籍個人所得稅法規定，台灣居民只要一年累積在大陸居住超過九十天（持美國、加拿大、日本等國家護照居民則是一百八十三天），就必須每月由聘用單位代扣代繳個人所得稅。因此，台籍幹部長期在大陸工作，也必須有人民幣收入，才能符合大陸法律要求。

但近年來，這種拆分台灣大陸兩地發放薪水的模式，由於台灣稅務局不認同台灣母公司該承擔派駐大陸台幹的薪資成本，加上大陸稅務局也在加強查核外籍人士大陸繳納個人所得稅是否反映真實收入，使得台幹薪資全部改由大陸子公司發放已成為一種新的趨勢。這一趨勢引發了以下幾個實務中的問題：

1、台灣個人所得稅是由員工自己一年申報一次，大陸個人所得稅是每月由企業為員工代扣代繳。由於台灣個人所得稅有著類似扶養親屬扣抵額度的優惠，加上兩岸個人所得稅稅率計算基礎不同，使得相同薪資基礎下，台幹在大陸繳納個人所得稅的金額會超過台灣。所以由此產生，未來派駐台籍員工薪資，多是以人民幣稅後薪資作為雙方認定的薪資依據。如此一來，個人所得稅便是由公司承擔。但是由公司所承擔的台籍員工的個人所得稅，除了無法稅前列支外，還會降低公司的會計利潤。

2、台幹薪資完全由大陸子公司發放，首先要面對的是台幹個人在台灣的社會保險問題，因為不在台灣領薪水所衍生出的健保投保問題還好解決，只要將個人健保帳戶轉移至戶籍所在地的區公所，便可以享受相同的健保福利。但未達退休年齡台幹的勞保年資要如何連續

計算，及勞退新制實施後，雇主須為員工提撥的退休金問題，至今仍無法解決，可以這麼說，勞保與退休金是改由大陸發放台幹所有薪資的最大障礙。

3、依台灣勞退新制每月由公司為員工提存薪資6％作為退休金，但是如果薪資全部由大陸公司發放，台灣母公司就沒有辦法繼續為員工提存退休金，而員工的勞保年資也無法連續計算。

4、外籍員工在大陸獲得的人民幣薪資收入，只要憑本人有效護照或身分證明和雇傭證明（包括：就業證、勞動合同等）、人民幣收入清單，以及稅務局出具的納稅憑證，經所在地外管局核准，就可購匯匯回台灣。

【137】解聘外籍員工的操作要點分析

　　隨著外資企業在大陸逐漸增多，在大陸工作的外籍員工數量也不斷增長。其中，有些外籍員工屬於由國外公司派遣到大陸公司的員工，其勞動關係與國外公司直接建立並與境內的大陸公司不存在任何聘用協議，那麼一般而言，該外籍員工就不受大陸勞動法律的管轄和保護。除此以外，如果境內的大陸公司直接招聘外籍員工，或者其與國外派遣的外籍員工簽訂聘用協議並建立勞動關係，且為該員工辦理了「就業許可證」和「就業證」，那麼這樣的外籍員工就受到大陸《勞動法》的規範和保護。

　　基於上述法律適用的分析，對於受到大陸勞動法律保護的外籍員工，用人單位在解除與這些員工的勞動合同時，需要遵照現行的《勞動合同法》與《勞動法》的相關規定執行。依據現行《勞動合同法》的規定，用人單位依法解聘外籍員工的理由可以分為兩類，一類屬於員工過失性辭退：（1）外籍員工在試用期間被證明不符合錄用條件的；（2）外籍員工嚴重違反用人單位的規章制度的；（3）外籍員工嚴重失職，營私舞弊，給用人單位造成重大損害的；（4）外籍員工同時與其他用人單位建立勞動關係，對完成本單位的工作任務造成嚴重影響，或者經用人單位提出，拒不改正的；（5）外籍員工以欺詐、脅迫的手段或者趁人之危，使用人單位在違背真實意思的情況下，訂立或者變更勞動合同的；（6）外籍員工被依法追究刑事責任的。如果外籍員工存在上述情形之一的，用人單位可以單方面與其解除勞動合同。另一類屬於員工無過失性辭退：即外籍員工本身沒有過錯，但其存在下列情形之一的，用人單位通過提前三十日以書面形式通知外籍員工本人，或者額外支付其一個月工資的方式，可以單方面與其解除勞動合同：（1）外籍員工患病或者非因工負傷，在規定的醫療期滿後不能從事原工作，也不能從事由用人單位另行安排的工

作的；（2）外籍員工不能勝任工作，經過培訓或者調整工作崗位，仍不能勝任工作的；（3）勞動合同訂立時所依據的客觀情況發生重大變化，致使勞動合同無法履行，經用人單位與外籍員工協商，未能就變更勞動合同內容達成協議的。但是，如果外籍員工有下列情形之一，用人單位不得以上述第二類，即無過失辭退的理由解聘外籍員工：這些情況包括：（1）從事接觸職業病危害作業的勞動者未進行離崗前職業健康檢查，或者疑似職業病病人在診斷或者醫學觀察期間的；（2）在本單位患職業病或者因工負傷並被確認喪失或者部分喪失勞動能力的；（3）患病或者非因工負傷，在規定的醫療期內的；（4）女職工在孕期、產期、哺乳期的。

　　需要特別注意的是，用人單位依據上述理由解聘外籍員工的，必須承擔相應的舉證責任。如果用人單位未能舉證證明外籍員工存在上述解聘的情形之一，則會被判定屬於違法解除勞動合同，會因此需要按雙倍的經濟補償金的標準，向被解聘員工支付經濟賠償金。而且在上海，如果因為用人單位單方解聘員工，引起勞動爭議，經勞動爭議仲裁部門或人民法院裁決撤銷單位原決定的，用人單位應當支付勞動者在仲裁、訴訟期間的工資。其標準為：用人單位做出決定之月時該勞動者所在崗位前十二個月的月平均工資乘以停發月份。由於外籍員工一般在企業中職位較高，薪資水準也較高，這就有可能產生天價的賠償金。所以在解聘外籍員工時，用人單位必須非常慎重，避免違法解約引致勞動糾紛。

　　用人單位解聘外籍員工後，應及時報告勞動、公安部門，交還該外國人的就業證和居留證件。如果解聘的是台、港、澳籍員工，則應自勞動合同解聘之日起十個工作日內，到原發證機關辦理就業證註銷手續。

【138】外籍員工的勞動爭議解決方式及法律依據

　　大陸良好的經濟發展環境，吸引著越來越多的外國人及台港澳人員入境就業，與此相應的，則是涉外勞動爭議糾紛亦呈現了上升趨勢。

　　在實踐中，企業與其聘用的外籍人士發生勞動方面之糾紛的，首先需要確定外籍人士的主體資格，從而確定公司與此等外籍人士的法律關係，方可確定如何解決雙方之爭議。

　　根據《外國人在中國就業管理規定》（以下簡稱「就業管理規定」），大陸境內的企業（包括外商投資企業）聘用外籍人士應實行就業許可證制度。也就是說，大陸境內的企業，在聘用外籍人士時，應當為其辦理「外國人就業許可證書」（「就業許可證」）。根據上述規定，企業聘用外籍人士時，除須與此等外籍人士簽訂勞動合同外，還須為其辦理就業許可證。否則，企業與此等外籍人士將不受勞動法的保護。在此等情況下，雙方的法律關係將被確定為勞務關係，也就是服務關係，而非勞動關係。雙方之間勞動爭議也將按照一般勞務關係，即民事關係，根據相關民事法律至人民法院進行訴訟的方式加以解決；而無需按照勞動相關法律先進行勞動仲裁後再到人民法院進行訴訟。需要說明的是，在此等情況下，此等外籍人士無權根據勞動法規的相關規定，主張加班費、經濟補償金、賠償金以及工傷保險待遇等。

　　但這並不意味著企業不給外籍人士辦理就業許可證，就可以免除作為用人單位的責任。根據就業管理規定的要求，對未依規定申領就業證擅自就業的外國人和未辦理就業證擅自聘用外國人的用人單位，由公安機關按《外國人入境出境管理法實施細則》第四十四條處理，而根據該條款，對未經批准私自謀職的外國人，可在終止其任職或就業的同時，處1,000元以下的罰款，情節嚴重的限期出境；而對

於私自雇用外國人的單位和個人，在終止其雇用行為的同時，可以處
5,000元以上、50,000元以下的罰款，並責令其承擔遣送私自雇用的
外國人的全部費用。

　　也就是說，就業許可證的辦理與否，不僅決定企業與外籍人士
解決爭議的程序性質和方式，還涉及是否非法就業的問題。

　　若企業與辦理就業證的外籍人士簽訂了勞動合同，那麼雙方的
法律關係應確定為勞動關係，若雙方發生糾紛的，應當按照勞動法規
的規定，先進行勞動仲裁，再到人民法院進行訴訟的方式加以解決。

　　需要說明的是，若外籍人士的勞動合同是和境外法人簽訂，再
派遣到境內企業工作，但在大陸境內工作三個月以上的，無論其勞動
報酬由境內企業還是境外法人簽訂，均視為在大陸就業。境內企業應
當為其辦理就業證，並承擔相應的法律責任，但在這種情況下，雙方
之間的法律關係仍不屬於勞動關係，發生爭議後，也不能以勞動爭議
的方式進行處理。

【139】外籍員工在中國應注意遵守的法律

外籍人員入境須申請「中華人民共和國簽證」，提交有效的普通護照或代替護照的旅行證件（如台胞證、港澳通行證等），攜帶出境現金金額在等值5,000美元以上至10,000美元的，應當向銀行申領「攜帶證」，攜帶出境現金金額在等值10,000美元以上的，應當向國家外匯管理局各分支局申領「攜帶證」。

外籍人員應當隨身攜帶相關證件。縣級以上公安機關外事民警在執行任務時，可以查驗外籍人員的護照和其他證件。

刑事案件的被告人和公安機關或者人民檢察院或者人民法院認定的犯罪嫌疑人、人民法院通知有未了結民事案件不能離境的、有其他違反大陸法律的行為尚未處理，經有關主管機關認定需要追究的人員將不准出境。外籍人員被限制出境的情形，在實踐中較為常見的是涉嫌賄賂犯罪、走私犯罪、偷稅、漏稅、騙取出口退稅、虛開增值稅專用發票等涉稅犯罪，以及牽涉欠債未履行、欠稅未提供擔保、嫖娼、交通肇事等違法事由。

商業賄賂犯罪並非大陸刑法規定的獨立罪名，而是對與商業活動中有關賄賂犯罪的統稱。其中的行賄犯罪，包括對企事業單位人員行賄的「對非國家工作人員行賄罪」；對國家工作人員行賄的「行賄罪」；對單位（包括國家機關、國有公司、企業、事業單位和人民團體）行賄的「對單位行賄罪」；另外，單位為行賄主體的「單位行賄罪」；介紹他人賄賂國家工作人員的行為則涉嫌「介紹賄賂罪」。行賄犯罪起刑點不高，個人行賄數額在 1 萬元人民幣以上，單位行賄數額在20萬元人民幣以上，就可以構成犯罪，對於數次行賄未經處理的，則是以多次行賄的累計數額作為計算標準。

行賄方式很多，常見的是在商業往來中，私底下給對方回扣、折扣、佣金，而對方未如實入帳；除了給對方金錢和實物之外，給對

方可用金錢計算數額的財產性利益，例如減免債務、虛設債權、提供擔保、免費娛樂、旅遊、考察等財產性利益，都屬於行賄。

　　關於涉稅犯罪，大陸《刑法》第二〇一條至二〇九條中，規定了涉稅犯罪的罪名和構成要件。外籍人士在大陸工作或創業，應依法納稅服從稅收管理，在大陸，涉稅犯罪罪名有偷稅罪，抗稅罪，逃避追繳欠稅罪，騙取出口退稅罪，虛開增值稅專用發票，用於騙取出口退稅，抵扣稅款發票罪，偽造、出售偽造的增值稅專用發票罪，非法出售增值稅專用發票罪，非法購買增值稅專用發票，購買偽造的增值稅專用發票罪，非法製造、出售非法製造的用於騙取出口退稅、抵扣稅款發票罪，非法製造、出售非法製造的發票罪，非法出售用於騙取出口退稅、抵扣稅款發票罪等。

　　牽涉民事案件被限制出境，是指在民事訴訟程序中，為保證民事案件的順利審理和將來有效裁判的執行，人民法院應當事人的申請，對有未了結民事案件的當事人，依法裁定限制該當事人在一定的期限內不得出境的一種保全措施。如果外籍人士在大陸負有個人債務，債權人可以起訴到人民法院並申請對債務人採取限制出境的措施。同樣，欠繳稅款的納稅人或者其法定代表人在出境前，未按照規定結清應納稅款、滯納金或者提供納稅擔保的，稅務機關可以通知出入境管理機關阻止其出境。

　　大陸禁止淫穢表演、賣淫嫖娼等任何形式的色情服務，禁止傳播淫穢物品或淫穢資訊、組織播放淫穢音像、聚眾淫亂等行為。外籍人員牽涉此類行為可能被罰款、行政拘留甚至承擔刑事責任。

第九篇

勞動仲裁與訴訟

【140】勞動爭議主體中的勞動者資格

勞動爭議，通常是指用人單位與勞動者因勞動權利義務的履行而引起的糾紛。在勞動仲裁或訴訟中，參與仲裁或訴訟的當事人必須有相應的主體資格。

《勞動法》意義上的勞動者是一個狹義的概念，通常指與企業、個體經濟組織、民辦非企業單位等組織建立勞動關係，受《勞動法》和《勞動合同法》調整的個人。根據相關法律的規定，只有年滿十六週歲，身體基本健康，智力發育正常，沒有受到司法機關人身限制，具有勞動行為能力的個人，均可成為勞動者。而相關規定則用排除的方式列舉了不屬《勞動法》調整的非勞動者之個人，即公務員、農業勞動者、現役軍人以及家庭保母等。

除此之外，司法實踐中還有兩種特殊情況：

一、未辦理就業證的外籍人士

根據有關規定，外籍人士（包括港、澳、台居民）到大陸就業，必須依法辦理「勞動就業證書」（下稱「就業證」）。未辦理就業證的外籍人士以及聘用此等外籍人士的用人單位，均會受到勞動主管部門的處罰。在實務中，此類違法用工引起的糾紛，均按照勞務雇用適用《民法通則》而非《勞動合同法》，此時雙方權利義務的履行，按照雙方合同約定進行處理。

無論勞動仲裁委員會還是人民法院，均不承認未辦理就業證的外籍人士的勞動者的資格。其與用人單位發生的勞動方面的爭議，均按照一般勞務關係而非勞動關係來處理。正因如此，這些外籍人士也就不能自然享有《勞動法》上關於工傷、社保、工作時間以及加班費等方面的待遇，無法就此等方面提出權利主張。

二、離退休、協保或下崗後被其他單位返聘的人員

　　國務院《關於嚴格執行工人退休退職暫行辦法的通知》（國發[1991]164號）第二條規定：「工人退休後，一般不留在原單位繼續工作，其他單位如果確實需要聘用有技術和業務專長的退休工人做技術和業務指導的，必須由原發退休費用的單位、聘用單位和退休工人三方簽訂合同，並報當地勞動部門批准，方能聘用」。原勞動部《關於實行勞動合同制度若干問題的通知》（勞部發[1996]354號），在總結實踐經驗的基礎上，進一步做出規定：「已享受養老保險待遇的離退休人員被再次聘用時，用人單位應與其簽訂書面協議，明確聘用期內的工作內容、報酬、醫療、勞保待遇等權利和義務」。

　　不過，在上海和江蘇的地方性規定中，上述人員被列為特殊勞動關係的主體，明確在工作時間、加班費、工傷、最低工資這四個方面，上述人員適用《勞動法》的相關規定，其餘部分以雙方合同約定為依據予以處理。

　　此外在勞動爭議案件仲裁或訴訟中，不是《勞動法》意義上的勞動者，但能作為案件當事人的，還有一種特殊情形：死亡職工的繼承人基於死者與原所在用人單位之間的勞動關係，主張保險待遇或欠付工資等權利時，死亡職工繼承人可以作為勞動爭議案件當事人參加仲裁或訴訟。

【141】勞動爭議案件仲裁程序的介紹

　　勞動爭議案件的仲裁程序，是勞動爭議訴訟所必經的前置程序，其程序與一般的司法程序大致相同，一般分為申請仲裁、案件受理、開庭審理、庭前或當庭調解以及做出裁決等五個階段。

一、申請仲裁

　　與一般的民事案件一樣，勞動爭議案件申請仲裁也有時效的限制。2008年5月1日起，申請仲裁時效期間放寬為一年，即自當事人知道或者應當知道其權利被侵害之日起一年內應當申請仲裁，否則，勞動爭議仲裁機構將不予受理。但有一種情形除外，即對於勞動關係存續期間因拖欠勞動報酬發生爭議的，勞動者可在勞動關係終止之日起一年內提出。同時，《勞動爭議調解仲裁法》規定，申請仲裁的期間，在法定情形下可以中止和中斷。

　　申請人申請仲裁的，應當提交書面仲裁申請，並按照被申請人人數提交副本。

二、案件受理

　　根據法律的規定，勞動爭議仲裁委員會收到仲裁申請之日起五日內，做出是否受理的決定。需要說明的是，有的仲裁機構在發出的受理通知等文件中，會特別提醒舉證期限，當事人應加以注意。若勞動爭議仲裁委員會不予受理或者逾期未做出決定的，申請人可以就該勞動爭議事項向人民法院提起訴訟。

　　若勞動爭議仲裁委員會決定受理的，應當在五日內將仲裁申請書副本送達被申請人。而被申請人收到仲裁申請書副本後，可視情況需要在十日內向勞動爭議仲裁委員會提交答辯書。被申請人未提交答辯書的，不影響仲裁程序的進行。

三、調解

　　與一般的民事案件審理相同，調解貫穿整個勞動爭議案件仲裁審理程序的始終。一般來說，當事人有權通過口頭或者書面申請調解，仲裁庭也可視情況主動組織調解。目前司法實踐中，勞動爭議仲裁委員會一般會在正式開庭之前，組織雙方當事人到庭進行調解。在庭審過程中，亦可按照上述原則進行調解。

　　若能夠達成調解的，勞動爭議仲裁委員會將製作調解書。調解書送達雙方當事人之日起即生效並對當事人產生約束力。調解書生效後，當事人一方不得再行就同一事項申請仲裁或提出訴訟。

四、開庭審理

　　勞動爭議仲裁委員會裁決勞動爭議案件實行仲裁庭制。對於案情簡單的案件，仲裁庭可由獨任仲裁員組成。對於其他的勞動爭議案件，仲裁庭應由三名仲裁員組成，設首席仲裁員。

　　仲裁庭應當在開庭五日前，將開庭日期、地點書面通知雙方當事人。當事人有正當理由的，可以在開庭三日前請求延期開庭。是否延期，由勞動爭議仲裁委員會決定。

　　申請人收到書面通知，無正當理由拒不到庭或者未經仲裁庭同意中途退庭的，可以視為撤回仲裁申請。被申請人收到書面通知，無正當理由拒不到庭或者未經仲裁庭同意中途退庭的，可以缺席裁決。

　　當事人在仲裁過程中有權進行質證和辯論。質證和辯論終結時，首席仲裁員或者獨任仲裁員應當徵詢當事人的最後意見。

　　仲裁庭應當將開庭情況記入筆錄。當事人和其他仲裁參加人認為對自己陳述的記錄有遺漏或者差錯的，有權申請補正。如果不予補正，應當記錄該申請。筆錄由仲裁員、記錄人員、當事人和其他仲裁參加人簽名或者蓋章。

五、做出裁決

勞動爭議案件的審理期限為受理仲裁申請後四十五日。經勞動爭議仲裁委員會主任批准，審理期限最長不超過十五日。無正當理由逾期未做出仲裁裁決的，當事人可以就該勞動爭議事項向人民法院提起訴訟。

符合《勞動爭議調解仲裁法》第四十七條規定的，小額追索勞動報酬、工傷醫療費、經濟補償金或賠償金糾紛屬一裁終局的案件，用人單位不能再向基層人民法院提起民事訴訟，只能在收到裁決書之日起三十日內，啟動申請撤銷裁決的程序，向中級人民法院申請撤銷仲裁裁決。但屬一裁終局的案件，勞動者不服的，可以自收到仲裁裁決書之日起十五日內，向人民法院提起訴訟。期滿不起訴的，裁決書發生法律效力。

【142】勞動爭議仲裁委員會的介紹

　　勞動爭議仲裁委員會是勞動爭議的法定前置程序受理和處理機構。根據大陸相關法律、法規的規定，除了勞動爭議仲裁委員會做出不予受理的書面裁決、決定或者通知外，未經勞動爭議仲裁委員會審理的勞動爭議案件，人民法院一般不予受理。從上述規定中，不難看出，勞動爭議仲裁委員會對於勞動爭議的解決，起著極為重要的作用。

　　勞動爭議仲裁委員會原來隸屬於各地區人力資源和社會保障局，係其下屬的一個爭端解決機構。目前各地紛紛成立勞動爭議仲裁院，從行政機構中獨立出來，以體現其公正性。一旦發生爭議，當事人應向勞動合同履行地或者用人單位所在地轄區內的勞動爭議仲裁委員會申請仲裁。勞動爭議仲裁委員會同時還負有聘用或解聘仲裁員、監督勞動仲裁活動，以及討論重大或疑難的勞動爭議案件等職責。

　　一般來說，勞動爭議仲裁委員會按照行政區劃在市、市轄區或縣的範圍內分別設立。但在個別中小城市，也有僅設立一個勞動爭議仲裁委員會的情況。也就是說，勞動爭議仲裁委員會並非按照行政區劃層層設立的。

　　根據相關法律的規定，勞動爭議仲裁委員會由勞動行政部門的代表、同級工會代表、用人單位方面的代表組成。

　　勞動爭議仲裁委員會的仲裁員分為專職仲裁員和兼職仲裁員。

　　對於勞動爭議仲裁委員會仲裁員的任職資格，法律做出了明確的資質要求：（1）曾任審判員的；（2）從事法律研究、教學工作並具有中級以上職稱的；（3）具有法律知識、從事人力資源管理或者工會等專業工作滿五年的；（4）律師執業滿三年的人員，經省級以上的勞動行政主管部門考核認定後，方可在勞動爭議仲裁委員會擔任仲裁員。

　　負責勞動爭議案件審理的仲裁庭，實行一案一庭制。對於一般性勞動爭議案件的審理，仲裁庭由一名首席仲裁員、二名仲裁員組成。而對於案情較為簡單且影響不大的案件，勞動爭議仲裁委員會可以指定一名仲裁員獨任處理。

　　仲裁委員會的經費來源主要是仲裁費的收繳及財政等方面的補貼，目前，勞動爭議仲裁委員審理勞動爭議案件已不收取任何審理費用。需要說明的是，若在審理過程中，當事人提出進行司法鑒定等事項的，當事人向司法鑒定機構繳納的鑒定費用，不屬於勞動爭議仲裁委員會免於收取的審理費用。

　　根據相關法律的規定，對於追索勞動報酬、工傷醫療費、經濟補償或者賠償金且不超過當地月最低工資標準十二個月金額的爭議，以及與工作時間、休息休假、社會保險等方面發生的爭議，勞動爭議仲裁委員做出的仲裁裁決為終局裁決，除勞動者一方不服或仲裁裁決依法被撤銷外，用人單位不得向人民法院提起訴訟，但可以憑法定理由向當地中級人民法院申請撤銷仲裁裁決。在上述範圍之外的勞動爭議案件，勞動者或用人單位均有權在收到仲裁裁決後十五日內，向人民法院提起訴訟。

【143】哪些勞動爭議案件適用一裁終局

　　大陸勞動爭議案件原實行的是一裁兩審的制度，即仲裁裁決做出後，不立即發生法律效力，當事人不服，可以向人民法院起訴，不服一審判決可以上訴，按照上述程序，即使標的再小，至終審判決生效，權利實現也須近一年。

　　為了節省訴訟成本，縮短爭議解決所需的時間，使勞動者合法權益得以及早實現，2008年5月1日起實施的《勞動爭議調解仲裁法》確立了部分勞動爭議案件的一裁終局制度

　　根據《勞動爭議調解仲裁法》的相關規定，「一裁終局」僅限於兩類勞動爭議案件：

　　1、關於貨幣給付的爭議，且屬小額爭議的案件，具體來說包括：追索勞動報酬、工傷醫療費、經濟補償或者賠償金，不超過當地月最低工資標準十二個月金額的爭議。

　　2、關於勞動標準方面的爭議，因執行國家的勞動標準在工作時間、休息休假、社會保險等方面而發生的爭議。由於法律法規對工作時間、休息休假、社會保險規定得比較清楚，相對而言易於裁定。

　　但需要說明的是，此處所稱的「一裁終局」，對於勞動者一方來說是相對的，而對用人單位來說則是絕對的，即勞動者如對裁決不服，可在收到仲裁裁決書之日起十五日內，向基層人民法院提起訴訟，雙方紛爭將按人民法院的民事訴訟程序繼續進行。如勞動者不服起訴的同時，用人單位也不服的，其可以同時向基層人民法院提起民事訴訟，由基層人民法院將雙方當事人的訴請並案審理。如僅是用人單位對裁決內容不服，用人單位自收到仲裁裁決書之日起三十日內，向勞動爭議仲裁委員會所在地的中級人民法院申請撤銷裁決，此屬於法律給予用人單位的權利救濟手段。而《勞動爭議調解仲裁法》亦明確規定，用人單位有充分的證據證明勞動爭議仲裁過程中存在如下情

形之一，即（1）適用法律、法規確有錯誤的；（2）勞動爭議仲裁委員會無管轄權的；（3）違反法定程序的；（4）裁決所根據的證據是偽造的；（5）對方當事人隱瞞了足以影響公正裁決的證據的；（6）仲裁員在仲裁該案時有索賄受賄、徇私舞弊、枉法裁決行為的。此時，人民法院應當裁定撤銷仲裁裁決。仲裁裁決被人民法院撤銷的，當事人可自收到裁定書之日起十五日內，就該勞動爭議事項向人民法院提起訴訟。

　　必須注意的是，2010年9月推行的《最高人民法院關於審理勞動爭議案件適用法律若干問題的解釋（三）》明確，追索勞動報酬、工傷醫療費、經濟補償或者賠償金，如果仲裁裁決涉及數項，每項確定的數額均不超過當地月最低工資標準十二個月金額的，應當按照終局裁決處理；勞動人事爭議仲裁委員會做出的同一仲裁裁決，同時包含終局裁決事項和非終局裁決事項，當事人不服該仲裁裁決，向人民法院提起訴訟的，應當按照非終局裁決處理；特別提到的是，用人單位因一裁終局向中級人民法院申請撤銷仲裁裁決，中級人民法院做出的駁回申請或者撤銷仲裁裁決的裁定為終審裁定，這一點，完全改變了《勞動爭議調解仲裁法》第四十九規定的：「仲裁裁決被人民法院裁定撤銷的，當事人可以自收到裁定書之日起十五日內，就該勞動爭議事項向人民法院提起訴訟。」

【144】勞動爭議案件的時效分析

　　時效是勞動仲裁程序中一個非常重要的問題，當事人應當在時效期限內申請勞動仲裁，如果當事人在法律規定的訴訟時效屆滿後申請仲裁或訴訟，又無法定中止、中斷事由的，就喪失了勝訴權。即使原本證據很充分，但因超過仲裁時效，主張權利的一方也只能承擔敗訴後果。本文就現行法律中關於勞動爭議案件的時效問題分析如下：

　　1、一般情況下申請勞動仲裁的時效為一年。

　　根據2008年5月1日起施行的《勞動爭議調解仲裁法》（以下簡稱調解仲裁法）第二十七條規定，勞動爭議申請仲裁的時效期間為一年。仲裁時效期間從當事人知道或者應當知道其權利被侵害之日起計算。必須注意的是，最高人民法院的司法解釋則依照《勞動法》表述為「勞動爭議發生之日」，並對勞動爭議發生之日做了具體界定：

　　（1）在勞動關係存續期間產生的支付工資爭議，用人單位能夠證明已經書面通知勞動者拒付工資的，書面通知送達之日為勞動爭議發生之日。用人單位不能證明的，勞動者主張權利之日為勞動爭議發生之日。

　　（2）因解除或者終止勞動關係產生的爭議，用人單位不能證明勞動者收到解除或者終止勞動關係書面通知時間的，勞動者主張權利之日為勞動爭議發生之日。

　　（3）勞動關係解除或者終止後產生的支付工資、經濟補償金、福利待遇等爭議，勞動者能夠證明用人單位承諾支付的時間為解除或者終止勞動關係後的具體日期的，用人單位承諾支付之日為勞動爭議發生之日。勞動者不能證明的，解除或者終止勞動關係之日為勞動爭議發生之日。

　　2、例外情形，即拖欠勞動報酬的爭議申請仲裁的時效從勞動關係終止之日起計算。

調解仲裁法規定，對於勞動關係存續期間因拖欠勞動報酬引起的勞動爭議，申請仲裁的起算時間與一般情況不同，即「自勞動關係終止之日起算時效」，而非當事人知道或應當知道其權利被侵害之日起，勞動關係未終止的，當事人可隨時提出主張。

3、勞動爭議申請的時效適用中斷和中止的規定。

申訴時效的中斷：根據調解仲裁法的規定，申請仲裁的時效因下列情形之一的發生而中斷，即訴訟時效期間重新計算：

（1）當事人一方向對方當事人主張權利。在實務中，此情形包括勞動者向用人單位申訴、一方當事人向對方發律師函等。

（2）當事人一方向有關部門請求權利救濟。在實務中，此情形包括向企業勞動爭議調解委員會請求調解、向勞動爭議仲裁委員會申請勞動仲裁、向勞動監察部門舉報請求救濟等。

（3）對方當事人同意履行義務而中斷。例如，對方承諾在某一時間履行義務等。一般當事人須提供能夠證明對方承諾的證據，比如錄音證據。

4、訴訟時效的中止：訴訟時效的中止指訴訟時效進行期間，因發生法定事由阻礙權利人行使請求權，訴訟依法暫時停止進行，並在法定事由消失之日起繼續進行的情況，又稱為時效的暫停。調解仲裁法規定，因不可抗力或者有其他正當理由，當事人不能在本條第一款規定的仲裁時效期間申請仲裁的，仲裁時效中止。從中止時效的原因消除之日起，仲裁時效期間繼續計算，例如申訴人喪失民事行為能力沒有法定代理人等。

另外，在當事人撤訴或者勞動爭議仲裁委員會按撤訴處理的情況下，如當事人就同一仲裁請求再次申請仲裁，只要符合受理條件，勞動爭議仲裁委員會應當再次立案審理。對於此類案件申請仲裁時效期間，在實務中一般按照從撤訴之日起重新開始計算。

在實務中，法院對於時效的審查一般遵循如下原則：

（1）當事人在仲裁階段及訴訟階段都未就仲裁時效提出抗辯的，法院一般不會主動審查時效問題。

（2）在仲裁委員會進行仲裁時，被訴人未以超過仲裁時效作為抗辯，仲裁委員會也未主動進行審查，在訴訟階段用人單位又提出已過仲裁時效的抗辯，法院一般不予採納。

（3）在仲裁時，被訴人以仲裁時效進行抗辯，仲裁委員會進行審查後認為未超過申請仲裁時效，並對仲裁做出了實體處理。被訴人在訴訟過程中又提起時效抗辯的，人民法院會予以審查，並確定是否存在法定中止、中斷事由。

【145】勞動爭議案件中的舉證責任

俗話說，「打官司就是打證據」，這足以說明訴訟中證據準備工作的重要性。證據是否充分、確鑿，直接決定了訴訟或仲裁的勝負結果。

在勞動爭議的仲裁和訴訟中，明確爭議各方的舉證責任對於證據的事前準備是至關重要的。所謂舉證責任是指對於有待證明的事實向勞動爭議仲裁機構或人民法院提出證據加以證明的責任。此等責任包含如下兩方面的內容：（1）證據由誰提出；（2）應該舉證的人沒有舉證的不利法律後果。

「證據由誰提出」，即舉證責任的分擔，是指舉證責任在爭議各方之間的分配，即確定爭議各方各自應就哪些事實承擔舉證責任。當事人對自己提出的主張，有責任提供證據，即「誰主張，誰舉證」，這是民事訴訟證據規則最為基本的原則，也是勞動爭議舉證責任的一般原則。

但是，考慮到用人單位和勞動者在履行勞動合同過程中地位的不平等，為保護勞動者的合法權益，相關法規也明確部分糾紛適用「舉證責任倒置」。所謂舉證責任倒置，是指根據法律規定，由被告就原告主張不成立承擔舉證責任，若被告不能就此舉證證明，則推定原告的主張成立。

一般來說，用人單位作為用工主體，掌握和管理著勞動者的檔案、工資發放、社會保險費繳納、勞動保護提供等情況和相關材料。上述證據資料勞動者一般無法取得和提供。因此，法律對部分應由用人單位提供的證據做出了特別規定。

《關於審理勞動爭議案件適用法律若干問題的解釋（一）》（司法解釋）、《工傷保險條例》（條例）以及《關於確立勞動關係有關事項的通知》（通知），均對於其各自適用範圍內爭議的用人單

位的舉證責任，做出了詳細的規定。

其中司法解釋第十三條明確規定下列爭議由用人單位負舉證責任：（1）因用人單位做出的開除、除名、辭退、解除勞動合同的決定而發生的勞動爭議；（2）因用人單位做出減少勞動報酬的決定而發生的勞動爭議；（3）因計算勞動者工作年限而發生的勞動爭議。

需要說明的是，在上述爭議中，用人單位就上述爭議的事實如提供了相關證據，而勞動者不認可，那麼在合理範圍內，勞動者會被要求提供相反的證據證明用人單位提供證據的不真實、不完整或無效。

另外，條例第十九條也規定，用人單位與勞動者或者勞動者直系親屬對於是否構成工傷發生爭議的，由用人單位承擔舉證責任。因此，在勞動者因工作發生人身損害時，用人單位應當向勞動部門申請工傷認定，並以此作為勞動者是否屬於工傷的證據。

最後，通知規定，在勞動爭議中，需要提交工資支付憑證、社保記錄、招工招聘登記表、報名表、考勤記錄的，用人單位應當對此承擔舉證責任。因此，用人單位應當妥善保管上述文件。這樣，用人單位在勞動爭議中才能積極履行舉證責任，從而避免承擔舉證不利的後果。

【146】勞動仲裁和訴訟中的先予執行、 先予裁決以及支付令

　　根據《民事訴訟法》的相關規定，權利人在符合法定條件的情況下，有權根據實際情況向法院申請先予執行、先予裁決以及支付令等措施，從而保障權利人的合法權益及時實現。勞動爭議訴訟屬於民事訴訟的一部分，因此，當事人（主要是指勞動者）在此過程中，也當然有權向法院申請上述的救濟方式。而勞動爭議仲裁的準司法程序，為保障權利人在該程序中的合法權益，國家立法對勞動爭議仲裁中的先予執行、先予裁決也做了相應規定（儘管實務中先予裁決幾乎不做，支付令實務中也基本不做，最多訴前保全）。

一、先予執行

　　在勞動仲裁或訴訟的過程中，對於追索勞動報酬、工傷醫療費、經濟補償或者賠償金的案件符合一定條件的，勞動仲裁庭或者人民法院可根據當事人的申請，在裁決或者判決正式做出之前，先行裁定用人單位履行支付上述款項的義務，並可以做出先予執行之裁定的，移送用人單位所在地的基層人民法院執行。

　　需要說明的是，勞動仲裁委員會做出的先予執行之裁定，用人單位可在收到後七日內申請覆議，但無權向人民法院申請撤銷，也不得就此等裁定向人民法院提起訴訟。而人民法院在訴訟過程中做出的先於執行之裁定，一經發出，即產生法律效力，用人單位無權就此等裁定進行上訴。

　　若勞動仲裁庭或者人民法院發現，勞動者申請的先予執行證據不足或者與事實不符，可通過撤銷先予執行裁決的方式，要求勞動者退還用人單位已支付的款項。

　　需要說明的是，先予執行是先行給予弱勢一方救濟的特殊方式，因此，法律上對於勞動仲裁或訴訟中可以裁定先予執行的案件，有明確且嚴格的規定，即用人單位和勞動者之間權利義務關係明確，且不先予執行將嚴重影響勞動者的生活。同時勞動者申請先予執行可以不提供擔保。

二、先予裁決

　　在實務中，有些勞動爭議案件情節複雜，證據收集困難，而勞動者往往提出多項仲裁請求或訴訟請求。若將勞動者提出的請求全部查核清楚後，再一併做出裁決，可能會耗時過長，不利於勞動者合法權益的保護。因此，相關法律允許勞動仲裁庭或者人民法院，在用人單位和勞動者之間權利義務關係明確、且不盡快處理將嚴重影響勞動者的生活的情況下，對於已經查明的部分事實，可先行做出裁決或判決。

　　與先予執行不同的是，無論勞動仲裁委員會還是人民法院做出的先行裁決，用人單位均可通過向人民法院起訴或上訴的方式進行救濟。

三、支付令

　　支付令是人民法院根據債權人的申請，督促債務人履行債務的程序，是《民事訴訟法》規定的一種法律制度。2008年1月1日正式生效的《勞動合同法》中，將這一制度正式引入勞動爭議的解決機制中。根據《勞動合同法》的規定，若用人單位拖欠或者未足額支付勞動報酬的，勞動者可以依法向當地人民法院申請支付令。但是，在《勞動合同法》生效後，支付令這一救濟方式卻鮮有被人使用，主要的原因在於支付令只能適用於權利義務關係明確且雙方爭議不大的案件，而當前的勞動爭議，往往涉及爭議存在時間較長、案件相關證據

收集困難等情況。即便當事人申請支付令，對方往往也會予以否認，導致不得不再行仲裁或訴訟。

　　但是，在實務中也存在某些特殊情況，比如：用人單位和勞動者就勞動報酬、加班費、經濟補償金等事項，達成調解協議或結算協議，在用人單位拒不履行的情況下，勞動者為避免權利實現耗時太長且程序複雜，可通過申請支付令的方式實現自身的合法權益。由於持有調解協議或結算協議，勞動者無需另行提供證據，完全符合申請支付令規定。

【147】申請撤銷仲裁裁決在勞動爭議案中的作用

在大陸，商事仲裁早已有之，當事人可以選擇或裁或審，勞動爭議仲裁與一般商事仲裁不同。勞動爭議必預先經過仲裁程序，對仲裁裁決不服的，才能向法院起訴。

勞動仲裁與一般商事仲裁程序也有所不同。一般的商事仲裁均採用「一裁終局」制；而勞動仲裁採用的是「有限的一裁終局」制。所謂「有限的一裁終局」制，就是對於追索勞動報酬、工傷醫療費、經濟補償或者賠償金，不超過當地月最低工資標準十二個月金額的爭議，以及因執行國家的勞動標準在工作時間、休息休假、社會保險等方面發生的爭議，對用人單位而言屬於一裁終局案件，用人單位不服只能申請撤銷。但是勞動者對仲裁裁決不服的，均可以啟動民事訴訟程序向法院起訴。也就是說，對於絕大多數勞動爭議，用人單位只有一次申辯的機會，而勞動者則有兩次。

這種明顯帶有傾向性的法律規定，反映了國家傾斜保護弱勢群體、降低訴訟成本的立法意圖，但法律也並未就此完全斷絕用人單位一方的救濟途徑，如果用人單位能夠證明勞動仲裁過程中存在下列情形之一的，用人單位可以在收到仲裁裁決書之日起三十日內，向法院申請撤銷裁決，也就是：

1、適用法律、法規確有錯誤的。

2、勞動爭議仲裁委員會無管轄權的。

3、違反法定程序的。

4、裁決所根據的證據是偽造的。

5、對方當事人隱瞞了足以影響公正裁決的證據的。

6、仲裁員在仲裁該案時，有索賄、受賄、徇私舞弊、枉法裁決行為的。

對於撤裁案件的審理應按照何種程序審理、是否需要開庭審

理、審理過程中是否應對實體問題進行審查等，尚無明確規定，導致
法院在審理此類案件時也往往無所適從。

　　從實務經驗來看，上海的法院目前審理此類案件主要採用聽證
方式，但其處理仍是按照勞動糾紛案件的方式進行，與審理勞動者向
法院起訴的案件並無太大差別，審理結果也大都以用人單位敗訴告
終。

　　儘管如此，這一救濟途徑對用人單位而言仍然具有實踐意義，
其原因在於勞動糾紛案件的爭議金額大都不高，勞動者為打贏勞動仲
裁，很可能已經花費了相當大的資金成本和時間成本，而勞動者無論
在資金、時間和法律支持等方面，往往都處於相對弱勢的地位，在此
情況下，用人單位通過啟動申請撤銷仲裁裁決的程序，反而將勞動者
置於被申請人的境地，這無疑在物質和心理上給予勞動者雙重打擊，
進而迫使勞動者做出妥協或讓步。

　　《勞動爭議調解仲裁法》還規定，仲裁裁決被人民法院裁定撤
銷的，當事人（應指勞動者）可以自收到裁定書之日起十五日內，就
該勞動爭議事項向人民法院提起訴訟。可能正是因為如此，造成一裁
終局案件並沒有避免勞動者陷入用人單位「泡訴訟」的策略，2010
年9月推行的《最高人民法院關於審理勞動爭議案件適用法律若干問
題的解釋（三）》，規定「用人單位依照調解仲裁法第四十九條規定
向中級人民法院申請撤銷仲裁裁決，中級人民法院做出的駁回申請或
者撤銷仲裁裁決的裁定，為終審裁定」。

　　法律規定申請撤銷仲裁裁決應向勞動爭議仲裁委員會所在地的
中級人民法院提起，比方說，對於昆山市勞動爭議仲裁委員會做出的
仲裁裁決，就應該向蘇州市中級人民法院申請撤銷。但在實務中，許
多中級人民法院已經將審理此類案件的權限下放到普通人民法院，仍
以蘇州為例，蘇州市中級人民法院已將此類案件的審理權限下放到昆
山、太倉、吳中等基層人民法院。

【148】職務侵佔的預防措施及其救濟途徑

　　《刑法》規定，公司、企業或者其他單位的人員，利用職務上的便利，將本單位財物非法佔為己有，數額較大的，處五年以下有期徒刑或者拘役；數額巨大的，處五年以上有期徒刑，可以並處沒收財產。在上海職務侵佔數額5,000元以上的，屬於數額較大，職務侵佔數額 5 萬元以上的，屬於數額巨大；在江蘇，以 1 萬元為數額較大的起點；以10萬元為數額巨大的起點。

　　什麼是將本單位財物非法佔為己有？

　　「將本單位財物非法佔為己有」是職務侵佔有罪的構成要件，應當注意從犯罪對象上侵佔罪的「將代為保管的他人財物非法佔有為己有」的構成要件的區別。職務侵佔罪的犯罪對象只能是行為人主管、管理、經手的本公司、企業或單位的財物，以「非法佔有本單位財物」為特徵。而侵佔罪的犯罪對象既包括行為人代為保管的他人財物，也包括他人的遺失物和埋藏物，既包括公司、企業或其他單位的財物，也包括公司、企業或其他單位之個人或組織的財物，以「非法佔有代為保管的財物」為特徵。

　　掌握以上特徵，我們就可以區分以下情況：一是公司、企業或其他單位人員在從事業務活動中，將其他單位或個人交付的數額較大的財物非法佔為己有的，因其行為係履行職務中的單位行為而非個人行為，所以應定為職務侵佔罪。二是公司、企業或者其他單位數額較大的財物，如果行為人係受本單位委託，那麼該財物係本單位使用中的他人財物，應定為職務侵佔罪；如果行為人並未受委託而是以個人名義借用的，則應定為侵佔罪。三是公司、企業或其他單位人員非法佔有借用或租用本單位財物數額較大的，因行為人的佔有已不屬於利用主管、管理或經手本單位財物的職務上的便利，不應定為職務侵佔罪；如行為人拒不退還的財物數額較大的，應定為侵佔罪。

　　實務中，外資企業涉及職務侵佔的一般是業務、財務、倉管人員等。

　　連鎖銷售中的業務人員牽涉職務侵佔罪的較為常見。例如，某連鎖店向客戶銷售產品後，將按照一定比例給客戶返利。所謂返利，其實是公司的一種促銷活動，就是客戶從公司購買貨物並付清貨款後，公司按照一定價格體系計算，從客戶支付貨款中提取並贈予客戶一定金額的款項記帳，隨著客戶在公司購物越來越多，這些款項記帳會逐步累加。公司規定客戶可以用這些返利在連鎖店購買等值的商品，返利款可以認為是貨款。某員工假借客戶利用返利款購買貨物的名義，向公司申請出貨。幾年間，先後多次利用四家客戶的名義，從公司申請並提取了大量貨物，私自將這些貨物以低於市場價的價格賣出，並直接把這些錢據為己有。該員工的行為即為職務侵佔。

　　外資企業一般財務制度健全、管理嚴格，相對其他類型企業如民營企業，財務人員發生職務侵佔的機率會更低，但日常財務制度完善、定期檢核、年終審計，都是預防財務人員職務侵佔的有效手段。

　　對於倉管人員，大型企業應當建立嚴格的財物盤點制度，以便及時發現財物失少的情況，同時建立嚴格的門崗制度，對於進出物品嚴格進行點驗。

　　職務侵佔給公司經營帶來惡劣影響，如果發現某些人員存在職務侵佔的跡象，在做好證據保全的同時，應該盡快將相關人員調離原來的工作崗位或者給予停職，停止對其原有的授權，以防嫌疑人銷毀證據。

　　加強員工的普法教育，職務侵佔的發生與員工缺乏守法觀念有很大的聯繫，實務中，很多業務人員認為，利用職務便利賺點外快未嘗不可。作為企業，加強員工的普法教育很有必要，讓員工明白違法犯罪的後果和必須擔負的責任，明確管理者和被管理者的職責所在。

| 第十篇 |

典型案例

【149】案例 1：規章制度效力問題分析

蘇州A公司2007年8月公布規章制度，規定加班工資基數為基本工資1,500元，職工入職時均簽字確認閱過規章制度；2008年下半年，因為金融危機，為降低成本，A公司決定調低加班工資基數，為不低於當時最低工資850元。調低加班工資基數的規章制度修正案，公司通過公告形式向員工發布，職工代表大會也進行討論，但最終未同意規章制度的修正案。A公司還是執行了該修正案，此後有員工離職，以少付加班費提出仲裁，但敗訴。

從案件基本事實看，職工代表大會不是沒通過調整加班工資基數的修正案嗎？為何員工還會敗訴？本案實際探討的是規章制度的效力、調薪合理性等問題。

首先，對於規章制度的生效要件，《勞動合同法》頒布之前，規章制度只要符合內容合理合法和公示（公告或通知）兩個條件即為有效，但2008年1月1日《勞動合同法》頒布實施後，「用人單位在制定、修改或者決定有關勞動報酬、工作時間、休息休假、勞動安全衛生、保險福利、職工培訓、勞動紀律以及勞動定額管理等，直接涉及勞動者切身利益的規章制度或者重大事項時，應當經職工代表大會或者全體職工討論，提出方案和意見，與工會或者職工代表平等協商確定。」即在原有的規章制度生效要件中增加「經過民主程序」，但實務中，對「經過民主程序」的理解不同，有觀點認為只要經過職工代表大會討論，規章制度內容最終由用人單位確定，有觀點認為必須經過職工代表大會同意規章制度內容方為有效。

從條文研讀分析看，只要履行與職工代表大會協商的程序，用人單位最終有權決定規章制度的內容。這樣，員工會問，最終還是用人單位決定通過規章制度，民主程序豈不成了空話？我們認為，規章制度不僅有效維護勞動者合法權益，同時也是企業行使經營管理自主

權，保障企業有效運營的「綱領性」文件。在勞動爭議發生時，仲裁機構或法院往往也把規章制度作為裁判的依據，但前提是要先審查規章制度內容的合理合法性，所以，如果規章制度內容不合法或不合理，同樣不能作為判案的依據。

這又將案件引入到另一個重要法律問題的分析中：調低薪資是否合理合法？一般情況下，薪資等勞動合同基本條款的變更，要經勞資雙方協商一致，企業單方調低薪資會被界定為未足額支付勞動報酬，是違法行為。

但2008年下半年，因為眾所周知的國際金融危機波及到國內出口企業，用人單位因生產經營困難、資金周轉等原因，而採取降薪保職、降薪休假等變更勞動合同措施，且與勞動者以相關文字記載或實際履行行為達成變更合意後，此薪資調整被認為有效。

但在勞動爭議仲裁或訴訟中，企業也不能僅憑金融危機作為說辭，主張調低薪資的合理性，還要就此進一步舉證，例如，提供財務報表，甚至提供專項審計報告，說明出口訂單大幅下降，營業收入大幅減少，資金周轉困難。必要時，按照當地標準申請認定「困難企業」。並且，企業發薪時，最好由勞動者在薪資條上簽字確認，對薪資數額、計算方式等無異議，這樣說明勞動者已經以其實際行為對調薪表示同意。如此，就有更為充分的證據使仲裁機構或法院認定調薪具有合理性。

【150】案例2：如何理解工傷認定中工作場所內 從事與工作有關的預備性工作

　　2007年2月1日至2008年1月31日，A公司聘用第三人李先生在其租賃的辦公場所上海市某辦公樓十五樓，擔任平面設計工作，工作時間為9時至17時。2008年1月15日上午9時許，李先生在A公司所在的一樓大廳等候電梯時不慎摔倒，經醫院診斷為右顴弓骨折。李先生提出工傷認定申請，楊浦區勞動和社會保障局做出工傷認定。A公司不服，向上海市勞動和社會保障局申請行政覆議，上海市勞動和社會保障局做出維持的行政覆議決定。A公司遂向法院提起訴訟，法院認為認定工傷並無不當，駁回A公司訴請。

　　《工傷保險條例》第十四條第（二）項規定，「工作時間前後在工作場所內，從事與工作有關的預備性或者收尾性工作受到事故傷害的」，應當認定為工傷。因此，對這條款如何理解成為本案關鍵。

一、底樓大廳電梯口能否理解為「工作場所」

　　工作場所是指用人單位的所有辦公區域，但並不限於勞動者從事本職工作的崗位或車間。工作場所必然包括一定的延伸範圍。但多大的延伸範圍應為合理？我們認為，合理判斷工作場所的延伸範圍，應考慮是否為正常經營所必需的場所。也就是說，這部分場所與工作的正常開展或正常持續有直接關聯。一般而言，辦公場所的樓道、電梯、衛生設備等公用部位，都是正常經營所必需的附屬部位。本案中，「工作場所」同樣不能做機械認定。辦公樓十五樓是公司職工的主要工作場所，但底樓大廳電梯是A公司正常經營所必需的附屬部位。因此，A公司與大樓物業公司的租賃關係中，必然包含公用部位和附屬設施的使用狀況。因此，該樓底樓大廳和電梯應認定為A公司

工作場地的合理延伸。

二、等候電梯的行為能否認定為
「從事與工作有關的預備性工作」

　　根據《工傷保險條例》第十四條第（二）項之規定內容，「預備性工作」是以「與工作有關」為限定性條件，也就是說，「預備性工作」是以開展正常工作為目的導向的。譬如進入場地、準備工具、進行裝備等，這些都是開展工作的前提條件。但是，如果在開展預備性工作途中又轉而去辦私事，則與工作無關，故不能認定為從事與工作有關的預備性工作。本案中，李先生在辦公樓底樓大廳等候電梯的目的，就是為了到達十五樓的辦公室，其等候電梯的行為可視為其工作的一種預備狀態。反之，如果李先生等候電梯的目的並非進入辦公室，而是去大樓內其他位置辦理與工作無關的個人事宜，則不能認定為工作的預備狀態。當然，此項假設在實踐中難以證明，其舉證責任為用人單位所負擔。

三、本案的其他問題

　　在工傷認定案件中，「工作時間」也是值得探討的概念。一般而言，工作時間是勞動者開展工作的時間，既包括用人單位規定和臨時安排的時間，也包括勞動者自行延長或提前的時間，除非單位有特別的禁止性規定。《工傷保險條例》第十四條第（二）項是第（一）項之外延，是其特殊情形和補充規定，故「工作時間前後」之理解也更為寬泛。此案中，A公司提出李先生等候電梯時已經超過9時上班時間，我們認為即使已過上班啟時點，但仍在上班期間，故第十四條第（二）項中時間的界定應以段而非點作為依據。

　　應當說明的是，工傷認定中，「工作時間、工作場所、工作原因」三個條件應同時具備。

【151】案例3：社保費爭議能否列入 法院受理案件範圍

2005年12月1日，李小姐被公司辭退，遂向上海市勞動爭議仲裁委員會申請仲裁，要求公司以每月7,500元的基數為自己補繳社保費。仲裁委員會按照雙方勞動合同約定的工資金額，裁決公司為李小姐補繳社保費20,000元。李小姐不服裁決，訴至盧灣區人民法院。法院經過庭審調查、雙方質證，確定其繳費基數為當時年度的上海市社保費繳費上限，判決公司為李小姐繳納社保費48,000元。

但最高人民法院《關於審理勞動爭議案件適用法律若干問題的解釋（三）》（法釋[2010]12號，以下簡稱解釋（三））施行後，此類案件，法院和勞動仲裁部門今後可能不再受理，勞動者應向勞動行政部門申請解決。

解釋（三）第一條規定，「勞動者以用人單位未為其辦理社會保險手續，且社會保險經辦機構不能補辦導致其無法享受社會保險待遇為由，要求用人單位賠償損失而發生爭議的，人民法院應予受理。」

分析上述條文，可以確定，法院受理社保爭議案件應滿足三個條件：「企業未辦理社保手續」、「社保經辦機構不能補辦」、「導致無法享受社保待遇而產生損失」。

但此前，各地法院在審判實務中做法並不相同，如上海市高級人民法院《關於社會保險費爭議處理的若干意見》（滬高法[1999]547號）：「適用《勞動法》的用人單位與依法享受社會保險（包括基本養老保險、基本醫療保險、失業保險）的勞動者之間，為辦理社會保險的登記、繳納（含少繳、漏繳、不繳）、代付而發生的爭議，人民法院按現行管轄規定受理，依法進行處理。」即上海法院

把少繳、漏繳、不繳社會保險費爭議都列入勞動爭議。

　　在江蘇則不同，按照江蘇省高級人民法院江蘇省勞動爭議仲裁委員會印發《「關於審理勞動爭議案件的指導意見」的通知》（蘇高法審委[2009]47號）第二十七條，「勞動者請求用人單位增加社會保險險種、補足繳費基數、變更參保地的，不屬於勞動爭議，但應告知勞動者向勞動行政部門和其他主管部門申請解決。」

　　解釋（三）之所以明確社保爭議不納入法院受理案件範圍，我們認為，是因為社保費繳納產生的爭議，屬於行政管理的範疇，並不是單一的勞動者與用人單位之間的勞動爭議。因用人單位欠繳、拒繳社會保險費或者因繳費年限、繳費基數等發生的爭議，應由社保管理部門解決處理。

　　對於因用人單位沒有為勞動者辦理社會保險手續，且社會保險經辦機構不能補辦導致勞動者不能享受社會保險待遇，要求用人單位賠償損失的，則屬於典型的社保爭議糾紛，人民法院應依法受理。

　　但這裡有一個問題，因為用人單位沒有為勞動者辦理社保手續最終導致勞動者不能享受社保待遇，此損失屬於延遲損失，未來何時發生存在不確定性，勞動者提起仲裁或訴訟的時效如何起算？如果按照《勞動爭議調解仲裁法》，自權利人知道或應該知道權利受到侵害之日起一年內提起仲裁，如此，用人單位沒有為勞動者繳納社保費，勞動者就應該知道權利會受到損害，從那時起算一年，但一年內因為用人單位沒繳社保費造成勞動者的損失還未發生，勞動者又如何主張呢？在沒有新的法律法規規定，或司法解釋對這一問題做出更進一步的規定前，我們認為，解決這一法律程序和實體上矛盾的可行辦法是，勞動者利用《勞動爭議調解仲裁法》第二十七條第二款的規定，「前款規定的仲裁時效，因當事人一方向對方當事人主張權利，或者向有關部門請求權利救濟，或者對方當事人同意履行義務而中斷。從

中斷時起，仲裁時效期間重新計算。」勞動者選擇向勞動行政部門申請由後者責令用人單位補繳社保費，用人單位補繳了自然達到目的，沒有補繳的，因為勞動行政部門處理而使時效中斷。這樣，對勞動者也算有了程序上的保障。只不過，勞動者得謹記，保存申請勞動行政部門處理的書面證據。

【152】案例4：未簽勞動合同支付雙倍工資

　　員工王某於2008年3月1進入某工廠工作，因某工廠規定在試用期內，工廠不和員工簽署勞動合同，轉正後才簽署，但在轉正後，因工廠人事管理部門的疏忽，遲遲沒有簽訂勞動合同，後於2009年7月3日，車間的操作工王某以未簽訂勞動合同為由提出勞動爭議仲裁，要求某工廠支付自2008年3月1日起至2009年7月1日止工作期間的雙倍工資。

　　對於該案，最終勞動爭議仲裁委員會和人民法院均認定，試用期不簽訂勞動合同違法，而且最終裁判某工廠應向王某支付自2008年4月1日起至2009年2月28日期間的雙倍工資。

　　本案主要涉及不簽書面勞動合同賠償雙倍工資的問題。《勞動合同法》第十條規定：「建立勞動關係，應當訂立書面勞動合同。已建立勞動關係，未同時訂立書面勞動合同的，應當自用工之日起一個月內訂立書面勞動合同」，故此，某工廠只要和員工王某建立了勞動關係，就應該訂立勞動合同。但王某為何最終只被支持了十一個月的雙倍工資呢？因為《勞動合同法》第八十二條規定：「用人單位自用工之日起超過一個月不滿一年，未與勞動者訂立書面勞動合同的，應當向勞動者每月支付二倍的工資。」即法律規定給了用人單位一個月的緩衝期，自第二個月至第十二個月，用人單位應支付雙倍工資。當然，也不是說之後不訂立也不需要承擔任何責任，實際上根據《勞動合同法》第十四條規定，在滿一年後仍不與勞動者訂立勞動合同的，則視為用人單位與勞動者已訂立無固定期限勞動合同。而對於無固定期限勞動合同，只要勞動者不存在下述法定的解除或終止情形，某工廠和員工王某之間的勞動關係將一直保持下去。依據《勞動合同法實施條例》規定，對於無固定期限的勞動合同，用人單位只能在如下情形下解除與勞動者的勞動合同，而且多數情況下還須向員工支付經濟

補償金，具體為：

1、用人單位與勞動者協商一致的。

2、勞動者在試用期間被證明不符合錄用條件的。

3、勞動者嚴重違反用人單位的規章制度的。

4、勞動者嚴重失職，營私舞弊，給用人單位造成重大損害的。

5、勞動者同時與其他用人單位建立勞動關係，對完成本單位的工作任務造成嚴重影響，或者經用人單位提出，拒不改正的。

6、勞動者以欺詐、脅迫的手段或者趁人之危，使用人單位在違背真實意思的情況下，訂立或者變更勞動合同的。

7、勞動者被依法追究刑事責任的。

8、勞動者患病或者非因工負傷，在規定的醫療期滿後不能從事原工作，也不能從事由用人單位另行安排的工作的。

9、勞動者不能勝任工作，經過培訓或者調整工作崗位，仍不能勝任工作的。

10、勞動合同訂立時所依據的客觀情況發生重大變化，致使勞動合同無法履行，經用人單位與勞動者協商，未能就變更勞動合同內容達成協議的。

11、用人單位依照《企業破產法》規定進行重整的。

12、用人單位生產經營發生嚴重困難的。

13、企業轉產、重大技術革新或者經營方式調整，經變更勞動合同後，仍須裁減人員的。

14、其他因勞動合同訂立時所依據的客觀經濟情況發生重大變化，致使勞動合同無法履行的。

【153】案例5：服務期的約定及違約處理

2008年6月1日，上海市某外商投資企業為留住技術骨幹員工張某，特資助其二十萬元購車一輛，並於同日和該員工簽訂了《購車資助合同》，約定了該員工自2008年6月1日開始必須為單位服務五年，如果工作不滿五年，員工一方面必須根據未履行的工作年限按同比例向公司退還購車款，另一方面還須向公司支付違約金人民幣五萬元。而員工張某之前和單位簽訂的勞動合同在2009年4月1日到期，此後員工張某在2009年4月1日以勞動合同到期為由終止勞動合同，並認為是因為合同到期自然終止，故不同意向單位退款和支付違約金。單位無奈只能訴諸勞動爭議仲裁委員會，要求該員工依照雙方的約定按比例退款和支付違約金，經勞動爭議仲裁委和人民法院審理，最終均裁判員工須依比例退還購車款，但無須支付違約金。

本案涉及的主要法律問題是，《購車資助合同》中基於特殊福利待遇約定的服務期、退購車款和承擔違約金的這些條款是否合法有效。

對此，其實《上海市勞動合同條例》第十三條（服務期的約定）已明確規定，勞動合同可以對由用人單位出資招用、培訓或者提供其他特殊福利待遇的勞動者的服務期，作出特別約定。而且第十五條（違約金的約定）中也明確了，勞動合同對勞動者的違約行為設定違約金的，僅限於下列情形：（一）違反服務期約定的；（二）違反保守商業秘密約定的。由此看來，好像用人單位的請求理應全部得到支援。其實則不然，於2008年1月1日實施的《勞動合同法》第二十二條僅將單位出資專項培訓的行為作為可以約定服務期的情形，提供諸如購車這樣的特殊福利待遇不適用約定服務期的情形。因此，在《勞動合同法》實施之後，各方對能否基於特殊福利待遇依法約定

服務期問題表示不同的看法。直至2009年3月3日，上海市高級人民法院在《上海市關於適用〈勞動合同法〉若干問題的意見》明確解釋了這一問題。

勞動者違反合同約定的期限解除合同，用人單位可以要求勞動者退還特殊待遇，「用人單位向勞動者支付報酬，勞動者付出相應的勞動，是勞動合同雙方當事人的基本合同義務。用人單位給予勞動者價值較高的財務，如汽車、房屋或住房補貼等特殊待遇的，屬於預付性質。勞動者未按照約定期限付出勞動的，屬於不完全履行合同。根據合同履行的對等原則，對勞動者未履行的部分，用人單位可以拒絕給付；已經給付的，也可以要求相應退還。因此，用人單位以勞動者未完全履行勞動合同為由，要求勞動者按照相應比例退還的，可以支持。」

值得提醒注意的是，這裡面並沒有明確告知可以約定服務期，只是將提供特殊福利待遇性質上界定為預付，在勞動者未按照約定期限付出勞動時，用人單位可以要求退還相應款項。此外，《上海市關於適用〈勞動合同法〉若干問題的意見》也沒有規定單位可以要求支付違約金，故約定違約金的條款將因無法律明文規定而不能獲得支持。

【154】案例6：不勝任工作及調崗調薪

2009年3月，受金融危機的影響，某公司重新進行內部管理組織架構調整，以不勝任工作為由，將設計部門業績最差的員工崔某調整到其他工作崗位（該崗位與崔某原來的崗位部分工作內容相同），並相應調低了薪資，同時該設計部門的名稱和業務內容均進行了調整。但崔某不服從調動，以調崗未徵得他同意為由拒絕去新的工作崗位工作，又以原有部門和崗位被取消，沒有崗位為由不來公司上班，某公司以曠工三日為理由開除崔某。崔某提出仲裁，要求裁決某公司按照其以往工作年限，以每滿一年支付兩個月工資的標準支付其賠償金。經過仲裁機構和法院審理，最終崔某的請求均被駁回。

本案主要涉及兩個重要的法律問題，其一，用人單位單方面調整員工的工作崗位是否違反了《勞動合同法》的規定：勞動合同的變更必須雙方協商一致，並以書面形式變更？其二，用人單位以曠工為理由開除員工是否違法？

關於問題一，雖然《勞動合同法》第三十五條規定了，「用人單位與勞動者協商一致，可以變更勞動合同約定的內容。變更勞動合同，應當採用書面形式。變更後的勞動合同文本由用人單位和勞動者各執一份。」但某公司和崔某的《勞動合同》中也明確約定了，單位可以根據經營情況以及乙方的能力（專業、技能、健康）和工作表現，調整乙方的工作崗位，乙方同意甲方的工作安排，並確認該調整不屬於變更本合同。而某公司本次內部崗位的調整，確實是因為金融危機這一眾所周知的原因，而且崔某的業績也是部門中最差的，調整後崔某的崗位甚至有部分工作內容和原來相同（使得調崗有一定的合理性），原有部門名稱和業務內容已經完全改變，在這樣的情況下，某公司對崔某的調崗也更具合理性。某公司也以電子郵件和EMS方式，書面通知崔某調崗，做到程式合法完備。因此，某公司對崔某的

崗位調整不違反《勞動合同法》的規定。相應地調整薪資，因為在《勞動合同中》已經有了關於調崗調薪的明確約定，自然也不違反法律規定。

關於問題二，既然某公司對崔某的工作的調整合理合法，崔某不去新的工作崗位工作，甚至以舊的崗位已經變更而無工作崗位為由不來單位上班，該行為自然就構成了曠工，某公司經過民主程序制定並公示的《員工手冊》規定，連續曠工三日的，公司有權利立即開除並不給予任何補償或賠償。因此，某公司依照合法有效的《員工手冊》對於員工崔某做出開除的處分也就有了合法的依據，畢竟《勞動法》等明確規定，員工在嚴重違反公司規章制度的情況下，公司可以不經提前通知直接解除勞動合同，《最高人民法院關於審理勞動爭議案件適用法律若干問題的解釋》第十九條也規定，「用人單位根據《勞動法》第四條之規定，通過民主程序制定的規章制度，不違反國家法律、行政法規及政策規定，並已向勞動者公示的，可以作為人民法院審理勞動爭議案件的依據。」因此，某公司對崔某予以開除的處理，能最終得到仲裁機構和法院的支持。

外資企業如何應對中國勞動人事問題（增訂版）

2011年1月初版　　　　　　　　　　　　　　　　　定價：新臺幣390元
2012年12月增訂二版
有著作權・翻印必究.
Printed in Taiwan

著　　者　富蘭德林事業群
發 行 人　林　載　爵

出　版　者　聯經出版事業股份有限公司　　　　叢書主編　鄒　恆　月
地　　　址　台北市基隆路一段180號4樓　　　特約編輯　鄭　秀　娟
編輯部地址　台北市基隆路一段180號4樓　　　封面設計　富蘭德林事業群
叢書主編電話　(02)87876242轉223　　　內文排版　陳　玫　稜
台北聯經書房：台北市新生南路三段94號
電　　　話：(02)23620308
台中分公司：台中市健行路321號1樓
暨門市電話：(04)22371234ext.5
郵政劃撥帳戶第0100559-3號
郵撥電話：(02)23620308
印　刷　者　世和印製企業有限公司
總　經　銷　聯合發行股份有限公司
發　行　所：新北市新店區寶橋路235巷6弄6號2樓
電　　　話：(02)29178022

行政院新聞局出版事業登記證局版臺業字第0130號

本書如有缺頁，破損，倒裝請寄回聯經忠孝門市更換。　ISBN　978-957-08-4114-5 (軟皮精裝)
聯經網址：www.linkingbooks.com.tw
電子信箱：linking@udngroup.com

國家圖書館出版品預行編目資料

外資企業如何應對中國勞動人事問題

（增訂版）/富蘭德林事業群著 . 增訂二版 . 臺北市 .
聯經 . 2012年12月（民101年）. 408面 . 14.8×21公分
ISBN 978-957-08-4114-5（軟皮精裝）

1.勞動法規 2.人事管理 3.中國

556.84 101023892